项目资助

河南省高校哲学社会科学创新团队项目"市域社会治理融合发展研究"（2021-CXTD-07）

郑州大学公共管理研究中心资助

中国学术性社团的治理逻辑与创新

孙发锋　高玉贵　著

The Governance Logic and Innovation of
Chinese Academic Associations

中国社会科学出版社

图书在版编目（CIP）数据

中国学术性社团的治理逻辑与创新／孙发锋，高玉贵著. —北京：
中国社会科学出版社，2023.6
ISBN 978 – 7 – 5227 – 1881 – 1

Ⅰ.①中…　Ⅱ.①孙…　②高…　Ⅲ.①学术团体—研究—中国
Ⅳ.①C262

中国国家版本馆 CIP 数据核字（2023）第 077071 号

出　版　人　赵剑英
责任编辑　赵　丽
责任校对　王　晗
责任印制　王　超

出　　　版　中国社会科学出版社
社　　　址　北京鼓楼西大街甲 158 号
邮　　　编　100720
网　　　址　http://www.csspw.cn
发　行　部　010 – 84083685
门　市　部　010 – 84029450
经　　　销　新华书店及其他书店

印刷装订　三河市华骏印务包装有限公司
版　　　次　2023 年 6 月第 1 版
印　　　次　2023 年 6 月第 1 次印刷

开　　　本　710×1000　1/16
印　　　张　15
字　　　数　210 千字
定　　　价　78.00 元

前　　言

　　1989 年民政部在《关于〈社会团体登记管理条例〉有关问题的通知》中正式采用"学术性社团"这一概念。虽然这一概念的出现是晚近的事，但是作为一种社会现象，学术性社团有着悠久的历史。在西方，学术性社团的历史可以追溯至古希腊古罗马时期。经过多年的发展，西方国家学术性社团已成为承接政府职能、供给学术公共服务、助益政府决策的重要社会力量，与现代科技、经济社会发展紧密相连，与科技进步、技术创新相得益彰。从这个意义上来说，西方国家学术性社团的学术权威性、社会公信力、公众认可度相对较高，政府在决策时常常会征求或采纳它们的意见和建议。当然，这并不是说西方国家学术性社团治理是尽善尽美的，相反，受制于私有制和资本主义生产方式的固有缺陷，西方国家学术性社团治理不可避免地存在诸多问题。因此，持续创新学术性社团治理、不断改进学术性社团治理绩效也是西方国家面临的重要现实问题。

　　在中国，春秋战国时期就出现了学术性社团的雏形。但是，学术性社团的真正繁荣发展是在改革开放后。改革开放后，市场经济发展为学术性社团提供了社会资源，政府职能转变为学术性社团带来了作用空间，对外交往扩大为学术性社团提供了理念支撑，法治建设为学术性社团发展带来了权利保障。所以，学术性社团的增速发展成为改革开放后最引人瞩目的事件之一。根据知名学者王名的研究，学术性社团的恢复发展是中国社会组织兴起的"先兆"。从某种意义上来说，中国社会组织的兴起是以学术性社团为突破口的。1978 年，经邓小平等中央领导人批示，9家学术性社团恢复活动。这传递了一个重要讯号，即执政党对社会组织的态度和认识发生了突破性改变，社会组织不再仅被看作革命的对象和斗争的目标，不再仅被看作异己力量，执政党开始接纳社会组织。随着改革开放的持续深入，执政党越来越强调发挥社会组织的重要作用。基于对社会组织作用的认识深化，执政党对学术性社团的态度更加开放，更加重视鼓励和支持学术性社团的发展。

改革开放40多年来，中国学术性社团数量增多、作用凸显、规模增大、活动范围拓展，在政治、经济、文化、对外学术交流合作等领域中发挥着重要作用。但同时也应看到，中国学术性社团的治理理念、治理方式、治理文化、治理结构、人才队伍建设、绩效管理和评估、运作机制、外部关系等亟需改进。如何创新学术性社团的治理理念、管理体制和运行模式，是新时代需要不断探索和研究的重要课题。

改革开放以来中国学术性社团治理变迁的历程表明，提升中国学术性社团治理绩效，促进中国学术性社团健康发展，必须遵循以下"重要原则"。

坚持立足国情与理性借鉴相统一。各个国家的学术性社团治理模式不同，甚至同一个国家不同阶段的学术性社团治理政策也有很大的差别。所以，从国情出发，从特定社会政治条件和历史文化传统出发，中国的学术性社团治理才能步入正途。当然，立足国情并不是盲目排外，拒绝吸收和借鉴世界其他国家有关学术性社团治理的立法经验和实践模式。用海纳百川、兼容并蓄的胸怀，虚心学习别国的"好东西"，如科学的宏观管理思想、高效的微观管理手段等，中国的学术性社团治理政策才能保持民族特色和自身独特性。因此，要把立足国情与理性借鉴融为一体，既将中国的现实国情作为制定学术性社团治理政策的基本依据，又坚持"开门治理"，认真汲取有利于中国学术性社团治理的优秀国际经验。

保持学术性社团治理政策与环境变化之间的适应性。学术性社团治理政策必须适应政策环境，它的内容和形式都受到政策环境的制约。一方面，不能离开政策环境讨论学术性社团治理政策的合理性。另一方面，随着政策环境的变化，学术性社团治理政策必须作出调整。随着全球化时代的到来、网络社会的崛起，学术性社团治理政策必须作出改变，惟有如此，才能使学术性社团治理政策具有时代性，才不会使管理目标落空。要做到这一点，最重要的是克服政策变迁中的路径依赖效应。路径依赖容易使政策变迁进入"锁定"状态，使政策变迁产生滞后性或者增加政策变迁的难度。所以，要使学术性社团治理政策适应环境变化，必须用"苟日新，日日新，又日新"的改革创新精神打破政策变迁的路径依赖性。

坚定对学术性社团治理政策框架的制度自信。经过多年的政策变迁，中国学术性社团治理政策的框架基本建立。尽管在某些环节和方面存在不足，但是这一政策框架是基本符合中国国情的，体现着执政党治国理政的经验和智慧。这一政策框架的基本原则、精神实质必须长期坚持。当前，一些人将西方国家的学术性社团治理模式，视为理想化的政策标准和中国学术性社团治理改革的"不可避免的未来"。对此，要坚定制度自信，保持政治定力。中国的学术性社团治理政策创新是在保持政治定力和坚定制度自信基础上的自我完善、自我革命，绝不是全盘西化、全面移植。只要保持"咬定青山不放松、任尔东西南北风"的战略定力，才能真正掌握学术性社团治理政策变革的主动权和领导权。

发挥地方政府"政策试验"的积极作用。地方政府在学术性社团治理政策变迁中扮演着重要的角色，是对这一政策问题感兴趣并且参与解决这一问题的行动者之一。倡导联盟框架认为，地方政府是议题网络的重要组成部分。保罗·A. 萨巴蒂尔指出："政策创新经常首先发生在国家的局部层面，然后再扩展成为全国性的计划。"在中国，中央政府往往鼓励地方政府先行先试，授权地方政府针对学术性社团治理中的问题率先进行探索和创新，提供可复制的经验和可推广的模式。地方政策试验具有示范效应，促使地方政府之间相互学习，促使政策创新向更多的地方扩散。经过地方政策试验的检验，成功的政策选项会被整合进中央的政策体系。

推进学术性社团治理主体的多元化。"治理"与"管理"的一个重要区别，是主体的多元化。尽管政府在学术性社团治理中承担主要责任，但"主责"并非"全责"。事实上，面对众多的学术性社团，政府的治理资源总是有限的。为了提升治理效能，政府必须善于调动媒体、公众、受益人、捐赠者、第三方机构参与治理的积极性，将它们变成政府治理学术性社团的"帮手""助手"，构建密切配合、合作互动的治理体系，有效形成治理合力。

实现学术性社团治理工具的多样化。要在认清学术性社团治理特殊性的基础上，采用多种手段对学术性社团进行全方位治理，丰富学术性社团治理的"工具箱"，如采用工作报告、信息披露、审计监督、年度检查、分类管理、行业互律、组织自律等工具。在一定意义上来说，资金治理是学术性社团治理的"元工具"（能够将多种工具整合起来）。因此，要用好资金治理这一重点工具。随着信息技术的发展，学术性社团治理数字化、智能化势在必行。要把大数据、云平台运用于学术性社团治理，切实提升学术性社团治理的精细化和技术化水平。

本书在上述原则的指导下构建分析框架、构思研究内容。本书从分析学术性社团的含义、特征等基本问题入手，探讨中国学术性社团的发展历程和变迁动力，阐明中国学术性社团治理的现状和存在问题，在借鉴域外学术性社团治理经验的基础上，指出中国学术性社团治理创新的路径选择。本书认为，推进中国学术性社团治理创新，突破中国学术性社团治理的"瓶颈"，应建立健全以合理分权为核心的内部治理结构；激发自组织发展；构建利益相关者协同治理体系；强化绩效管理和评估。需要指出的是，由于学术性社团治理问题的复杂性，本书仅对学术性社团治理提出了初步设想，一定会存在这样那样的问题，敬请学界同人不吝指正。

目　录

第一章　绪论

　　近年来，随着经济全球化、信息化、一体化进程的加快，作为弥补第一部门出现的"政府失灵"和第二部门出现的"市场失灵"的第三部门（社会组织）正在逐步发展壮大。在此背景下，中国政府进一步深化"放管服"改革，中国的社会组织在借鉴欧美发达国家经验的同时，契合自身的具体制度环境，逐步进入发展的快车道。据民政部统计，截至 2021 年年底，全国共有各类社会组织 90.2 万个（见表 1-1）。与欧美发达国家一些活跃在社会舞台上的社会组织相比较，中国社会组织数量尽管比较庞大，但整个社会组织的治理体系尚不够成熟与完善，尚存在一些亟须解决的问题。其中，社会组织中处于相对弱势的学术性社团更是良莠不齐。

表 1-1　　　　2021 年社会组织数量（按登记机关分类统计）　　　（单位：个）

指标	社会团体	基金会	民办非企业单位
合计	371110	8877	521883
民政部登记	1972	215	92
省级民政部门登记	32105	5994	15267
市级民政部门登记	90690	1877	65321
县级民政部门登记	246343	791	441203

资料来源：https://images3.mca.gov.cn/www2017/file/202208/2021mzsyfztjgb.pdf。

　　学术性社团通过开展学术研究、学术交流、理论研讨、成果评奖、咨询服务、职业标准制定、资格认证、人才评价以及期刊创办等活动，在推进理论创新、促进自然科学和社会科学学术交流、弘扬中华民族历史传统文化、开展学术科普公益活动，以及从事专业学术研究等方面做了大量卓越而富有成效的工作，发挥了极其重要的社会作用，有效地促进了社会公共事业的发展与进步。但是，许多学术性社团对外与政府结成依附关系，成为"二政府""准政府组织"，缺乏自主性与自治性；对内采用行政化运作的方式，治理结构不完善、自律机制不健全。如何充分发挥学术性社团自身的优势，促进学术性社团持续健康发展，是一个具有理论意义的现实问题。

第一节　研究现状

随着中国特色社会主义现代化建设和国家治理体系与治理能力现代化的推进，中国学术性社团协同政府、企业和其他社会组织开展公共服务的价值日益凸显，学术性社团的学术研究、学术探索和科学知识普及活动开始走入公众视野，逐渐引起学界的关注。20 世纪 90 年代初，国内学界就开始对学术性社团进行研究。早期的研究主要侧重于介绍域外学术性社团的理论和发展情况。随后，研究的重点开始转向对中国学术性社团的个案调研和实证研究。截至 2021 年 12 月 15 日，中国知网关于"学术性社团"的文章共有 147 篇（以"学术性社团"为"主题"进行搜索），其中，会议文章 15 篇，报纸文章 6 篇，硕博学位论文 10 篇，发表在学术期刊上的论文 116 篇（见表 1 - 2）。

表 1 - 2　　　　中国知网关于学术性社团的论文数量　　　　（单位：篇）

	学术期刊	会议	硕博学位论文	报纸	合计
学术性社团	116	15	10	6	147

资料来源：笔者搜集资料整理而成。

一 学术性社团的含义研究

《中国社团发展史》认为，学术团体产生的历史久远，学术团体是指从事自然科学和社会科学某一领域或学科研究的社会团体。学术团体的学术研究活动，包括自然科学研究和社会科学研究，是人类的重要实践活动。[①]

徐家良认为，学术性社会团体是由同一专业、同一学科或研究领域的专家、学者和科研工作者自愿组成，经过民政部门核准，依法注册登记，为促进自然科学、人文社会科学、交叉科学教学研究的深入发展，普及科学知识，培养人才，促进科学和社会经济的可持续发展，维护自身合法权益而开展活动的非营利性社会组织。学术性社会团体的主体是专家、学者和科研工作者，是高学历的人群，是教学研究人才；学术性社会团体的范围主要在自然科学、人文社会科学、交叉科学领域；学术性社会团体的主要职能是满足会员提高学术水平、业务能力和得到同行认可的需要；学术性社会团体是维护会员利益的组织，与机关法人和企业法人不同，是非营利性的社会团体法人。[②]

《学术性社团的功能与设立标准调研报告》认为，学术性社团是就职于不同性质、不同名称工作单位的同一学科、专业或行业的科技工作者，出于相互切磋学术问题、提高自身学术水平的需要而自愿结社所形成的社会团体。从这个意义上来说，可以归纳出学术性社团本来意义（或初始意义）上的两个功能：第一个是面向社会的，即繁荣学术，推动学科发展、原始性创新和社会文明进步；第二个是面向会员的，即满足会员提高学术水平和业务能力，以及希望自己的学术水平得到同行认可的需要。[③]

---

① 中国社团研究会编著：《中国社团发展史》，当代中国出版社 2001 年版，第 689—690 页。

② 徐家良编著：《社会团体导论》，中国社会出版社 2011 年版，第 163—164 页。

③ 学术性社团的功能与设立标准专题调研组：《学术性社团的功能与设立标准调研报告》，《学会》2005 年第 3 期。

刘静芬认为，学术性社团，简而言之就是"学会"，它其实是一个组织，指"大家基于共同的认知和目标，为了更进一步研究某一方向的思想或者理论，基于不同学科背景、不同兴趣爱好而自发组织起来的一个小团体，它遵循按章办会的原则，每个学会都有自己的章程，大家依据章程开展学术交流、培训、咨询服务等活动，是一个非营利性的社会组织，目的是为了繁荣学术文化，推动社会进步"。学术性团体具有共同意愿、自发组织、按章办会、活动多样、非营利性等普通社团的基本特征，也有着学术性社团自己的独特属性，即它的"学术性"。①

于健慧认为，作为特殊领域的社会组织——学术性社会组织，在社会发展中，是一支不可忽视的重要力量，肩负着促进科学、文化大发展大繁荣的特殊使命。学术性社会组织是指从事自然科学、社会科学以及交叉学科研究的社会组织。学术性社会组织，其中心任务是组织学术研究。②

《"学术性社团评估指标"研究报告》认为，学术性社团是指"以社会科学界与自然科学界专家学者为主，基于与学术有关的共同意愿和结社宗旨，按不同研究领域与兴趣，自发而且自愿组成的社团组织，它是以自由的学术交流、科学普及为主要形式，以同行认可为纽带，促进社会文明进步与学科发展，并为会员提供学术服务的非营利性组织"。③

二 学术性社团的缘起研究

在中国，学术性社团的雏形可以追溯至春秋战国时期。④ 这个时期，各阶级、阶层、集团之间的斗争复杂而又激烈，代表各阶级、各阶层、各派政治力量的文人、学者或思想家，都企图按照本阶级、阶

① 刘静芬：《枢纽式管理：中国学术性社团建设的法团主义路径——以上海市社会科学界联合会为例》，硕士学位论文，上海师范大学，2018 年。

② 于健慧：《学术性社会组织创新发展新思路——基于学会管理实际》，《社团管理研究》2012 年第 10 期。

③ 柯少愚、秦威：《"学术性社团评估指标"研究报告》，《学会》2007 年第 1 期。

④ 中国社团研究会编著：《中国社团发展史》，当代中国出版社 2001 年版，第 4 页。

层、集团的利益和要求，对宇宙、社会的万事万物做出解释，或者提出学术主张，学术阵地空前繁荣，于是在科学文化思想领域里就出现了"百家争鸣、百花齐放"的景象。

在西方，学术性社团的初始形式可追溯至古希腊时期，现藏于梵蒂冈博物馆的拉斐尔的著名画作《雅典学派》歌颂人类对于智慧和美的追求，我们可以从画中感受到当时雅典的学术盛况。[①] 美国学者亨利·恩斯特塔尔认为，"专业社团的起源与发展可以追溯至文艺复兴后期，那时成立了收集和传播知识的科技性社团。成立最早的科技性社团是 1560 年成立的那不勒斯自然奥秘学院（Academia Secretorum Naturae）"。[②] 16 世纪初，英国就有一批早期医学团体在活动。成立于 1505 年的英国爱丁堡皇家外科医师学会是目前学术界比较公认的世界上最早成立的自然科学学术性社团。[③] 17 世纪以后，欧洲科学与人文革命达到巅峰，[④] 在欧美国家和地区相继产生了一批学会，其中，欧洲产生了两个重要的科技社团，即英国皇家学会和法兰西科学院，这两个科技社团代表了欧洲科技社团发展的样本。后来，世界各国成立的科技社团大都继承了这两个科技社团所形成的固定模式。[⑤] 英国皇家学会虽然是一个民间科技社团，但凭借国王在 1662 年、1663 年、1669 年授予的三张特许状获得了法人资格，拥有自我决策、独立发展的自治权，以及为开展科学研究而具备的出版物免检权、解剖权和自由开展学术交流的学术特权。[⑥] 英国皇家学会成为第一个受到

---

① 刘静芬：《枢纽式管理：中国学术性社团建设的法团主义路径——以上海市社会科学界联合会为例》，硕士学位论文，上海师范大学，2018 年。

② ［美］亨利·恩斯特塔尔：《社团管理——原理与方法》，朱晓红、陈吉等译，中国科学技术出版社 2014 年第 4 版，第 5 页。

③ 中国科协学会服务中心编著：《美英德日科技社团研究》，中国科学技术出版社 2019 年版，第 85—86 页。

④ 中国科协学会服务中心编著：《美英德日科技社团研究》，中国科学技术出版社 2019 年版，第 2 页。

⑤ 中国科协学会服务中心编著：《美英德日科技社团研究》，中国科学技术出版社 2019 年版，第 86 页。

⑥ 中国科协学会服务中心编著：《美英德日科技社团研究》，中国科学技术出版社 2019 年版，第 87 页。

国王认可的团体。① 在美国，本杰明·富兰克林于1743年在费城创办了美国哲学学会，其成为美国现存的最古老的科技性社团。②

三 学术性社团的治理研究

当前，有关社会组织或非营利组织治理的学术文献较多。曾维和认为，对管理者与执行人员的监督是非营利组织治理中要解决的重要问题之一，应在非营利组织治理中建立内部监督与外部监督相结合的综合监督机制。③ 王名等认为，社会团体的治理，要严格按照成立之初制定的章程，加强制度化建设，建立健全会员代表大会、理事会、监事会、财务管理以及分支机构、代表机构管理、重大活动报告和信息披露等内部治理机制，形成民主选举、民主决策、民主管理、民主监督、独立自主、规范有序的运作机制。按照科学的法人治理结构规范社会团体，明确各工作岗位的权利与职责，理事会成员严格按照民主程序选举产生，设立相应的监事会或监事，监事由会员大会或会员代表大会选举产生，理事会成员不得兼任监事。④ 康晓光等从第三部门组织的数量规模、发育水平、治理方式、价值观和理念、行动与互动等指标考察了第三部门的治理结构。⑤ 徐家良认为，社会团体内部治理结构主要是权力机关、领导机关、执行机关、监督机关四个方面。社会团体在内部治理过程中存在着权力机关虚设、民主管理缺失、监督机制不完整等问题。为了促进社会团体的可持续发展，有必要健全内部治理结构、落实权力机关的职权、完善基本管理制度、促进决策科学化，以便为社会团体的善治提供更好的制度安排。⑥ 张明从重塑非营利组织与政府的关系、健全以理事会为核心的内部责权

---

① 谢海瑛：《学术团体的国内外比较分析研究》，《贵州气象》2011年第6期。
② ［美］亨利·恩斯特塔尔：《社团管理——原理与方法》，朱晓红、陈吉等译，中国科学技术出版社2014年第4版，第5页。
③ 曾维和：《非营利组织治理中的综合监督机制探讨》，《兰州学刊》2004年第3期。
④ 王名等：《社会组织与社会治理》，社会科学文献出版社2014年版，第240页。
⑤ 康晓光等：《依附式发展的第三部门》，社会科学文献出版社2011年版，第11页。
⑥ 徐家良编著：《社会团体导论》，中国社会出版社2011年版，第160页。

利的平衡机制、加强非营利组织的内外部监督和完善非营利组织的治理环境等方面，提出了完善中国非营利组织治理机制的对策建议。①

美国学者亨利·恩斯特塔尔认为，在社团的语境下，治理就是让志愿者参与那些对组织的运作和生存至关重要的决策。对于几乎所有的社团，无论是行业性、专业性还是慈善团体，治理的主要责任都落在董事会或信托委员会上。这个治理机构有时候也可以叫做理事会、会员代表大会或会员大会。通常，在组织的章程中说明其治理结构以及权力的分配方式。在行业性社团和专业性社团里，志愿者参与做出决策的范围超过董事会层面。大量的志愿者通过参与委员会、工作小组和其他机构的工作，在社团治理中扮演着积极的角色，这有助于确定社团的长远发展方向和短期优先考虑的项目。许多学术性社团都有一个会员代表委员会并作为高层决策机构。代表通常按照地域或者其他会员分类来划分区域选举产生。会议的主持者可以是当选的首席官，也可以为单独推选的会议发言人。通常情况下，当一个社团有较大规模的会员代表委员会（或其他大型的决策机构）时，它也会授权一个较小的理事会或委员会做出临时决定或履行具体日常管理职责。②

国内学者对学术性社团治理的研究多集中在中国学术性社团发展中存在的问题和"瓶颈"之上，并提出相应的对策，认为应进行学术性社团改革和创新，避免学术性社团行政化倾向。陈建国认为，影响中国学术性社团发展的关键性因素是：行政化倾向严重；非市场化观念依然存在；缺乏高层次的职业学会人。长期以来，中国学术性社团的专职干部的主要利益都依附于挂靠单位，他们的工资、住房、保险、福利等受制于挂靠单位。为此，陈建国指出，要加强民主办会，克服行政化倾向，淡化挂靠单位对学术团体的影响，充分发挥专家的

① 张明：《非营利组织治理机制研究》，博士学位论文，暨南大学，2008 年。
② ［美］亨利·恩斯特塔尔：《社团管理——原理与方法》，朱晓红、陈吉等译，中国科学技术出版社 2014 年第 4 版，第 14—15 页。

主导地位，民主选择秘书长，逐步向聘任制过渡，推行理事长的三阶段制，弱化个人的决策作用，树立经营学会的理念，摒弃非市场化的观点，加强学术性社团专职队伍建设，努力防止非职业化行为。[①]

吴增军、陶亦亦对苏州地区学术性社团进行了研究，认为该地区学术性社团存在的主要问题有：组织弱化，官办色彩较为浓厚；机制滞后，观念脱离时代要求；定位模糊，学术针对性有待加强；经费短缺，学术活动有待丰富，并提出促进苏州地区学术性社团发展的对策，即在领导模式上由挂靠式转变为相对独立式；在办会模式上由封闭式转变为面向社会的开放式办会模式；在经费筹集上由单一财政拨款渠道转变为多元渠道；在学科建设上由"小而全"转变为"专而精"；在发挥作用上由简单研究型转变为大众服务型。[②]

卢本立认为，社会科学学术团体的管理工作是一项具有法律依据、法律程序的系统工程，不仅内容多、涉及面广，而且在管理层次和方法上都有明确而具体的要求。要搞好社会科学学术团体的管理，应突出做好以下五个方面的工作：社会科学学术团体的组织管理；学会会员管理；学会活动管理；经费管理；在多头管理中处理好领导关系。[③]

丁林认为，学术类社团是中国广泛存在的社会组织。学术类社团在促进学术交流、评价学术成果、传播科学文化知识等方面发挥着重要作用。完善学术类社团的治理机构，以法律形式确认和完善学术类社团的组织机构和运行机制，可以有效保障学术类社团的运作，促进学术类社团的功能发挥，净化学术环境，也有利于有关部门对学术类社团的监督管理，避免学术类社团的违规违法行为。[④]

商海通等从学术性社团法治能力建设的角度，分析了全国学术性

---

① 陈建国：《我国学术团体发展方略刍议》，《学会》2005 年第 10 期。
② 吴增军、陶亦亦：《苏州地区学术团体的问题及发展对策探析》，《苏州市职业大学学报》2005 年第 11 期。
③ 卢本立：《简论社会科学学术团体的管理》，《湖南社会科学》1994 年第 6 期。
④ 丁林：《学术类社会团体治理结构研究》，《现代商贸工业》2013 年第 9 期。

社团法治能力构建的路径，即加强学术性社团自身法治能力建设，提升法治意识，培养法治思维，规范内部结构，防控法律风险，完善用人管理，提升法治治理能力，规范业务行为，优化科研管理；持续深化社会组织管理体制改革，加快构建和完善具有操作性的社会组织立法体系，构建科学的针对学术性社团内部治理的评估指标体系。①

戴涵莘等认为，加强学术团体建设和改革，要在党的基本路线的指导下，借鉴国际科技团体活动经验，紧密结合中国国情，调动各方面的积极性；要转变观念，树立经营意识；转变性质，将学术性与行业性紧密融合；拓宽职能，获得多渠道援助；推动学术团体社会化、信息化和学术团体活动国际化。②

唐建兵认为，当前中国学术团体普遍存在如下问题：行政化倾向严重；自我活动能力有待增强；"等、靠、要"思想依然存在；市场化观念亟待加强；职业学会人比较稀缺，影响到学术性社团学术权威性和科学性的提升。推动学术团体健康发展，要着眼于动力促动机制、效益管理机制、能动协调机制、反馈导向机制的建设和完善。③

此外，中国科协发展研究中心课题组编写的《近代中国科技社团》④ 一书、范铁权撰写的《近代中国科学社团研究》⑤ 一书、尹承恕撰写的《科技社团决策咨询探索》⑥ 一书、朱喆撰写的《科技社团资源依赖行为与治理研究》⑦ 一书重点研究了科学社团治理问题，杨

① 商海通等：《全国性学术团体的法治能力建设现状及问题分析——基于对176家全国学会的调查》，《学会》2020年第12期。
② 戴涵莘等：《借鉴国外学术团体成功经验加强社会学术团体建设》，《苏州市职业大学学报》2006年第2期。
③ 唐建兵：《学术类社会团体的运行机制研究——以安徽省学术类社会团体为例》，《淮北师范大学学报》（哲学社会科学版）2014年第4期。
④ 中国科协发展研究中心课题组编：《近代中国科技社团》，中国科学技术出版社2013年版。
⑤ 范铁权：《近代中国科学社团研究》，人民出版社2011年版。
⑥ 尹承恕：《科技社团决策咨询探索》，辽宁科学技术出版社2015年版。
⑦ 朱喆：《科技社团资源依赖行为与治理研究》，知识产权出版社2020年版。

路平等撰写的《中国社会科学类社团科学发展的战略选择》① 一书、李莉撰写的《湖北省社科类社团的历史与现状调查研究》② 一书重点研究了社科类社团治理问题。

四 政府与学术性社团的关系研究

学界通常将政府与学术性社团间关系置于政府与社会组织关系范畴内，专题研究政府与学术性社团间关系的研究文献相对较少。俞可平认为，善治是使公共利益最大化的社会管理过程。善治实际上是国家的权力向社会的回归，善治的过程就是一个还政于民的过程。善治表示国家与社会的良好合作。③ 善治的实质在于政府与公民的良好合作，但这种合作并不总是直接的，相反常常需要一个中介组织的协调，民间组织就是这样一个中介。一方面，各种民间组织及时把成员对政府的要求、愿望、建议、批评集中起来，转达给政府；另一方面，又把政府的政策意图和对相关问题的处理意见转达给其成员。民间组织在这一利益表达和利益协调过程中，推动了政府与公民的合作，促进了善治。④

王名认为，社会组织作为现代社会独立于政府之外的公共主体，作为弥补"政府失灵"和"市场失灵"的第三种力量，在价值理念、行为方式、资源动员、社会影响等方面，既有与政府体系形成互补、协调、对应的一面，又有构成冲击和挑战的一面。政府与社会组织的关系是公共管理的新课题，这些关系包括六个不同的维度：理念维度、政治维度、制度维度、资源维度、体制维度、机制维度。具体来看，理念维度涉及政府是否承认社会组织的存在和价值，双方是否平

① 杨路平等：《中国社会科学类社团科学发展的战略选择》，辽宁教育出版社 2015 年第 2 版。

② 李莉：《湖北省社科类社团的历史与现状调查研究》，湖北人民出版社 2020 年版。

③ 俞可平：《引论：治理与善治》，载俞可平主编《治理与善治》，社会科学文献出版社 2000 年版，第 1—15 页。

④ 俞可平：《中国公民社会的兴起与治理的变迁》，载俞可平主编《治理与善治》，社会科学文献出版社 2000 年版，第 326—350 页。

等；政治维度涉及政府是否允许社会组织的自主和独立，是否给予其自由；制度维度涉及政府是否保障社会组织的空间和权利，是否有法治基础；资源维度涉及政府是否提供社会组织必要的资金，有没有财政支持；体制维度涉及政府能不能做到对社会组织有效监督，有没有刚性约束；机制维度涉及政府是否能和社会组织进行良性互动，有没有合作。现代公共管理越来越不能忽视社会组织的存在，越来越需要在政府和社会组织之间的关系问题上找到合理的均衡点。①

康晓光等认为，从逻辑关系层面来看，政府对社会组织的管理和控制必然牵涉两个因素：控制意愿与控制能力。前者指政府对社会组织管理和控制意愿的强弱程度，是政府主观控制意志的程度大小，而后者则是指政府对社会组织管理和控制的具体策略和实际状况，是国家实现控制意志的手段和工具。"嵌入性控制"对以上两个方面都有所体现，是控制意愿与能力的综合概括。从控制意愿的角度分析，"嵌入性控制"主要体现在两个方面。第一，政府对社会组织管理的吸纳能力增加；第二，政府对社会组织管理的重点出现分化，即承接原有的分类控制模式，对不同领域和规模的社会组织进行有区分的管理模式。从控制能力的角度分析，"嵌入性控制"也体现在两个方面。第一，政府对社会组织管理的制度化水平提升，表现为开展社会组织的评估及其制度建设工作；第二，政府对社会组织管理的手段多元化，表现为除了原有的行政手段之外，法律手段和经济手段的使用更为频繁。特别是经济手段，让社会组织在生存发展资源上对国家形成更加依赖的关系，增加了社会组织对政府的依附性。②

贺立平从组织功能转移的角度，对政府职能转变中的半官方社团让渡空间获得与拓展空间的形成过程进行分析，提出"边缘替代"的概念来表述半官方社团在政府与社团关系中的状态和生存策略，认为职能的边缘替代是半官方社团的生存和发展策略；社团的生存空间

---

① 王名：《社会组织论纲》，社会科学文献出版社 2013 年版，第 123—124 页。
② 康晓光等：《依附式发展的第三部门》，社会科学文献出版社 2011 年版，第 120—121 页。

（让渡空间与拓展空间）是替代政府的边缘职能空间，社团的生存策略就是对政府职能的边缘替代。[①]

近年来，兴起了一种在国家与社会之间建立枢纽型社会组织的潮流。枢纽型社会组织是指在党和政府与各个领域中一般社会组织之间发挥着桥梁和纽带功能作用的组织。它将同类别、同性质、同领域、同地域的社会组织联合起来，通过社会组织联合体等多种形式的实践载体，服务和管理系统内或者领域内或者地域内众多的社会组织，从而在政府及其主管部门、枢纽型社会组织以及一般社会组织之间形成一个有效、有序和畅通的有机整体。枢纽型社会组织主要是在政府的指导下建立或者被认定，适合从法团主义的角度来分析。法团主义非常关注社会秩序与合作，反对冲突及其伴随的混乱。在法团主义设计的框架下，政府、中介组织以及一般组织结成相互合作的联盟，并且形成如下几个鲜明的特点。第一，在政府主持下，社会组织形成非竞争性的格局且以等级方式组织起来；第二，社会组织从国家获得垄断性认可；第三，政府让渡部分空间，但相应的是行使一定控制权。法团主义至少有两种主要类型，国家法团主义和社会法团主义。前者强调国家或政府在联盟中的主体与作用，而后者则注重社会在联合体中的主导性。[②] 石晓天认为，枢纽型社会组织作为政府认定的社会组织，是中国特有的一类社会组织实践形态。政府应该建立完善枢纽型社会组织认定、管理、监督、评估的工作机制，枢纽型社会组织应该完成由政府认定到社会认可的支持性社会组织的转型。[③] 郭道久、董碧莹认为，借助枢纽型社会组织，政府部门和普通社会组织形成一种新的国家社会关系结构。它既不同于政府直接控制社会组织的模式，也不同于社会组织的自治模式，而是一种具有法团主义特征的结构。在法

① 贺立平：《让渡空间与拓展空间——政府职能转变中的半官方社团研究》，中国社会科学出版社 2007 年版，第 120—122 页。

② 范明林、茅燕菲、曾鸣：《枢纽型社会组织与社区分层、分类治理研究——以上海市枢纽型组织为例》，《社会建设》2015 年第 3 期。

③ 石晓天：《我国枢纽型社会组织的功能特征、建设现状及发展趋势——文献综述的视角》，《理论导刊》2015 年第 5 期。

团主义路径下，枢纽型社会组织的发展将成为新的国家与社会关系模式的重要探索。①

域外学者对中国政府与社会团体关系的研究，大体上遵循两种思路。一种是偏重社会视角，将新生的社团视为中国公民社会的代表；另一种思路是偏重于国家的视角，从组织嬗变的角度来讨论社团的发展。这两种思路都有实证研究。第一种思路可以以高登·怀特（Gordon White）对浙江萧山民间社团的研究为例进行说明。第二种思路能用多罗塞·J. 索林格（Dorothy J. Solinger）对武汉市的私人企业进行考察加以证明。第一种研究思路的结论是，中国目前的转型导致了国家和社会关系的新变化，这一变化的特征表现为"准"公民社会的成分正在形成。第二种思路的结论是中国近些年的变迁不是分化了国家与社会，而是更加模糊了国家与社会的分野。但是多罗塞·J. 索林格的观察，也不能完全说明中国国家与社会的关系状态。②

少数学者对政府与学术性社团关系进行了探讨。杨路平揭示了社科类社团与其他社会组织内在联系的本质特征，论述了社科类社团与政党、政府、企业的关系，指出了社科类社团与其他社会组织实现协调发展、良性互动的对策建议，即信任是价值基础，规范是制度基础，促进是政策选择，发展是管理方向。③

李莉认为，在中国，社科类社团主要与政党、政府、企业、事业单位和其他社会组织发生互动关系。从不同的角度来看，社科类社团与其他社会组织关系的内涵非常丰富。从制度角度来看，社科类社团与其他社会组织都是社会管理的有机组成部分。在不同的制度安排下，他们作为不同的政治组织、经济组织、文化组织、非营利组织等，都承担着不同的社会功能，在不同的领域开展不同的社会服务。

---

① 郭道久、董碧莹：《法团主义视角下"枢纽型"社会组织解析》，《天津行政学院学报》2014 年第 1 期。

② 贺立平：《让渡空间与拓展空间——政府职能转变中的半官方社团研究》，中国社会科学出版社 2007 年版，第 3—4 页。

③ 杨路平等：《中国社会科学类社团科学发展的战略选择》，辽宁教育出版社 2015 年第 2 版，第 6 页。

从法律角度来看，社科类社团与其他社会组织都是法人。从组织角度来看，社科类社团与其他社会组织发生的互动关系涉及合作关系、竞争关系、协同关系、服务关系等，构成了丰富的社会交往网络。从社会治理层面来看，社会治理分为国家和组织两个层面，这两个层次的治理都离不开社科类社团与其他社会组织关系。社科类社团是政府治理的手段之一，通过社团进行的治理，可以充分体现社会化的参与协同性，其民间性、群众性和自主性的活动方式，大大减少了政府开展社会治理的投入成本，可以替代第一部门和第二部门从而起到民主、高效、平等等多方面的社会效应。①

刘静芬认为，学术性社团的持续健康发展离不开国家的支持，国家管理力度的强弱又影响了学术性社团学术自治水平的发挥。然而，学术性社团的发展与国家的管理之间的博弈又不是简单的此消彼长的关系。中国的学术性社团很难像西方的某些社团一样，高度独立于国家管理之外。在这种情况下，就需要去思考一条适合中国社团发展的路径。②

徐亚娥认为，政府组织是代表国家对学术性社团进行普遍性行政管理的权威主体。从计划经济体制时期开始，政府便通过严格的行政审批方式控制学术性社团的组建设立，同时又以挂靠体制支持学术性社团的发展、保证学术性社团活动与政府意志的一致性，此外，还通过税收、社会捐助等一系列的法律法规安排来确保学术性社团的非营利性质。政府对学术性社团的影响是广泛而深远的，有关行政制度或政策的安排对学术性社团产生的作用也是双重的，如挂靠体制的双重作用。③

上述研究具有重要的学术价值。但是，从总体上来看，现有研究

---

① 李莉：《湖北省社科类社团的历史与现状调查研究》，湖北人民出版社 2020 年版，第 83—84 页。

② 刘静芬：《枢纽式管理：中国学术性社团建设的法团主义路径——以上海市社会科学界联合会为例》，硕士学位论文，上海师范大学，2018 年。

③ 徐亚娥：《学术性社团的研究——以行政法的视角》，硕士学位论文，中国政法大学，2007 年。

仍存在不少缺憾。首先，现有研究尚停留在资料介绍、定性分析和描述性分析的水平上，缺乏系统性、整体性的理论创新和严谨的理论分析框架。其次，现有研究以规范分析和文献研究为主，量化研究和实证分析比较少。最后，现有研究局限在非政府组织、社会团体的理论范式内，专门研究学术性社团治理的研究成果较少，因而遮蔽了学术性社团治理研究的价值和意义。不仅如此，部分学者套用西方的概念来解释中国社会团体与政府之间关系，无疑是削足适履。现有研究的不足为本书提供了研究空间。

第二节　研究价值

一　理论价值

（一）有利于拓展公共管理学的研究内容

公共管理与传统公共行政的一个重要区别是，治理主体的多元化。在公共管理视域下，虽然政府仍然在社会公共事务治理、公共服务供给中占据主导地位，但是并非唯一性、垄断性主体，包括学术性社团在内的社会组织是治理社会公共事务的重要主体。在某种情况下，学术性社团参与公共管理过程是必须的、必要的。随着"放管服"改革的进一步深化和政府职能转移步伐的加快，"掌舵而不是划桨"的理念越来越深入人心，学术性社团承担政府分离出来的科技性、服务性、学术性职能是大势所趋。本书以学术性社团为研究对象，关注长期被边缘化的研究主题，有利于使公共管理研究紧密结合社会现实，积极回应社会热点问题，拓展公共管理学的研究范围。

（二）有利于构建本土化的非政府组织理论

中国的非政府组织发展，必须在本土化的非政府组织理论的指导下，才能走上正确道路。事实上，中国的非政府组织发展不可能脱离中国的具体国情。任何脱离中国实际的非政府组织发展构想、战略，必将因为缺乏可行性而陷入空想，对社会建设和政治发展造成重大损害。法国著名的社会心理学家古斯塔夫·勒庞指出："各种制度是观念、感情和习俗的产物，而观念、感情和习俗并不会随着改写法典而被一并改写。一个民族并不能随意选择自己的制度，就像它不能随意选择自己的头发和眼睛的颜色一样。"① 习近平同志也指出："我们自己不足、不好的东西，要努力改革。外国有益、好的东西，我们要虚心学习。但是，不能全盘照搬外国，更不能接受外国不好的东西；不能妄自菲薄，不能数典忘祖。"② 本书立足中国国情，以学术性社团为切入点，详细剖析了中国非政府组织治理的变迁历程、实践逻辑，是促进非政府组织理论本土化的一次重要尝试。

（三）有利于丰富治理理论

欧文·E. 休斯认为，治理是"一个包罗万象的概念"，③ 治理理论是"巨型理论"。④ 对于像治理这样内涵丰富的理论体系，必须结合具体的研究领域，进行中观和微观考察，才能更好地把握其含义和本质。本书将学术性社团融于治理研究，把治理理论运用于学术性社团研究，有益于深化对治理理论的认知。

二 应用价值

（一）有利于促进学术性社团健康发展

改革开放以来，学术性社团在曲折中发展壮大，为学术发展和学术繁荣做出了应有的贡献。但是也应当看到，学术性社团治理存在一系列问题，现有的学术性社团治理体制改革滞后于经济体制改革，影响着学术性社团的持续健康发展，制约了其功能的发挥。本书在总结

---

① ［法］古斯塔夫·勒庞：《乌合之众：大众心理研究》，冯克利译，中央编译出版社 2005 年版，第 67—68 页。

② 《习近平谈治国理政》第 2 卷，外文出版社 2017 年版，第 12—13 页。

③ ［澳］欧文·E. 休斯：《公共管理导论》，张成福等译，中国人民大学出版社 2015 年版，第 104 页。

④ ［澳］欧文·E. 休斯：《公共管理导论》，张成福等译，中国人民大学出版社 2015 年版，第 12 页。

中国学术性社团治理变迁的基础上，厘清了中国学术性社团治理所面临的问题并翔实地进行原因分析，通过借鉴欧美发达国家学术性社团的治理经验，提出了推进中国学术性社团治理创新的路径选择，对于推进新时代学术性社团管理体制改革、促进中国学术性社团良性发展具有重要的现实价值。

（二）有利于更好发挥学术性社团的功能作用

学术性社团功能的充分发挥需以良好的治理为基础，学术性社团治理创新是有效发挥其作用的重要环节。本书提出了完善学术性社团治理、促进学术性社团治理体系创新的对策建议，为学术性社团依法、有效开展自治，协助政府"智库"建设工作提供了理论依据，进而使学术性社团治理创新有利于转变政府职能和改善学术性社团的学术服务质量。尤其是，本书提出的优化政府与学术性社团之间关系的对策建议，为学术性社团自我管理、自我发展提供了可操作性的措施，有利于保障学术性社团的自治主体地位，使学术性社团依照章程和法律自主开展活动。只有在这种宽松和谐的社会环境下，学术性社团的创造权益才能够得到保障，学术性社团的创新精神、创造才能与创造成果才能得到尊重与承认，学术性社团参与中国特色社会主义建设的积极性和主动性才能得到最大程度的激发。

（三）有利于维护政府对学术性社团的管理权

中国学术性社团与政府之间的领导与被领导关系，是区别于西方的显著特征。但是，领导与被领导关系的确立不是一劳永逸的。当前，随着学术性社团的蓬勃发展，政府管理学术性社团的思想观念、体制机制、工具技术面临着新问题新挑战。本书通过反思政府管理学术性社团的现状，提出了完善政府支持、监管学术性社团政策体系的对策建议，有利于提升政府管理学术性社团的能力，实现政府对学术性社团的高效能治理，巩固政府对学术性社团的话语权，加强政府在政社关系中的主导权、主动权。

第三节　研究方法和研究内容

一　研究方法

本书运用规范研究和实证研究相结合的方法，对学术性社团治理问题进行较为深入的探索与思考。具体来讲，本书主要采取了以下研究方法。

（一）文献研究法

系统收集、梳理学界关于非政府组织、学术性社团、治理问题的相关研究文献，尤其是政治学、管理学、社会学等学科的学者关于上述问题的研究论著。本书还搜集和整理了大量法规、政策，它们是本书研究结论的重要佐证和文献依据。在进行文献文本分析的同时，本书还重视网络文献的作用，对中国社会组织政务服务平台、各省民政厅的官方网站等权威性网站的有关资料进行了整理分析，为本书提供了数据支撑和事实材料。

（二）访谈法

访谈法作为实证研究的一种方法，是调查者通过与访谈对象接触，通过谈话、聊天等形式有计划、有目的地收集资料的方法。本书对 H 省行政管理学会、J 省行政管理学会等学术性社团的相关工作人员进行访谈，获取一手资料，增加资料的翔实性；对长期关注学术性社团治理创新的相关领导、专家、学者进行访谈，了解学术性社团治理中的"堵点"及破解的政策建议。为了保持访谈的开放性，访谈并不局限于列举的访谈问题。访谈可能存在记忆的准确性及表达的歧义性问题，为此，在访谈结束后，访谈者向访谈对象索取相关资料作为佐证，包括组织年度报告、宣传材料、研究报告、重大活动策划方案、规章制度等。

（三）比较研究法

比较研究法可以理解为，根据一定的标准，对两个或两个以上有联系的事物进行考察，寻找其异同，探求普遍规律与特殊规律的方法。比较分为共时性比较和历时性比较。在共时性比较方面，本书对英国、美国、德国、法国、日本等国学术性社团治理的方式方法、体制机制进行了比较分析，揭示了学术性社团治理的不同模式，阐明了发达国家学术性社团治理的实践逻辑，归纳了域外学术性社团治理的经验启示。在历时性比较方面，本书对中华人民共和国成立以来学术性社团治理的变迁历程进行了阐释，探讨了中国学术性社团治理的规律和特点。

（四）历史研究法

历史研究方法强调通过对研究对象产生、发展、演变及现状形成过程的历史分析，总结出一些具有规律性的现象趋势，以此作为解决现实问题的客观依据。历史本身就是人类智慧与实践的结晶，包含着成功的经验、失败的教训，具有一定的规律性。在中国，学术性社团有着悠久历史，这种研究方法更值得重视。本书坚持"历史告诉未来"的研究立场，剖析了中国学术性社团发生发展的历程，为中国学术性社团治理绩效的改进提供了历史依据。

二　研究内容

本书以治理为切入点，分析中国学术性社团健康发展问题，探讨中国学术性社团发生发展的理论逻辑和实践逻辑。全书以"现状—问题—对策"为中心线索安排篇章结构，共分七个部分。

第一部分：绪论。介绍学术性社团的研究现状；研究的理论价值和应用价值；研究方法和研究内容。

第二部分：概念阐释与理论基础。从含义、特征、功能、类型等方面厘清学术性社团的内涵和外延。以治理理论、利益相关者理论和非政府组织理论作为本书的理论基础。

第三部分：中国学术性社团的历史考察。介绍中国学术性社团的发展历程、中国学术性社团管理体制演变。分析中国学术性社团发展的动力，包括市场经济体制建立、社会的转型、科学的发展、政府职能的转变。同时，分析中国学术性社团存在的价值性和正当性。

第四部分：中国学术性社团治理的现状和问题。在阐释学术性社团治理现状的基础上，指出中国学术性社团治理存在的问题，包括学术性社团党建工作开展不足，政府与社团的关系不科学；学术性社团内部治理体系不完善，绩效问责机制不健全；学术性社团"自组织"发展不充分，人才队伍建设有待加强；学术性社团协同治理机制不完善，"智库"作用发挥不充分；学术性社团管理体制不健全，制度建设有待强化。

第五部分：学术性社团治理的域外经验。介绍域外学术性社团组建的原因；域外学术性社团的功能和特征；美国、日本、德国、英国、法国学术性社团治理的经验；域外学术性社团治理的启示。

第六部分：中国学术性社团治理创新的路径选择。通过对学术性社团治理创新的比较和借鉴，提出中国学术性社团治理创新的路径：加强学术性社团党建工作，科学处理政府与学术性社团的关系；建立健全学术性社团治理结构，完善评估和问责机制；激发"自组织"发展，加强人才队伍建设；增强学术性社团的公信力，扮演好"思想库"角色；加强学术性社团治理的制度建设，创新工作方法和运行模式。

第二章　概念阐释与理论基础

一个名称或概念如果不能准确地把握其内涵，它就不是一个有效的分析工具。基于此，本书首先对学术性社团进行概念界定，以便清晰地阐明研究对象。治理理论、利益相关者理论、非政府组织理论与本书内容高度相关，能够为本书的研究提供坚实的理论支撑，是本书研究的重要理论借鉴。

第一节　概念阐释

一　学术性社团的含义

法国著名社会学家皮埃尔·布迪厄指出："要构建一种科学的对象……是要与常识划清界限，也就是说，与那些被大家共同持有的见解划清界限，不管它是日常生存状态里的老生常谈，还是一本正经的官方见解。"[①] 因此，在对研究的对象进行探讨之前，首先要对"学术性社团"这一概念作出界定。众所周知，概念是反映对象的特有属性的思维形式，由人们通过实践，从对象的许多属性中抽出其特有属性概括而成。概念的形成标志着人的认识已从感性认识上升到理性认识。科学认识的成果都是通过形成各种概念来总结和概括的。[②]

---

① ［法］皮埃尔·布迪厄、［美］华康德：《实践与反思：反思社会学导引》，李猛、李康译，中央编译出版社 2004 年版，第 355 页。

② 夏征农、陈至立主编：《辞海》第 1 卷，上海辞书出版社 2010 年版，第 1148 页。

在中国，社团是"社会团体"的简称。① "社团"一词，在《现代汉语词典》中的释义为："各种群众性的组织的总称，如工会、妇女联合会、学生会、各种学术团体等。"② 《中国社团发展史》认为，社团是由一群具有某种共同特征或共同利益的人们人为地组成的社会组织，并能发挥其特定的功能作用，具有非营利性、民间性、正式组织性、开放性（指成员的出入自由）四大主体特征。③ 一般说来，社团有广义、狭义之分。广义的社团涵盖一切社会组织，诸如由家族、村社、同乡会等血缘地缘关系形成的自然群体，企业、学校、医院、政府等不同事业关系所组成的社会群体以及有共同目的、组织规章的各种实业性、文化性和政治性的社团。狭义的社团是指由一部分有着共同目的、共同关系、共同地位和共同行为的人组织的团体，家族、村社、同乡会等血缘地缘关系形成的自然群体，企业、学校、医院、政府等不同事业关系所组成的社会群体皆被排除在外。④ 美国学者罗伯特·M. 麦基佛（Robert M. MacIver）指出："社团是这样一种团体，它作为社区内部的一个器官，是为达到一定的特殊目的并发挥作用而人为地组织起来的。社团成员只是部分地具有共同意识而已。"⑤

中华人民共和国成立以后，中国政府分别于 1950 年和 1989 年颁布了《社会团体登记暂行办法》和《社会团体登记管理条例》，但在这两个文件中都没有明确指出何谓社会团体，只是单单列举了一些社会团体的具体形式。例如，政务院 1950 年颁布的《社会团体登记暂行办法》规定，社会团体包括：人民群众团体；社会公益团体；文艺工作团体；学术研究团体；宗教团体；其他合于人民政府法律组成的

---

① 王名、刘国翰、何建宇：《中国社团改革——从政府选择到社会选择》，社会科学文献出版社 2001 年版，第 13 页。

② 中国社会科学院语言研究所词典编辑室编：《现代汉语词典》，商务印书馆 2005 年第 5 版，第 1205 页。

③ 中国社团研究会编著：《中国社团发展史》，当代中国出版社 2001 年版，第 4 页。

④ 范铁权：《近代中国科学社团研究》，人民出版社 2011 年版，第 1 页。

⑤ 转引自［日］横山宁夫《社会学概论》，毛良鸿、朱阿根、曹俊德译，上海译文出版社 1983 年版，第 108 页。

团体。国务院 1989 年颁布的《社会团体登记管理条例》规定，在中华人民共和国境内组织的协会、学会、联合会、研究会、基金会、联谊会、促进会、商会等社会团体，均应依照本条例规定申请登记。国务院 1998 年颁布的《社会团体登记管理条例》才对社会团体做出明确界定，该条例第 2 条规定，社会团体是指中国公民自愿组成，为实现会员共同意愿，按照其章程开展活动的非营利性社会组织。社会团体应当具备法人条件。

社会团体作为联系政府和社会之间的桥梁与纽带，有利于促进社会民主政治和政府政策的科学化，这决定了社会团体在社会发展以及政府治理创新过程中具有难以替代的价值功能。社会团体作为市场（企业）、政府之外的"第三方力量"，是现代社会组织体系的一个重要组成部分，在弥补"市场失灵"和"政府失灵"双重失灵等方面具有"双重性"的调整功能，是削减政府和市场（企业）主体之间交易成本的一种有效的制度安排。

1989 年 12 月 30 日，民政部颁布了《关于〈社会团体登记管理条例〉有关问题的通知》。该通知以社会团体的性质和任务为标准分为学术性、行业性、专业性以及联合性社会团体。学术性社团由专家、学者和科学研究工作者自愿组成，为促进自然科学、社会科学、自然和社会交叉科学研究的深入，普及科学知识，培养人才，促进科学和社会经济的可持续发展，维护自身合法权益而开展活动的非营利性的社会组织。联合性社团是由相同或不同领域的法人、组织或个人，为了共同的兴趣、爱好、利益进行横向交流，而自愿组成的非营利性社会团体。行业性社团是指由相同或相近领域的法人组织或个人组成，通过沟通本行业企业和从业者与政府的关系，协调同行业的利益，规范市场行为，提供行业服务，反映会员需求，保护和增进全体成员合法权益的非营利性社会团体。专业性社团是指相同领域的法人组织或者专业人士围绕专业技术和专业资金开展专业活动，提高专业能力，维护自身合法权益，而组成的为经济社会服务的非营利性社会团体。①

"学术"一词在《辞海》中的释义为："较为专门、有系统的学问。"② 学术不仅是一种形态，更是一个过程，所以学术性社团的名称彰显了其内涵、性质和任务，即以从事学术研究和交流为主业。③ 许多学者从这个角度对学术性社团的内涵进行了剖析。夏东荣认为，学术社团，又称学会或研究会，是以某一学科或专业为研究对象的学术群体，人们有时也称它为学科群体或科学共同体，这是社会分工乃至知识分工所形成的产物。学术社团成员为从事某一学科专业研究或相关工作的专家学者所组成。④ 龙盛良认为，学术性社团是指以社会科学界与自然科学界的专家学者为主，基于与学术有关的共同意愿和结社宗旨，按不同的研究领域与兴趣，自发而且自愿组成的社团组织，它是以自由的学术交流、科学普及为主要形式，以同行认可为纽带，促进社会文明进步与学科发展，并为会员提供学术服务的非营利性组织。⑤ 徐亚娥认为，学术性社团是"由同一专业、学科或者研究领域，并且具有相应水平的单位、个人自愿成立，实行社团内部事务自治管理的非营利法人"。⑥ 黄忠诚认为，学术性社团是指主要由专家、学者和科研人员组成的围绕社会科学和自然科学组织研究活动的各类学会、研究会等社会组织。⑦ 曾诗意认为，学术性社团组织是指从事科学研究，为推动科学事业发展而成立的不以营利为目的的组织，为知识的传播和发展，通常实行会员制，通过收取一定的会费向

---

① 徐家良编著：《社会团体导论》，中国社会出版社 2011 年版，第 8—11 页。

② 夏征农、陈至立主编：《辞海》第 3 卷，上海辞书出版社 2010 年版，第 4506 页。

③ 徐亚娥：《学术性社团研究——以行政法的视角》，硕士学位论文，中国政法大学，2007 年。

④ 夏东荣：《学术社团（学会）协作与跨学科研究——以人文社会科学类学会为例》，《江苏师范大学学报》（哲学社会科学版）2015 年第 6 期。

⑤ 龙盛良：《南宁市学术性社团的发展问题初探》，《大众科技》2011 年第 11 期。

⑥ 徐亚娥：《学术性社团研究——以行政法的视角》，硕士学位论文，中国政法大学，2007 年。

⑦ 黄忠诚：《学术性社团发展中存在的问题及对策——从厦门市学术性社团现状谈起》，《社团管理研究》2009 年第 10 期。

会员提供服务，例如，组织课题立项，开展学术活动等。[①]

　　根据学者们的上述界定，学术性社团可以被定义为，由相同或相近学科领域的科学研究者、学者、专家等自愿组成的，以从事自然科学、社会科学、交叉科学学术研究、学术探讨、学术交流和学术服务等学术活动，致力于推动学术发展和学术繁荣、科技创新和社会进步为宗旨与使命的社会团体。

　　学术性社团一般以研究会、学会等名称命名，具体又可分为自然科学类社团、社会科学类社团以及自然科学与社会科学的交叉科学类社团。在实践中，学术性社团主要包括科技社团和社科类社团两大部分，并且两类学术性社团自成体系。其中，科技社团隶属于中国科学技术协会及其所属地方科协，全国性的科技社团由中国科协管理，地方性科技社团由相应层级的地方科协管理。但目前社科类社团没有类似于中国科协的全国性社科联合体作为其领导组织，而是由地方各级社会科学界联合会等领导管理。[②]

　　学术性社团以调研、项目、研讨和论坛等互动方式，搭建学术研究领域与实践领域学术交流、探讨、沟通、融合的桥梁已经成为理论创新、思想创新、观点创新、成果创新、人才队伍创新的重要来源之一，是推动社会、政治、经济、科技、文化、生态发展，以及推进国家治理体系和治理能力现代化的一支重要的社会力量。

个案简介

中国行政管理学会

（Chinese Public Administration Society）

　　中国行政管理学会是国务院办公厅主管的研究行政管理理论与实

---

　　① 曾诗意：《学术性社团组织治理问题与对策——以 A 市某图书馆学会为例》，硕士学位论文，苏州大学，2018 年。
　　② 徐亚娥：《学术性社团研究——以行政法的视角》，硕士学位论文，中国政法大学，2007 年。

践、为政府管理提供参谋咨询服务的全国性学术团体。其宗旨是，高举中国特色社会主义伟大旗帜，坚持以邓小平理论、"三个代表"重要思想和科学发展观、习近平新时代中国特色社会主义思想为指导，解放思想，实事求是，理论联系实际，围绕党和国家中心工作，开展政府体制改革和管理创新以及行政管理科学研究，为发展中国特色行政管理科学，建设中国特色新型公共管理智库，为转变政府职能，深化简政放权，创新监管方式，增强政府公信力和执行力，建设人民满意的服务型政府，推进国家治理体系和治理能力现代化发挥参谋咨询作用。

中国行政管理学会的业务范围是：研究政府体制改革、机制优化和管理创新，为政府决策提供参谋咨询服务；配合、协助政府部门和地方政府进行有关行政管理创新的实践；研究行政管理理论，推动行政管理学科建设和发展；搭建与专家学者、实际工作部门、学术研究机构、各省（自治区、直辖市）行政管理学会的交流合作平台；组织学术活动，开展学术研究，出版研究刊物，编著行政管理的著作和资料，促进学术交流和发展；代表中国行政学界同国外、海外学术组织及学者进行学术交流和友好往来，加强行政管理科学的国际交流。

中国行政管理学会坚持中国共产党的全面领导，根据中国共产党章程的规定，设立中国共产党的组织，开展党的活动，为党组织的活动提供必要条件；严格遵守国家宪法、法律、法规和国家政策，践行社会主义核心价值观，弘扬爱国主义精神，遵守社会道德风尚，自觉加强诚信自律建设，形成良好的会风、文风和学风。

中国行政管理学会接受业务主管单位国务院办公厅和民政部社团登记管理中心的业务指导和监督管理。全国会员代表大会是学会的最高权力机构，会员代表大会选举产生理事会。理事会选举产生常务理事及会长、副会长和秘书长。每届任期五年。①

---

① 资料来源：http://www.cpasonline.org.cn/#/index/2/10。

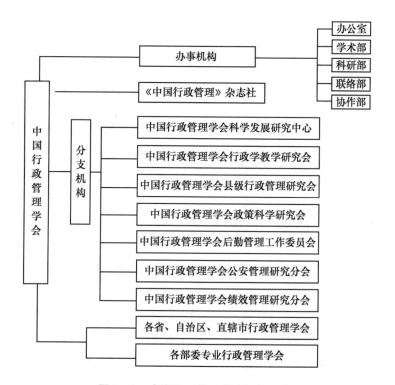

图 2-1 中国行政管理学会组织机构

资料来源：http://cpasonline.org.cn:8000/gb/about/about_mishuzhang.asp。

二 学术性社团的特征

社会团体是人类社会非常普遍的会员制社会组织，是基于一定社会关系组成的人际共同体。社会团体是改革开放之后中国最早发展起来的一类社会组织。学术性社团作为社会团体的范畴，必然具备社会团体的一般特征。但任何类型的社会组织都有各自的特殊性，学术性社团也不例外，学术性社团的特殊性在于其学术性，这是区别于专业性社团、行业性社团、联合性社团的唯一显著特征。

（一）学术性社团的非政府性

学术性社团相对独立于政府，其组织形式、经费来源、人员组成等方面不同于政府，具有较强的自主性和自治性。具体表现在五个方面。一是学术性社团组织形式多样，一般不受政府的直接控制，在内部实行自治管理，但是涉及意识形态等与国家政治密切相关的学术性社团则由政府部门直接管理。二是学术性社团章程大多明确经费来源，其经费主要来自会员会费、社会赞助、社会服务收入，少数学术性社团享受国家拨款。三是学术性社团工作人员不是政府的组成人员，一般不属于公务员序列，特殊的仅是那些直接隶属于政府部门的学术性社团的工作人员或者处于学术性社团领导层的少数人员。[①] 四是学术性社团一般实行自治管理。自治管理是指学术性社团在人事权、财务权等方面不依赖于其他组织，具有自主决策能力，能够有效地进行自我管理和自我发展，是个体实现"自组织"的社会机制。学术性社团基于相同或相近的专业、研究兴趣或者学术发展利益，凭借自身的人才智力优势，开展学术研究、学术探讨、学术交流和学术服务等活动，进行自我管理和自我发展，以促进学术繁荣与发展。五是学术性社团治理结构不同于"自上而下"的政府管理体系，而是具有"网络结构"特征的组织体系，具有公开、透明、民主、自由、平等和社会自治性，是民主、公开、自治、开放的社会团体。

（二）学术性社团的非营利性

非营利性显著体现了学术性社团与公司、企业等市场组织的不同。学术性社团是以从事学术研究、学术探讨和学术交流为主的社会团体，是以促进政治、社会、科技、经济、文化、生态文明发展，增进社会公共福祉为目的的社会团体。学术性社团不以营利为目的，其设立、运行均不以追求利润最大化为宗旨。[②]《社会团体登记管理条例》（2016 年修订）对社会团体非营利性作出了严格的法规限定与规制，明确规定，社会团体不得从事营利性经营活动。社会团体的经费，以及开展章程规定的活动按照国家有关规定所取得的合法收入，必须用

---

① 徐亚娥：《学术性社团的研究——以行政法的视角》，硕士学位论文，中国政法大学，2007 年。

② 李兵、欧阳秀雄：《中国学术性社团的立法与问题》，《求索》2008 年第 7 期。

于章程规定的业务活动，不得在会员中分配，即实行非营利性分配（Non-Profit-Distributing）。在"非营利性分配"的约束下，学术性社团收益受到分配限制，社团的经营性收入不能转变为个人财产。

"非营利性"不是强调学术性社团不得有任何的营利活动，而是强调学术性社团的运作不以营利为宗旨，不能依赖于持续的经营收入获得营利、也不能将营利分配给成员或用于投机性的营利性活动，这种营利只能用于学术性社团自身的可持续发展。与企业以创造利润为目的，获得的利润可以在管理层、员工之间进行分配不同，"非营利性"要求学术性社团的学术活动服务于社会公共利益，进而促进社会公共利益，即使学术性社团在提供学术性社会服务的过程中获得了收入和创造了利润，法律也禁止在社团成员之间分配这些收入和利润，而是将其用于社团公益事业发展。[1] 学术性社团的收入和利润必须用于社团的生存与可持续的发展，即"取之于民，用之于民"。学术性社团的公益资产不能以任何形式转变为私人财产。学术性社团不仅要确保社团公益资产不致流失，而且要努力使社团公益资产保值增值，保障社会公益事业持续健康发展。由此可见，学术性社团的非营利性是针对学术性社团的存在目的而言的，不是针对学术性社团存在过程中的行为而言的。[2]

《中华人民共和国企业所得税法实施条例》对非营利组织的界定

第八十四条　企业所得税法第二十六条第（四）项所称符合条件的非营利组织，是指同时符合下列条件的组织：

（一）依法履行非营利组织登记手续；

（二）从事公益性或者非营利性活动；

（三）取得的收入除用于与该组织有关的、合理的支出外，全部

---

[1]　李兵、欧阳秀雄：《中国学术性社团的立法与问题》，《求索》2008 年第 7 期。

[2]　参见杨路平等《中国社会科学类社团科学发展的战略选择》，辽宁教育出版社 2015 年第 2 版，第 52—53 页。

用于登记核定或者章程规定的公益性或者非营利性事业；

（四）财产及其孳息不用于分配；

（五）按照登记核定或者章程规定，该组织注销后的剩余财产用于公益性或者非营利性目的，或者由登记管理机关转赠给与该组织性质、宗旨相同的组织，并向社会公告；

（六）投入人对投入该组织的财产不保留或者享有任何财产权利；

（七）工作人员工资福利开支控制在规定的比例内，不变相分配该组织的财产。

前款规定的非营利组织的认定管理办法由国务院财政、税务主管部门会同国务院有关部门制定。

第八十五条　企业所得税法第二十六条第（四）项所称符合条件的非营利组织的收入，不包括非营利组织从事营利性活动取得的收入，但国务院财政、税务主管部门另有规定的除外。①

（三）学术性社团的公益性

学术性社团的公益性是指学术性社团的宗旨和目标具有公益性，学术性社团成员的活动也是为了促进公共利益。公益性是学术性社团的基本特征，学术性社团的宗旨和目标决定了学术性社团的公益性特征。学术性社团的会员大多是来源于高等院校和科研院所的科学研究工作者、学者和专家，参与学术性社团活动的目的主要是为了学术研究、学术探讨、学术交流和社会网络的拓展。但同时，学术性社团所开展的学术研究、学术探讨、学术交流、决策咨询、科学普及等一系列学术服务活动的最终目的是推动学术发展和学术繁荣，提升公众的科学知识和综合素质，增进公众对科学知识的理解，使政府部门的政策制定和政策执行更加合理、科学和有效，推动经济社会的持续健康发展。因此，学术性社团具有明显的公益性。

---

① 资料来源：http://www.chinatax.gov.cn/chinatax/n810341/n810825/c101434/c28479831/content.html。

众所周知，不论是学术性社团，还是其他社团都有一个相似的特征，那就是满足社会特定成员的利益，这些利益包括政治利益、经济利益、社会利益、文化利益和生态环境利益等。学术性社团代表着成员的利益，虽然不是普遍的公共利益，但代表"一定范围内不特定多数人所享有的共同利益"是学术性社团最起码的功能，是其公共性格的体现。① 另外，学术性社团在一定程度上可以弥补"政府失灵"和"市场失灵"，满足社会公众对学术公益服务的相关需求，帮助渴望得到学术服务的组织、群体或个人，有利于在社会管理和公共服务领域引进竞争机制，打破政府公共服务供给的垄断性，实现学术资源、社会资源、经济资源、人力资源等相关资源的优化组合与配置，降低公共产品和公共服务的供给成本，提高供给的质量和效率。从这个意义上来说，学术性社团也具有公益性。

（四）学术性社团的自愿性

自愿性是公民结社自由的重要体现，指公民可以依照自己的意愿决定加入或退出某个社会团体。学术性社团的自愿性是指社团的活动以自愿为基础，成员的参加和资源的集中并非是强制性的。科学研究者、学者、专家可以依照自己的意愿决定是否加入某类学会、研究会，既可以选择加入某一个学术性团体，也可以选择退出某一个学术性团体，不受经济利益和政治利益驱使。自愿性是学术性社团成立和运行的原始动力。这种自愿性与政府部门所行使公共权力的强制性有较大的区别。学术性社团的成立、运行和发展不依赖于社团内部的行政权威强制性驱动。学术性社团的自愿性体现为：组成自愿；加入自愿；退出自愿；活动自愿；活动内容自定；组织资源自筹等方面。② 例如，依照中国行政管理学会章程的规定，会员入会自由、退会自由，申请入会或退会时只需要提交入会或退会申请书即可，可见学术

---

① 徐亚娥：《学术性社团的研究——以行政法的视角》，硕士学位论文，中国政法大学，2007 年。

② 参见杨路平等《中国社会科学类社团科学发展的战略选择》，辽宁教育出版社 2015 年版，第 51—52 页。

性社团的成员的意志是自主的。

（五）学术性社团的专业性

专业性强调同一学科、同一专业、同一研究领域，以期达到"术业专攻"。学术性社团的专业性通常要求社团会员要在特定学科专业领域知识水平高、学术造诣深厚，这在本质上也体现了学术性社团的核心竞争力。学术性社团的专业性特征，主要来源于自身的特殊属性，即学术性社团组织内部科学知识、技术、智力资源丰富，具有其他社会团体不具备的优势。学术性社团通常嵌入政治、经济、社会、科技、文化、生态发展之中，贡献自己的科学知识、技术、人才智力资源，并基于社团的专业学术优势，面向公众、政府、企业以及其他社会组织提供专业化的学术服务。因此，学术性社团在相关专业学科领域具有较高的学术权威性和专业性特征。

（六）学术性社团的学术性

学术性社团与其他社团的根本区别，就在于其学术性。学术性是学术性社团的核心特征，进行学术研究是学术性社团的生命线。学术性社团的学术性主要体现在知识的权威性、学术的前沿性和前瞻性，以及对学术发展、学术繁荣、科技创新和经济社会发展的推动功能。具体表现在，其一，从学术性社团的人员构成来看，这些人员都是学术界、知识界的知识分子，是特定学科领域的专门学术人才。有的学术性社团发起人是退休的或者即将退休的学者，他们想继续在学术领域有所贡献，这些学者在学界具有较高的学术权威、威望，他们所掌握的知识具有很大程度的权威性，学术造诣都比较深厚。其二，学术性社团中的一些德高望重的学者具有特定学科、学术领域的学术指导权和话语引领权，由于自身知识的权威性积累，他们具有非常高的科学文化知识水平和深厚的专业学术造诣，所以，对于专业学术领域内的学科发展方向有着清晰的认知，并具有学科发展趋势的前瞻性思维。其三，由于学术性社团中学者的知识权威性和学术发展前瞻性的特点，也就决定了学术性社团中学者的研究成果对于社会发展的推动作用，他们对于社会发展提出自己的理性思考和见解，在社会生活中能够发挥很强的舆论带动作用。在国家和社会发展的重大方向和重大理论实践课题中，学术性社团更能提供智力支持，起到参谋的作用，从而为国家和社会的发展群策群力、献计献策。①

学术性社团除了具有上述特征之外，还具有组织性、合法性、自主性、高端性、公共性等特征，而且社科类社团通常具有非常显著的意识形态性。

三 学术性社团的功能

学术性社团一般是由社会科学界与自然科学界学术领域的科学研究者、学者、专家共同建立起来的学术机构，它能够为所有从事有关学术研究和相关领域实际工作的人员提供成果展示、学术探讨、学术交流、合作治理、实践指导等方面的有效信息平台，也是推动学科、学术发展的有效途径之一。"学术性社团具有科学共同体的性质与形式，是学术界利益表达的载体"。学术性社团的功能应该定位为"推动学科发展、促进知识创新、培养学术人才、维护会员合法权益、推进社会经济进步、提高公众科学文化素质。学术性社团通过国内外的学术交流活动，增进同行认可，促进学科与社会发展；通过广泛参与公众科学传播的活动，促进社会文明与公众文化素质的提高；在特定领域内为社会管理与经济建设提供中介与咨询服务，并以此获得社会资源的使用权。"② 由此可见，学术性社团的主要功能是凝聚科学人才、推动学科学术发展、满足社团会员提高学术水平的需求、培养专业学术人才、提高专业学科业务能力、组织协调学术资源、提高公众科学文化素质、促进原始性创新，提供政策、科技咨询和社会服务，推动科技创新和社会进步。学术性社团通过国内外的学术研究、学术探讨和学术交流活动，促进学科与社会、科技、经济、文化、生态协

---

① 刘静芬：《枢纽式管理：中国学术性社团建设的法团主义路径——以上海市社会科学界联合会为例》，硕士学位论文，上海师范大学，2018 年。

② 柯少愚、秦威：《"学术性社团评估指标"研究报告》，《学会》2007 年第 1 期。

同发展；通过广泛参与自然科学和社会科学的传播交流活动，促进社会文明与公民科学文化知识素养的提高，大力培养具有自然科学和社会科学知识素养的人才，在学科领域内为经济社会发展提供政策咨询、科技咨询与经济咨询等公益服务。

（一）开展学术研究，推动学术发展

学术性社团可以说是各个领域学者交流学术的一个平台，学者们通过学术交流，整合各自所拥有的学术资源，加强学术信息之间的传播，推动学术的传承，营造良好的学术研究范围，从而避免不必要的学术劳动，推动学术的健康快速发展。[1] 高水平的学术研究能力不但有利于学术性社团进一步增强引领学术发展和学术繁荣的能力，而且有利于学术性社团获取更多的学术发展资源。

学术研究成果的研发和应用离不开学术性社团有效的组织。以个体形式存在的学术研究者、科技工作者自身受到学术界和社会认同的局限，面临着研究成果不被重视的尴尬局面。而学术性社团则吸引众多的学术研究者参与，以组织的形式协调各种资源，形成学术研究和学术探讨的规模优势，为学术研究者、科技工作者整合学术资源，展示学术研究成果创造了条件。

学术性社团从学科发展和研究出发，召开学术年会、学术研讨会，举办各种专题学术活动，提供学术思想交流的机会，使自然科学工作者和社会科学工作者阐述各自的学术观点更加直接便捷，有利于激发学术的创造力，加强学术的传承性。同时，学术性社团与域外团体、学者的交流，有利于整合多维度、多领域的学术资源，了解域外学术研究的最新动态和前沿理论，搭建中国学术界与域外学术界共同研究的平台，缩小中国学术研究与域外学术研究的差距，提升中国学术研究和学术发展的能力。

---

[1] 刘静芬：《枢纽式管理：中国学术性社团建设的法团主义路径——以上海市社会科学界联合会为例》，硕士学位论文，上海师范大学，2018 年。

中国科学技术协会学术交流活动概述

以学习宣传贯彻习近平新时代中国特色社会主义思想为引领，围绕建设世界科技强国的宏伟目标，中国科协优化学术会议布局，积极推动搭建多层次、多形式的学术交流平台，充分发挥学术交流对科技创新的引领力、对智库和科普的支撑力，从扎根中国、融汇世界，立足时代、面向未来的战略高度，培育了以中国科技峰会为牵引、中国科协年会为龙头、系列世界大会为支撑、示范性学术会议为基础的学术会议品牌集群。

1. 中国科技峰会

中国科协2018年面对影响人类未来的重大问题首次组织中国科技峰会，致力于打造探索科技前沿的学术交流平台、汇聚智慧思想的高端智库平台、区域协调发展战略的促进平台、科技人才与传播的推广平台，形成对人类未来发展前沿问题的关注性启示，发布影响世界的思想成果，成为引领全球创新的风向标，构筑全球知名学者的名人堂，扩大中国科协的"朋友圈"。

2. 中国科协年会

中国科协年会是中国科协的重要活动品牌，是中国科技领域高层次的年度盛会。自1999年开始，每年举办一届，由中国科协和举办地省级人民政府共同主办，主要活动一般在举办地的省会城市举行，并覆盖相关地市。年会集聚了全国乃至世界范围的科技工作者资源，围绕学科前沿及科技创新的重大问题开展学术研讨，针对举办地的地域特点组织科普活动，通过专题调研为解决举办地经济社会发展中的关键性问题提供科学支撑和决策依据，并借此建立起促进举办地可持续发展的长效机制。经过20年的创新、发展，科协年会功能定位不断完善，运行机制不断成熟，社会影响力逐年扩大，凝聚力不断增强，受到党和国家领导人的高度重视和社会各界的广泛认可。

3. 世界机器人大会

世界机器人大会是经国务院批准，自2015年起每年由北京市人民政府、工业和信息化部、中国科协共同举办的大会。世界机器人大会由世界机器人论坛、世界机器人博览会、世界机器人大赛三大板块组成。全球机器人领域的著名专家、企业家、国际组织代表出席大会，各国知名企业参展，重点研讨机器人产业的战略与趋势、动态与前沿，展示机器人技术与发展、产业与应用。大会搭建国际协同创新平台，组织中国专家和国际同行研讨机器人发展创新的趋势，明确机器人产业发展导向，探寻机器人革命对未来社会发展的深刻影响，促进机器人产业链、创新链、资金链的有效对接，完善机器人产业创新创业生态。

4．世界生命科学大会

为促进中国生命科学实现跨越式创新发展，展示中国科学家在生命科学领域的实力和创新性成果，促进多学科交叉融合，推动国家间的交流合作，经国务院批准，中国科协自2016年开始，举办世界生命科学大会。大会围绕生命科学、医药卫生、农业及环境等领域安排大会特邀报告、学术专题报告、政策法规及伦理研讨，举办青年科学家论坛、女科学家论坛、科学墙报交流、高科技展览、科普专题报告及展示、"诺奖大师"中小学科普交流等丰富多彩的学术、展览及科普活动，全方位展示世界生命科学前沿进展及中国生命科学所取得的辉煌成果。

5．世界交通运输大会

世界交通运输大会是经国务院批准，由中国科协、交通运输部、中国工程院主办，国内外交通运输科技组织共同支持举办的大会，自2017年起每年举办。大会主要展示世界交通运输发展的最新科技成果，体现"一带一路"交通务实合作的成效，描绘未来交通发展的前景。在建设"交通强国"的大背景下，世界交通运输大会正在成为有国际地位的学术交流品牌。

6．青年科学家论坛

青年科学家论坛是中国科协于1995年推出的品牌学术活动，至2018年年底已成功举办370次。论坛面向全国学会、地方科协、高等院校及科研院所，是专门为扶持优秀青年科技工作者学术成长提供的学术交流平台。旨在促进青年科技工作者拓宽学术视野、提高学术水平、激发创新活力，培养造就一大批具有国际水平的青年科技人才和科技领军人才；倡导学术民主，鼓励学术争鸣，促进学科的交叉和融合，培育新的学科增长点。

7. 学会品牌学术会议

以打造一流学术会议为目标，塑造不同功能、不同领域、不同类型的学术会议品牌；以提升学术会议质量水平为重要推力，培育一批在学科和专业领域内有较强国内外影响力和辐射力的精品学术会议，推动其逐步成长为国际知名的品牌主场学术会议。[①]

(二) 承接政府职能转移，承担社会公共服务职能

学术性社团具有提供教育培训、职业标准制定和资格认证、产学研连接等学术公共服务的功能。随着市场经济体制的逐步完善、行政管理体制改革的不断深化、国际交流合作的日益增加，政府职能转变的步伐加快。与此相适应，社会组织在调动社会资源、整合社会利益、补给公共服务、协调社会关系、促进经济发展、创造就业机会等方面的作用更加突出。[②] 新时代，政府"放管服"改革进一步深化，政府职能及其行使职能的方式越来越受到限制而成为"有限政府"。同时，社会对公共服务的需求越来越多样化，公共服务领域的政府委托或政府招标日益发达起来。2013 年，党的十八届三中全会通过的《中共中央关于全面深化改革若干重大问题的决定》明确指出："推广政府购买服务，凡属事务性管理服务，原则上都要引入竞争机制，通过合同、委托等方式向社会购买。"

在这种背景下，学术性社团通过接受政府委托或参与政府招标，承担社会公共服务职能，形成与政府合作互动、良性发展的关系。例

---

① 资料来源：https://www.cast.org.cn/art/2019/1/15/art_47_23118.html。
② 魏涛：《关于民间组织可持续发展的探讨》，《社团管理研究》2007 年第 1 期。

如，学术性社团从实际出发，发挥自身的优势，承担政府的研究项目，提出研究项目报告，为政府部门提供行之有效的解决问题的方案和办法；对政府的重大政策进行可行性论证和科学评估，依托自身的专业学科优势和人才资源优势参与政府重大政策的制定，提出具有科学依据、社会发展前瞻性的政策报告，以供政府政策规划参考；建立政策评估人才队伍，对政府重大政策的制定和政策执行的状况进行评估，发现问题并提出评估报告，化解政府重大政策制定的社会风险，确保政府公共政策制定的法治化、科学化和民主化。

政府与学术性社团的关系应该是相互促进的关系。为了提高社会公共服务供给的效率，需要进一步转变政府职能。政府要将许多管不了、管不好、不该管的社会职能交给学术性社团。学术性社团应充分把握机遇，积极推进自身治理创新，建立健全各项制度，强化自身能力，并主动向政府部门沟通汇报，积极探索，有效承接政府职能转移，提供学术公益服务，提高学术性社团的工作能力。

中国科学技术协会所属学会承接政府转移职能工作概述

中国科协所属学会有序承接政府转移职能工作，是中央全面深化改革部署的重要任务，是中国科协发挥群团组织重要作用，配合行政体制和科技体制改革，主动服务创新型国家建设的重要举措。

2015 年 5 月，中央全面深化改革领导小组第十二次会议审议通过《中国科协所属学会有序承接政府转移职能扩大试点工作实施方案》。方案指出，在扩大试点阶段，围绕简政放权和放管结合、科技创新等中心工作，以科技评估、工程技术领域职业资格认定、技术标准研制、国家科技奖励推荐等适宜学会承接的科技类社会化公共服务职能的整体或部分转接为重点，创新工作方法，加强制度建设和机制建设，突出学会特点，强化效果监督和评估，形成可复制可推广的经验和模式，建立完善可负责、可问责的职能转接机制，为全面深化改革、推进国家治理体系和治理能力现代化提供示范案例。

2015 年 7 月，中共中央办公厅、国务院办公厅正式印发《中国科协所属学会有序承接政府转移职能扩大试点工作实施方案》，中国科协随即启动了扩大试点工作。扩大试点共遴选推荐了 68 个具备资格条件和履职能力的全国学会，承接了 21 个政府部门转移委托的 86 个（类）试点项目，内容涵盖 40 个学科领域，5000 多名高层次专家参与，形成 100 余项专业工作制度、规范和标准。

2016 年 10 月 20 日，中国科协所属学会有序承接政府转移职能试点工作总结电视电话会召开，标志着扩大试点工作主要任务基本完成，学会承接政府转移职能进入常态化开展阶段。

2017—2019 年，中国科协深入贯彻党的十九大和十九届二中、三中全会精神，围绕建设创新型国家和世界科技强国战略目标，引导学会充分发挥科技社团的独特优势，积极进军经济建设主战场，通过研制满足市场和创新需要的技术标准、自主设立国际化的科技奖项、建设面向技术经济深度融合的"问题库""成果库""人才库"、以第三方身份开展相关科技评估等工作，不断丰富科技类公共服务产品供给，推动形成学会承接政府转移职能工作的常态化、规范化、制度化格局，进一步激发学会活力，提升学会战略支撑力和社会影响力，建设公共服务一流的现代化科技社团。[①]

（三）开展科学普及，提高全民科学素养

知识经济时代，人们对自然科学和社会科学的认知程度、学习能力、知识水平、科学价值观等，已经对经济社会持续健康发展和个人综合素质的提高构成了实质性影响。经济社会的发展和全民科学素养的提高离不开科学普及，学术性社团作为科学普及的主要社会力量，负有不可推卸的科学普及职责。科学普及，包括自然科学普及，即对大自然奥秘探索方式方法等科学知识的普及；也包括社会科学普及，即对政治、经济、文化、社会和生态文明发展规律等科学知识的普及。

---

① 资料来源：https://www. cast. org. cn/art/2019/6/6/art_47_12924. html。

从本质上来说，科学普及是一种公共产品和公共服务，是一种社会教育。普及自然科学和社会科学知识，是国家发展自然科学和社会科学事业至关重要的内容。以自然科学理论和社会科学理论知识的普及，唤醒和调动广大人民群众投身中华民族伟大复兴、实现中国梦的积极性、主动性和创造性，增强中国特色社会主义经济社会的生机与活力。

党的二十大报告强调，教育、科技、人才是全面建设社会主义现代化国家的基础性、战略性支撑。习近平总书记指出："科技创新、科学普及是实现创新发展的两翼，要把科学普及放在与科技创新同等重要的位置。没有全民科学素质的普遍提高，就难以建立起规模宏大的高素质创新大军，难以实现科技成果的快速转化。"① 学术性社团承载着理论创新、文明传承、咨政育人、服务社会、科学知识普及的使命，在进行自然科学和社会科学理论研究之外，还要特别重视科学技术的普及、社会科学文化思想等方面的宣传。在现代社会，公众对科学的知晓和理解程度已经构成对经济社会发展的实质影响。学术性社团要充分发挥科学普及的作用，营造人人崇尚科学，反对愚昧无知的良好的学术氛围，对公众进行有目的性、有针对性的科学知识普及，深入开展科学知识宣传和教育活动。对于青少年，通过提升科学宣传教育的质量、开展自然科学和社会科学普及活动等途径和方式，促进教育和科普的融合，重视科技与人文的融合，培养他们崇尚科学的思想，激发他们对科学的兴趣，引导青少年树立正确的世界观、人生观、价值观；针对企业、社区，可以通过开展各种科普活动，充分利用"互联网＋"等现代信息科学技术，营造智慧化、精准化、个性化的科普生态环境，举办各种科学知识展览或知识竞赛活动来全方位培养公众的参与兴趣。科学素养是公众素质的重要组成部分，它反映了一个国家或社会的软实力。认知科学、技术、文化与社会的关系，普及科学技术知识、弘扬科学精神、传播科学思想、培养科学思

---

① 习近平：《为建设世界科技强国而奋斗——在全国科技创新大会、两院院士大会、中国科协第九次全国代表大会上的讲话》，《人民日报》2016年6月1日第2版。

维、倡导科学方法，推动全民科学素养持续提升，是推进社会主义现代化建设的一项基础性工程。

在知识经济时代，科学技术发展日新月异，深刻影响人类生活、工作，而科学普及已经成为提高国民科学素养和国家核心竞争力的有效途径。因此，提高公众的科学知识素养势在必行。欧美发达国家主要通过培育和发展科技社团来建立科学普及平台，开展多样性的活动与公众进行建设性的对话，组织实施科学普及活动，促进科学普及资源的开发与管理，发挥学术性社团的人才智力优势，进行科学普及，从而提高国民的科学素养，营造整个社会的科普生态环境。自然科学和社会科学领域的协同创新与发展推动着经济社会的持续健康发展。

学术性社团向公众传播科学知识，并不是单向馈赠。学术性社团向公众传播科学知识，从而推动公众知晓并理解科学，提高公众的科学素养。在这一过程中，学术性社团能够赢得公众支持，实现服务社会与促进社团自身发展的"双赢"。没有公众对学术性社团科学研究的认知和认可，就没有公众对学术性社团学术研究的支持，也就缺乏社会各界对学术性社团科学研究的资助。从这个意义上来讲，学术性社团的学术研究工作者同时应该是优秀的科普工作者。有效的科学普及有利于学术性社团被公众所认可，有利于增强学术性社团的知名度和美誉度。

开展科学普及和提高全民科学素养需要学术性社团学术研究者、学者、专家积极有效动员起来，需要学术性社团与公众协同起来，渲染一种人人学科学，人人懂科学，人人讲科学的氛围。同时，需要将科学精神、科学思想、科学思维和科学方法融入社会管理、生活和工作中，提高公众的生活和工作质量以及幸福指数。

（四）凝聚人才，提供智力咨询

现代社会是一个高度组织化、系统化的社会，公众需要通过"结社"的形式，依托一定的社会组织形式才能有效体现个人的价值。学术性团体就是聚集自然科学和社会科学工作者的主要组织体系。学术性社团通过协调各种学术资源，沟通会员与社会各领域的学术交流，实现学术研究资源的优化整合，形成学术研究的整体化、系统化优势，为国家和社会提供高质量的、优质的自然科学和社会科学知识服务。

现代社会倡导自由、平等、公正、法治，科学研究工作者以其思想的预见性、学术的前瞻性成为现代科学理论知识的创新者和传播者。因此，科学研究者需要拥有自由开展学术活动的领域、民主参与的平台、平等对话的路径和科研成果转化的机制。学术性社团以自愿参加学术研究、学术探讨和学术交流活动；以学术民主参与机制吸纳科学人才，激励科学研究者对各种前沿科学理论进行探讨；以平等、自由、民主参与吸引科学研究者不拘于传统教条主义的束缚，不断对自然科学和社会科学理论进行创新性思考和原始性研究，致力于学术发展和学术繁荣，达到"百家争鸣、百花齐放"的学术境界。

科学研究工作者的工作性质和事业宗旨是探索科学理论、创新科学理论和应用科学理论，并将其研究成果有效转化，扩大其科学思想、科学理论的影响力，增进社会福祉。在现代社会，政府政策制定"谋"与"断"的相对分离，使"思想库"和"智库"的作用进一步增强，为科学研究者实现自身价值提供了更多的机会和空间。决策咨询需求与决策知识供给之间常常需要一个"枢纽"，学术性社团就是联系科学研究者、学者、专家与政府决策咨询需求之间的桥梁与纽带。

（五）创造自由环境，实现学术自治

学术自治是西方中世纪的学术管理思潮，认为学术工作及与学术有关问题的处理，应不受政府、教会及其他外界力量的干预，而是由高等学校、学术机构或专家学者独立决定和进行。① 学术性社团可以在治学环境的形成、学术氛围的培养和学风的建设等方面发挥其自身的优势，充分调动所联系的众多会员，形成正确的治学导向和治学氛围，引导众多的会员在学术研究的道路上不断取得丰硕的成果。学术性社团的发展需要一个相对自由、宽松的环境，政府过度的不必要的

---

① 周光礼：《高等教育组织的定位与管理》，《高等教育研究》2000 年第 5 期。

干预必然会影响学术性社团持续健康的发展，只有在一种宽松、畅快的制度生态环境下，学术研究者的观点、思维才会更加活跃、开放，学术研究、学术探讨和学术交流的氛围才会更加浓厚。新时代背景下倡导学术自治，不是要脱离政府的监管，而是在政府与学术性社团之间形成弹性互动的信任氛围，让学术性社团具有更多更大的发展机会和空间，在法律框架内实现学术自治，同时强化规范学术行为，[①] 真正使学术性社团成为激励和服务会员的内在力量，保证学术性社团学术研究、学术交流和学术发展的法治性、自愿性和自治性。

四　学术性社团的类型

区分不同学术性社团的功能和地位，发挥学术性社团各自的作用，有针对性地加以管理和培育，需要遵守基本的原则并对各种各样的学术性社团进行分类。[②]

（一）社会团体分类的原则

1. 合法性原则

这里的"合法性"指"合法律性"，意指一个行为或者一个事物的存在符合法律的规定，接近英文词 Legality。[③] 在现代社会，制度的文明程度决定着现代社会发展的文明程度。社会的有序发展需要良好的制度作为基础条件，而这个制度通常体现为法律法规体系的建立健全。法律法规体系的建立健全使社会中的任何个人、任何组织的意愿和利益都能在制度的框架下得到表达和维护，使任何个人、任何组织的行为符合社会的整体利益和有序发展，不得损害其他任何人和其他任何组织的合法权益。法律法规为保障不同群体和不同组织的合法权益提供了基本的制度规范。社会团体组建和分类需要遵守相应的法律和政策规范。

---

① 刘静芬：《枢纽式管理：中国学术性社团建设的法团主义路径——以上海市社会科学界联合会为例》，硕士学位论文，上海师范大学，2018 年。

② 徐家良编著：《社会团体导论》，中国社会出版社 2011 年版，第 7—10 页。

③ 吴玉章主编：《社会团体的法律问题》，社会科学文献出版社 2004 年版，第 52 页。

《中华人民共和国宪法》规定，一切国家机关和武装力量、各政党和各社会团体、各企业事业组织都必须遵守宪法和法律。一切违反宪法和法律的行为，必须予以追究。任何组织或者个人都不得有超越宪法和法律的特权。这就说明，社会团体的活动和行为必须遵守国家的宪法和法律。目前，中国没有专门的、统一的社会团体法律。相关规范性文件主要是由国务院制定的行政法规，如《社会团体登记管理条例》。《社会团体登记管理条例》主要规范社会团体的各种行为，社会团体分类应以该条例作为主要政策依据。

2. 符合客观事实原则

客观事实是指在时间和空间中存在的事物、现象和过程，它是一种本体意义上的范畴，不以人的意志为转移。随着社会的进步与发展，公众的利益诉求和价值追求日趋多样。由于单一的个人力量非常有限，所以需要组建不同的社会团体来满足公众的利益诉求和价值追求。基于此，拥有相同或相近利益诉求和价值追求的人们就会通过"结社"的形式聚集在一起开展活动。社会团体分类应根据社会团体存在形式多样、活动方式多元的现实，从社会团体的生存样态和自身特点出发，提出符合客观实际的类型划分，以利于分析解决社会团体发展中存在的实际问题，使社会团体遵循时代发展规律，与时俱进。

3. 有利于发展原则

为了满足人民日益增长的美好生活需要，促使社会团体的健康持续发展，有必要根据不同特征的社会团体选择不同的发展模式。有效进行社会团体分类需要建立一套合理的、可行的、科学的和有效的标准体系，只有分类标准契合实际，适用于各个社会团体，才能在科学分类的基础上指导社会团体的发展。通过科学分类，社会团体可以选择适合自身特点的运行方式，不仅可以获取更多资源，而且还可以提升社会知名度和社会公信力，有效促进社会团体的持续健康发展。

4. 易于系统治理原则

系统是指由诸多因素相互作用、相互影响组成的具有特定功能的有机整体，体现了全面性和整体性。社会团体分类要系统全面、科学合理、客观公正地反映社会团体发展的实际情况，要兼顾各类社会团体的特点。在社会的转型过程中，社会团体的地位和功能各不相同。例如，学术性社团在学术研究、职业资格标准制定、资格认证和专业评估中发挥着极其特殊的功能，是中国特色社会主义现代化建设所不可或缺的一支重要社会力量。因此，政府部门需要对学术性社团采取培育、支持、鼓励的政策。这就要求政府部门对社会团体进行相应的、科学的分类，通过社会团体的科学合理分类，选择不同的治理方式、治理体制与治理机制，满足社会团体发展的需要和政府部门社会治理的需要，使之有机契合，有效地推进社会治理体系的创新。

（二）社会团体的分类

社会团体是社会组织的范畴，因此，它的分类既有与社会组织相一致的地方，又体现出社会团体自身的一些特点。根据不同的分类标准，会有不同的社会团体分类。

1. 根据社团的政治性与否，分为政治性社团与非政治性社团

政治性社团是指在特定国家中，具有基本相同政治要求和利益的社会成员集合在一起，为更好地实现和维护自身的利益，为实现特定的政治目标而影响政府政策过程的社会团体。非政治性的社团没有公共权力，只是处理相应的社会事务和内部共同事务，对公共政策的影响比较微弱。

2. 根据社团与政府的关系，分为民办社团和官办社团

民办社团是指由民间自发成立并自主开展活动的社会组织。官办社团主要是按照政府职能履行需要，由政府扶持成立，直接或间接得到政府特殊资源的资助，并由政府支持或控制的社会组织。

3. 根据社团的组织性质和服务对象，分为互益性社团和公益性社团

互益性社团是指在社团的活动中，参与成员有共同的兴趣和志向，能够得到相应利益的表达和维护，从而形成利益共同体。公益性社团是指社团主要提供公共服务活动，参与社团活动的成员并不一定获得相应的收益，收益群体是社会上不特定多数人群，而且社团倡导

有利于人类生产、生活和社会发展的价值观。①

此外，以规模为分类标准，可以将社会团体分为规模较大的社会团体、规模较中等的社会团体、规模较小的社会团体；以活动范围为分类标准，可以将社会团体分为草根性社会团体、地方性社会团体、全国性社会团体、世界性社会团体；以功能为分类标准，可以将社会团体分为政治领导型社会团体、业务管理型社会团体、利益代表型社会团体、公益服务型社会团体、文体联谊型社会团体、学术交流型社会团体。②

（三）学术性社团分类

学术性社团是人们依据共同的学术兴趣、目的和职业需要，按照自愿、平等、依法登记的组织原则和组织结构组建起来提供社会化服务的非营利性组织，在实践中，主要包括科技社团和社科类社团两大部分。科技社团，例如，中国地质学会、中国电子学会、中国农学会、中华护理学会、中国能源研究会；社科类社团，例如，中国政治学会、中国历史学会、中国行政管理学会、中国社会学会、中国人力资源开发研究会等。

社科类社团的分类与一般社会团体的分类大致相同，可按学科、会员成分、挂靠单位等特征进行分类，它能深层次地反映学术性社团的学科性质、内部机制和发展的外部环境。社科类社团的分类见表 2 - 1。③

表 2 - 1　　　　　　　　　社科类社团的分类

序号	分类属性	依据标准	学术性社团名称
1	学科	基础学科	哲学学会、政治学会、社会学会、经济学会、语言学会、文学学会、历史学会、艺术学会等
		应用学科	
		综合学科	

---

① 徐家良编著：《社会团体导论》，中国社会出版社 2011 年版，第 8—10 页。

② 邓伟志、钱海梅：《中国社团发展的八大趋势》，《学术界》2004 年第 5 期。

③ 参见夏东荣《学会类型分析及分类指导探索——以人文社会科学类学会为例》，《学会》2010 年第 3 期。

续表

序号	分类属性	依据标准	学术性社团名称
2	成员组成	以学者为主	哲学学会、社会学会、理论经济学会、语言学会等
		以实际工作者为主	工商学会、税务学会、金融学会、保险学会、证券学会、会计学、投资学会等
		以多种成分组成	妇女学研究会、老年学学会、人口学会、旅游学会等
3	挂靠单位	行政依靠型	宣传理论研究会挂靠在宣传部、党建学会挂靠在组织部、人大研究会挂靠在人大、政协研究会挂靠在政协、纪检学会挂靠在纪委、法学会挂靠在政法委、统战学会挂靠在统战部、财政学会挂靠在财政厅（局），一些党史人物研究会挂靠在党史办，以及工青妇所属学会等
		学术依靠型	政治学会、逻辑学会、外国经济学说研究会、语言学会、各种文史学会等
		经济依靠型	金融学会挂靠在银行、保险学会挂靠在保险部门、证券学会挂靠在证券部门、人口学会、税务学会、工商学会、会计学会、城市管理研究会等

科技社团，也被称为"科技类社会团体""科技类非营利组织""科技型社会组织"等。现有研究从不同的角度对科技社团的类型进行了划分。第一，从科技社团组织类别上看，科技社团可以分为枢纽型科技社团和专业型科技社团两类。枢纽型科技社团是指中央和地方各级科学技术协会，专业性科技社团是指接受各级科协主管和业务指导的专业性协会、协会以及研究会等。第二，从科技社团组织属性上看，科技社团与其他类型的社会组织一样，可以分为正式科技社团和草根型科技社团两类。正式科技社团是指在民政部门登记，具有独立法人的科技型社会组织。而草根型社团是未在民政部门登记，但从事科技类社会服务的非营利性机构。第三，从科技社团学科分布上看，中国科协将其业务管理和业务指导的全国学会、协会以及研究会等科技社团从学科领域方面进行了划分，主要分为理科、工科、农科、医

科以及交叉学科五类科技社团。第四，从科技社团纵向层级上看，科技社团可以分为国家级、省级、地级市以及县级四个层级的枢纽型科技社团和专业型科技社团，且各级枢纽型科技社团科学技术协会负责相应的专业性科技社团的业务管理和业务指导。[①] 也有学者认为，按照科技社团的组织性质，中国科技社团可以分为联盟型科技社团、专业型科技社团、社区型科技社团。联盟型科技社团是指由学科、领域等相类似的独立科技社团联合组成的社团。联盟型科技社团一般以协会、联合会、联盟等形式命名。例如，科学技术协会，简称科协，一般是科技类学会、协会、研究会的联合会。专业型科技社团是指以专业、学科、领域、专项事业等的科技工作者结成的社团。专业型科技社团，主要以学会、协会、研究会命名。社区型科技社团是指由社区科技机构或科技工作者个人在社区范围内单独或联合举办的，在社区范围内开展活动的、满足社会科技工作者不同需求的民间社团。社区型科技社团一般以协会命名。[②]

五　学术性社团与其他组织的关系

根据组织学理论中的"资源依赖"理论，由于组织是一个开放的系统，因此获得必要的资源和空间是组织生存和发展的必需条件。任何有效的组织都会根据外部环境来持续调整各自行为，根据环境的需求做出反应，并与其他组织形成一种良性互动的资源依赖行为，从而在环境中持续获取生存和发展资源。中国学术性社团的产生是国家政治、经济、文化和生态等宏观环境变迁和社会自身发展需求相互作用的结果。从产生过程来看，学术性社团与其他组织之间存在着密切的互动关系。

现代社会是有限的政府、营利的企业和非营利的社会组织相互影响、相互作用、各司其职、良性互动的系统化、整体化、网络化社

---

① 朱喆：《科技社团资源依赖行为与治理研究》，知识产权出版社 2020 年版，第4—6页。

② 杨文志编著：《现代科技社团概论》，科学普及出版社 2006 年版，第5—7页。

会。政府、市场（或企业）和非营利组织是现代社会发展的三大主要力量。学术性社团作为非营利组织的重要范畴，与政党、政府、企业等有着千丝万缕的关系，成为引领民间社会发展、传播科学文化知识、凝聚民间智慧力量、参与公共决策、提供学术公益服务的重要社会力量。

（一）学术性社团与执政党的关系

宪法赋予了中国共产党法定执政地位。宪法规定，中国共产党是各族人民的领导者，在国家政治和社会生活中居于领导地位。因此，学术性社团与中国共产党之间的关系，是学术性社团发展的决定性因素。党的二十大报告强调，坚持和加强党中央集中统一领导，健全总揽全局、协调各方的党的领导制度体系，完善党中央重大决策部署落实机制，确保全党在政治立场、政治方向、政治原则、政治道路上同党中央保持高度一致，确保党的团结统一。许多学术性社团具有鲜明的意识形态属性，是党的宣传思想理论工作的重要阵地，加强党对学术性社团的领导直接关系社会对主导意识形态的认同。

中国共产党与学术性社团之间的领导与被领导的关系主要表现在三个方面。一是学术性社团的活动必须在中国共产党的领导下进行，党的领导主要是政治领导、思想领导和组织领导，其表现形式就是通过政策的制定、政策的实施、政策的监督以及党组织的形式，整合相应的社会资源来指导学术性社团的工作，并对学术性社团活动进行必要的管理。这种管理体制是保障学术性社团制度和行为规范化、合理化、科学化的一种行之有效的做法。二是学术性社团的各项活动必须遵守党的政策。党的政策是指党为实现一定历史时期的任务和目标而规定的行动准则、方针和行动方向的总和，具有明显的政治性、阶级性、强制性和权威性。在中国，中国共产党法定执政地位决定了党的政策具有明显的权威性和强制性，是各类社会组织必须遵循的行为准则之一，特别是对学术性社团显得更为突出。学术性社团必须在党的政策允许范围内进行活动才具有政治合法性和运作有效性。三是中国共产党通过政治领导、思想领导和组织领导等形式，指导学术性社团的活动方向和组织行为，其体制形式是党的相关部门领导学术性社团。通过这种组织形式，把学术性社团整合在党的统一领导之下，形成有机的、系统化的力量，共同推动社会、经济、科技、文化、生态环境的持续健康发展。①

从合作角度来看，学术性社团既可以成为执政党的力量来源、沟通渠道、动员工具、执政基础和执政帮手，又可以通过执政党来更好地表达社团的利益诉求，反映经济社会持续健康的发展需求，发挥学术社团的学术服务功能、利益表达功能、社会动员功能以及学科精英汇集功能。②

从竞争关系角度来看，随着社会主义的发展，学术性社团大量涌现，组织活动日益踊跃，联系社会阶层逐渐增多，社会影响逐渐增大，社会地位逐渐增强，从而对执政党的执政方式提出了前所未有的挑战，出现了执政党与学术性社团在利益表达和资源上的竞争问题。尽管在思想上，学术性社团与执政党可能争夺追随者和受众，在组织上，学术性社团与执政党可能争夺组织成员的状况刚萌芽，但是，执政党面临着利益表达和精英汇集功能被替代的挑战，面临着管理手段亟须进一步民主化、法治化的挑战。如果不能妥善处理，势必会影响社会的稳定。妥善处理执政党与学术性社团的关系，对提高国家品位，塑造民族精神，促进社会科学文化事业发展，扩大党的社会基础，提高党的执政能力，构建和谐社会具有重要的现实意义。③

在中国特色社会主义现代化建设中，学术性社团要充分体现和实现中国共产党的意志。④ 第一，学术性社团汇集了不同专业、学科的

---

① 顾爱华：《论中国社会科学类社团与其他社会组织的关系》，《理论界》2008 年第 9 期。

② 参见杨路平等《中国社会科学类社团科学发展的战略选择》，辽宁教育出版社 2015 年版，第 91 页。

③ 参见杨路平等《中国社会科学类社团科学发展的战略选择》，辽宁教育出版社 2015 年版，第 92 页。

④ 参见李莉《湖北省社科类社团的历史与现状调查研究》，湖北人民出版社 2020 年版，第 85—86 页。

科学研究工作者，这些科学研究工作者尤其是社会科学研究工作者所从事的学术研究、学术探讨、学术交流往往都是以一定的政治价值为导向而展开的，研究成果的发布、转化和使用都需要符合党和国家的政策宗旨。第二，学术性社团科学普及活动要坚持党和国家的政策。党和国家的政策为学术性社团的活动提供了政策方向引导和行为规范的原则。为此，学术性社团在科学普及活动过程中要积极宣传党和国家的方针政策。第三，学术性社团要积极倡导国家主流价值意识形态。以推动学术繁荣发展为使命的学术性社团，在建设国家主流意识形态中承担着不可推卸的责任。学术性社团要坚持用党的创新理论指导学术实践，深化科学理论研究和建设，推进自然科学和社会科学学科体系、学术体系、话语体系建设。新时代，学术性社团要积极弘扬中国特色社会主义的先进文化，培育和践行社会主义核心价值观，在尊重差异、包容多样中塑造"尊重知识、尊重人才"的风尚，形成自然科学、社会科学领域既百花齐放、百家争鸣，又主旋律鲜明的生动局面，激发全社会的创新活力。

（二）学术性社团与政府的关系

学术性社团与政府的关系和学术性社团与执政党的关系具有趋同性，也表现为领导、合作与竞争关系，只不过这种关系从政治层面进入制度层面，从宏观领域进入具体操作领域。作为制度选择的结果，学术性社团与政府的关系体现为国家与社会的关系，并且随着制度生态环境的变化而产生治理方式的变革，这个变革的过程就是政府的职能领域范围不断缩小，社会的职能领域不断扩大，学术性社团不断增长的过程，也是中国社会民主、文明与进步的过程。目前，中国是一个政府主导型社会，社会运转靠行政权力支配，所以，学术性社团对政府具有依赖性，政府领导学术性社团具有良好的社会生态基础。以法律、法规为依据的一系列管理制度，将政府与学术性社团整合成了利益共同体。党的领导和政府主导构成了对学术性社团的宏观与微观、登记与主管的双重管理格局。党对学术性社团的领导与政府对学术性社团领导的不同之处在于，党对学术性社团的领导多以宏观为主，政府对学术性社团的领导多以微观具体为主。政府对学术性社团的领导贯穿于学术性社团存在过程的始终，学术性社团的产生需要政府部门的登记许可，经过政府批准建立的学术性社团才能获得存在的合法性，并从事相应的学术研究、学术探讨和学术交流等学术活动。政府对学术性社团的组织行为行使监督管理职能，学术性社团的退出要到政府有关部门进行注销登记，厘清债权债务关系，以保证不损害国家利益、社会利益和其他组织及公民的合法利益。[①] 政府部门管理学术性社团要以国家法律和党的政策为依据，坚持维护社会团结，保持社会安定，维护国家统一为原则；坚持团结和服务社会团体的原则；坚持充分相信、依靠社会团体的原则；坚持用正确的价值舆论导向引导社会团体的原则。[②]

长期以来，由于计划经济体制下"总体性社会"思维的惯性的影响，使得政府与学术性社团关系中政府占据主导地位，学术性社团的自治性不强。

新时代，政府与学术性社团的关系应朝着互动合作的方向发展。政府与学术性社团的合作主要是在科学研究、学术交流、学术繁荣、科技创新与发展、政策咨询、项目研究、文化传承与培训教育等学术公共服务方面，通过政府指导、订立合同和政府购买公共服务等方式进行合作。[③] 在与政府的合作中，学术性社团可以发挥自身独特的学术研究、学术探讨和学术交流等专业优势，为政府的科学决策提供智力支持，保证政府决策的科学、合理和有效，有效弥补政府"失灵"的问题。与此同时，政府的政策影响学术性社团，学术性社团要善于充分利用政府的政策，在政策的支持下完善和发展自我，成为推动中国特色社会主义现代化建设的一支重要社会力量。

---

① 杨路平等：《中国社会科学类社团科学发展的战略选择》，辽宁教育出版社 2015 年第 2 版，第 92—93 页。

② 顾爱华：《论中国社会科学类社团与其他社会组织的关系》，《理论界》2008 年第 9 期。

③ 顾爱华：《论中国社会科学类社团与其他社会组织的关系》，《理论界》2008 年第 9 期。

随着经济的持续发展、利益的日益分化和社会的不断变迁，社会问题大量涌现。在社会控制机制相对薄弱和社会治理体系不完善的情况下，学术性社团能够做一些政府想做而做不好或者不便做的事情，解决一系列相关的社会问题，成为政府的"帮手""助手"。

（三）学术性社团与企业的关系

随着国家治理现代化的进一步推进，学术性社团与企业的互动关系越来越明显，它们之间的关系主要体现在服务与合作方面。

从服务方面来看，学术性社团主要为企业提供三个方面的服务：[①]第一，企业决策咨询方面的服务。学术性社团凭借自己的学术优势、人才优势和智力优势，为企业决策进行方案设计、项目可行性分析论证、技术和产品市场前景预测、项目审查和结果评估等。第二，企业管理咨询方面的服务。学术性社团，特别是以组织学、经济学、管理学、法学、社会学等学科领域为研究主题的学术性社团，参与企业管理，帮助企业塑造企业文化、创新管理规章制度、改革企业管理体制、制定战略性管理计划、健全优化企业管理流程等，这些管理咨询服务涉及企业运作的各个维度，为提升中国企业在国际市场核心竞争力具有一定的推动价值。第三，企业员工培训和开发方面的服务。众所周知，"企业管理，人事为本；创造财富，人才为先"。人才资源是现代企业的第一资源。员工培训和开发是企业人力资源管理重要的内容。员工培训和开发的目的是提升企业竞争力、生产力，提高企业利润，实现经营目标，是企业最好的一种投资，也是增强企业活力及效率的重要方法。因此，许多企业极其重视员工的培训和开发。员工培训和开发的渠道是多元化的，学术性社团的学术智力特征决定了其理应是企业员工培训和开发的一个重要渠道。我们在实地调研中也发现，目前，对企业进行员工培训和开发是学术性社团的一个重要业务，也是学术性社团经费来源的一个重要渠道。学术性社团通过为企

---

① 杨路平等：《中国社会科学类社团科学发展的战略选择》，辽宁教育出版社 2015 年第 2 版，第 94—95 页。

业提供岗位分析、公关礼仪等诸如此类实操性的培训和开发服务，可以充分发挥学术性社团的学术智力优势。

学术性社团与企业之间的合作也表现在三个方面。一是学术性社团与企业共同进行科学研究项目。这些项目多集中在企业遇到的科技攻关难点和管理热点问题，以及企业的未来远景规划、企业的科技创新、企业发展战略、企业生产流程国际化和经营国际化等企业发展的重要领域。二是学术性社团与企业共同进行产品开发研究、科技创新和管理技术创新研究，主要是为产品开发做市场调查和预测，识别和确定市场机会，为产品的市场发展前景做合理性、科学性、可行性和有效性的论证。学术性社团与企业共同进行的科技创新、管理技术创新涉及较广，涉及技术创新、工艺流程创新、员工职业生涯规划管理、绩效管理和评估、薪酬管理、流程管理、营销管理等诸多方面。企业根据实际需要可以聘请学术性社团的成员作为企业管理顾问和科学技术咨询专家。这样，以学术性社团为"枢纽"，在科学研究者与企业之间架起了联系的桥梁，为企业解决管理和技术的难题。三是订单式合作服务。企业将需要的管理和科技咨询服务进行合同外包，按照法律合同需求寻找科学智力资源，由学术性社团承接来达到为企业提供管理、科技咨询等学术服务的目的。这种方式成本低、效率高、可操作性强，目前受到学术性社团和企业的广泛青睐。[①] 学术性社团在经济领域的诸如此类的权责利分明的市场咨询服务，有效地缓解了"政府失灵"和"市场失灵"带来的社会和市场无序的状态，一方面承接了政府的相关公共服务职能，使政府能够集中力量做好自己应该做的事情，另一方面也有利于对政府权力过度干预经济和社会的现象进行有效制约，有利于市场和社会在资源配置中各自作用的充分发挥，推动有效市场和有为政府更好地有机结合，维持正常的经济运行、社会发展和科技创新秩序。

---

① 杨路平等：《中国社会科学类社团科学发展的战略选择》，辽宁教育出版社 2015 年第 2 版，第 94—95 页。

中国能源研究会和国网综合能源服务有限公司的合作

中国能源研究会和国网综合能源服务有限公司"科创中国"、综合能源科技服务团、综合能源服务产业协同创新建设合作。"科创中国"综合能源科技服务团综合能源服务产业协同创新建设是中国科协部署的一次战略性的重要任务。一是广泛对接中央、地方能源有关主管部门，共同在综合能源服务的政策研究、分析、咨询方面开展研究工作；二是按照需求导向、先进适用、急用先行、科学谋划的原则，科学建立综合能源服务标准体系；三是以地方综合能源专家服务站成立为契机，共同在综合能源服务项目实施方面开展长期互惠互利的全面合作；四是针对综合能源服务领域的重大问题、难点问题，共同开展科技创新技术联合攻关；五是聚集国内外高端学术资源，围绕综合能源产业发展与科技创新开展学术交流活动，推动科技成果转化与产业化；六是突破传统能源行业边界，创新跨行业多方合作机制，完善多元化能源供应和多样化增值服务业务体系设计，打造节能增效、绿色低碳的综合能源一条龙服务。国网综合能源服务集团有限公司与中国能源研究会共同携手，遵循互惠互利合作共赢的原则，深化合作与交流，进一步提升战略协同层次和水平，共同推动综合能源服务行业持续发展，建设综合能源服务协同创新发展合作典范。中国能源研究会与国网综合能源服务集团有限公司的合作，旨在共同推进综合能源服务领域能源电力高质量发展。中国能源研究会将始终以习近平总书记"四个革命一个合作"能源安全新战略为主线，按照"研究、咨询、服务、交流"的定位，围绕综合能源产业发展政策、决策研究、标准制定、科技创新等事关能源革命和高质量发展中的关键问题，通过深入调研、科协论证，提出高质量、高水平、专业性、建设性的研究成果，切实发挥能源智库的作用，进一步促进综合能源服务产业高质量发展。①

---

① 资料来源：https://www.cers.org.cn/news_show.aspx? id＝9260。

学术性社团与其他组织互动频繁，关系密切，已经成为国家的主要社会关系之一。这些关系可以大致分为单一式和多项式两种结构形式。单一式结构是指学术性社团只与相对固定的某一类组织发生关系。例如，某个局里的学术性社团只与本局发生工作关系，而很少与其他组织产生往来，就属此类状况。多项式结构是学术性社团同时与不同类型的多个社会组织发生关系，例如，学术性社团同时与政党、政府、企业、事业单位和其他社会团体等有工作往来和合作关系，并呈现出放射性特征。目前，学术性社团在激发活力的政策支持下，已经越来越多地与社会发生互动，使组织的社会功能不断增强，对社会的影响力越来越大，多项式关系越来越普遍。①

第二节　理论基础

一　治理理论

学术性社团治理是治理理念的运用和治理实践的一种形式，所以，需要将其置于治理的话语体系下，才能更深刻地理解其内涵。从域外的实践经验和理论研究来看，治理的兴起是对"市场失灵"和"政府失灵"的反思和替代。在 20 世纪 70 年代，治理的主要问题是重新界定政府与市场的关系，倡导公共服务的市场化与民营化；在 20 世纪 80 年代，治理普遍关注科层组织运行机制的有效性，提出了"政府再造"和"重塑政府"的口号；在 20 世纪 90 年代，治理则重新探索国家和社会对于公共事务的管理模式，打出了"治理"与"善治"的旗号。治理话语的出现和使用，表达了人们希望在无须国家强制力量的作用下追求共同目标和实现共同利益的美好愿景，是一种关于政府与公民期待共同实施国家治理的价值追求。②

英语中的"治理"一词发端于古典拉丁语和古希腊语，意为

---

① 参见李莉《湖北省社科类社团的历史与现状调查研究》，湖北人民出版社 2020 年版，第 97 页。

② 陈潭：《第三方治理：理论范式与实践逻辑》，《政治学研究》2017 年第 1 期。

"操纵"，主要是指控制、指导和操纵。长期以来，"治理"与"统治"两词交叉并用，运用于与国家公共事务相关的宪法或法律的执行等公共管理活动中。20世纪80年代末，世界银行在分析非洲的具体情形时，首次使用了"治理危机"（Crisis in Governance）一词，从那一刻起，"治理"一词被广泛运用于公共管理与国家建设研究中，特别是用来描述与分析后殖民地和发展中国家的政治状况。① 20世纪90年代以来，治理作为一种新型的管理范式开始在西方兴起，"治理"这一概念开始风行于学术领域。

治理反映的是这样一种观念：即各国政府并不完全垄断一切合法的权利，政府之外，社会上还有一些其他机构和单位负责维持秩序，参加经济和社会调节。治理指的是任何社会系统都应承担而政府却没有管起来的那些职能。② 治理最本质的特征体现为合作、协调、共享与互动，反映了参与社会治理主体的多元化，同时意味着权利的共享与责任的共担。但是，对于治理的具体内涵，则仁者见仁，智者见智。

英国学者罗伯特·罗茨（Robert Rhodes）在《新的治理》一文中认为，治理标志着"政府管理的含义的变化，指的是一种新的管理过程，或者一种改变了的有序统治状态，或者一种新的管理社会的方式"。罗伯特·罗茨进一步指出，治理的基本特征有四点：第一，组织之间的相互依存。第二，相互交换资源以及协商共同目的的需要导致的网络成员之间的持续互动。第三，游戏式的互动以信任为基础，由网络参与者协商和同意的游戏规则来调节。第四，保持相当程度的相对于国家的自主性。③

英国学者格里·斯托克（Gerry Stoker）在《作为理论的治理：五

---

① 俞可平：《引论：治理与善治》，载俞可平主编《治理与善治》，社会科学文献出版社2000年版，第1—15页。

② ［美］詹姆斯·N. 罗西瑙：《没有政府的治理》，张胜军等译，江西人民出版社2001年版，第5页。

③ ［英］罗伯特·罗茨：《新的治理》，木易编译，载俞可平主编《治理与善治》，社会科学文献出版社2000年版，第86—106页。

个论点》一文中认为，治理所求的终归是创造条件以保证社会秩序和集体行动。其一，治理是指出自政府，但又不限于政府的一套社会公共机构和行为者。其二，治理理论明确指出在为社会和经济问题寻求解答的过程中存在着界线和责任方面的模糊之点。其三，治理明确肯定涉及集体行为的各个社会公共机构之间存在的权力依赖。其四，治理是指行为者网络的自主自治。其五，治理认定，办好事情的能力并不在于政府的权力，不在于政府的发号施令或运用其权威。政府可以动用新的工具和技术来控制和指引，而政府的能力和责任均在于此。①

詹姆斯·N. 罗西瑙在《没有政府的治理》一书中认为，政府统治意味着由正式权力和警察力量支持的活动，以保证其适时制定的政策能够得到执行，治理则是由共同目标所支持的，这个目标未必出自合法的以及正式规定的职责，而且它也不一定需要依靠强制力量克服挑战而使别人服从。与统治相比，治理是一种内涵更为丰富的社会现象。它既包括正式的政府机制，同时也包含非正式、非政府的机制，随着治理范围的扩大，各类组织得以借助这些机制满足各自的需要、并实现各自的愿望。治理是这样一种规则体系：它依赖主体间重要性的程度不亚于对正式颁布的宪法和宪章的依赖。治理是只有被多数人接受才会生效的规则体系。尽管它们未被赋予正式的权力，但在其活动领域内也能够积极有效地发挥功能。②

法国学者让－皮埃尔·戈丹（Jean-Pierre Gaudin）在《何谓治理》一书中以法国为例具体探讨了究竟何谓治理，并指出，商业行为和非营利行为，个体利益和整体利益（即处于先天互不相信状态的二元对立），现在必须迅速相互联系起来或者开展合作：首先建立包含竞争关系的非正式合作关系，然后建立或多或少的契约式伙伴关系。成为合作伙伴并不意味着必然成为朋友，而是共同采取或者参加相关

---

① ［英］格里·斯托克：《作为理论的治理：五个论点》，华夏风编译，载俞可平主编《治理与善治》，社会科学文献出版社 2000 年版，第 31—51 页。
② ［美］詹姆斯·N. 罗西瑙：《没有政府的治理》，张胜军等译，江西人民出版社 2001 年版，第 4—5 页。

行动。需要就是硬道理，但是合作伙伴关系的理念还是有一层"合作方应该愉快地投入其中"的色彩在里面，即不仅通过契约进行合作，而且合作方还应主动参与。①

1995 年，全球治理委员会在《我们的全球伙伴关系》研究报告中，对治理做出了如下界定：治理是各种公共或者私人的个人和机构管理其共同事务的多种方式的总和。治理是使相互冲突的或者不同的利益得以调和并且采取联合行动的持续的过程。这既包括有权使人们服从的正式制度和规则，也包括各种人们同意或以为符合其利益的非正式制度安排。它有四个主要特征，即治理既不是一整套规则，也不是一种活动，而是一个过程；治理过程的基础不是控制，而是协调；治理既涉及公共部门，也包括私人部门；治理并非一种正式的制度，而是持续的互动。②

简单地说，治理指的是在集权逐渐弱化、区域界线的重要性逐渐下降及普遍存在制度分散化的情况下，行政管理中横向和制度内部纵向的联系。治理的中心任务是对政府和社会间变化的关系做出解释。③从"统治"，到"管理"，再到"治理"不单单是词汇上的演变与发展，更是体现了现代公共治理与公共服务过程中治理行为的理性与科学的定位与回归。

西方"治理"的概念多具有以社会为中心的价值取向。中国式治理是具有中国特色的治理，体现中国特色的治理现代化。对于中国学者来说，在借鉴西方治理理论的基础上如何有效地将治理理论与中国的具体国情相结合，使其符合中国实际，即富有"中国特色"，这是一个值得深入思考的问题。在对治理理论的"中国化"阐释方面，已经形成了几种理论倾向。一是以娄成武、张远、祁光华、王诗宗等

---

① ［法］让－皮埃尔·戈丹：《何谓治理》，钟震宇译，社会科学文献出版社 2010 年版，第 6 页。

② 俞可平：《引论：治理与善治》，载俞可平主编《治理与善治》，社会科学文献出版社 2000 年版，第 4—5 页。

③ ［美］H. 乔治·费雷德里克森、凯文·B. 史密斯：《公共管理概论》，于洪等译，上海财经大学出版社 2008 年版，第 208—212 页。

学者为代表，主张以政府为主导，通过引入社会中的诸如第三部门等
参与群体和参与者来实现治理。他们普遍肯定了政府在治理过程中的
主导地位。二是以郭道晖、陈胜勇、马斌、何曾科等学者为代表，主
张通过发挥非政府组织、第三部门等来实现对公共事务的治理。他们
把治理的关注点集中在第三部门的发展和市民社会的培育方面。三是
徐勇、李文星、郑海明、杨庆东等学者主张通过政府内部诸如沟通机
制、层级结构的改革来实现治理。他们对于治理的理解集中在政府内
部的改革，认为只有通过政府行为方式的改革才能实现真正意义上的
治理。四是以刘志昌、郁建兴为代表的具有综合性的观点，认为必须
同时进行上述几种观点主张的改革，通过具有紧张关系的多方主体的
互动才能实现治理。①

二 利益相关者理论

"利益相关者"（Stakeholders）这一概念起源于经济学领域。
1927 年通用电气公司的一位经理在其就职演说中首次提出公司应该
为利益相关者服务的思想。1963 年，斯坦福研究院（Stanford Re-
search Institute）首次提出"利益相关者"概念。1965 年，美国学者
伊戈尔·安索夫（Igor Ansoff）最早将该词引入管理学界和经济学界，
认为"要制定出一个理想的企业目标，必须综合平衡考虑企业的诸多
利益相关者之间相互冲突的索取权，他们可能包括管理人员、工人、
股东、供应商以及分销商"。1977 年，宾夕法尼亚的沃顿学院首次开
设"利益相关者管理"的课程，表明利益相关者理论已经开始被西
方学术界和企业界所重视。有关利益相关者概念的表述很多，但没有
一个定义得到普遍赞同。有学者总结了从 1963 年至今有关利益相关
者的 27 种代表性概念，认为爱德华·弗里曼（Edward Freeman）与
马科思·克拉克森（Max Clarkson）的表述最具代表性，而且这两个

---

① 麻宝斌等：《公共治理理论与实践》，社会科学文献出版社 2013 年版，第 69 页。

概念的对比能够说明学术界对此概念界定的趋势。①

1984 年，美国经济学家爱德华·弗里曼在《战略管理：利益相关者方法》中指出利益相关者是"那些能够影响企业目标实现，或者能够被企业实现目标的过程影响的任何个人和群体"。这个概念直观地描述了利益相关者与组织之间的关系，当然这个概念对利益相关者的界定相当宽泛，股东、债权人、雇员、供应商、顾客这些主体必在此概念界定之内，公众、社区、环境、媒体等可以想到的团体与个人都会对企业活动造成直接或间接，或大或小的影响。马科思·克拉克森认为，"利益相关者以及在企业中投入了一些实物资本、人力资本、财务资本或一些有价值的东西，并由此而承担了某些形式的风险；或者说，他们因企业活动而承受风险"，进一步加强了利益相关者与企业的关联，强调专用性投资，于是一些集体或个人便不在利益相关者定义之列。这两个概念的对比表明对利益相关者的界定趋于具体化和集中化。②

约翰·布莱森（John Bryson）认为，利益相关者理论不应该只注重那些有权力或是容易识别的利益相关者，它还应该"竭力主张考虑更广泛的人们、群体或组织，包括名义上没有权利的人们、群体或组织"。约翰·布莱森提供了一整套思考利益相关者分析相关性的思路，以及有助于公共部门管理过程的具体办法。要特别注意利益相关者分析的几个重要因素：确定某些目标的可行性，采取措施使它们更可能发生；让利益相关者感到满意（根据他们自己对此的想法）的重要性；以及确保管理者符合程序正义性、合理性、合法性的需要。基于这些深刻见解，约翰·布莱森认为，在公共部门中利益相关者分析的系统应用将给公共部门带来更优的产出。③

学术性社团治理研究可以引入利益相关者理论。利益相关者理论使学术性社团的学术研究和学术服务等活动既要注重利益相关者的利

① 付俊文、赵红：《利益相关理论综述》，《首都经济贸易大学学报》2006 年第 2 期。

② 付俊文、赵红：《利益相关理论综述》，《首都经济贸易大学学报》2006 年第 2 期。

③ 参见［美］爱德华·弗里曼等《利益相关者理论：现状与展望》，盛亚、李靖华等译，知识产权出版社 2013 年版，第 151—152 页。

益诉求，又要注重学术性社团的社会责任；既要注重社团成员的权益，又要注重其他利益相关者对学术性社团的监督；既要强调学术性社团管理者的权威，又要注重其他利益相关者的有效参与。从一定意义上来讲，凡是学术性社团生存和发展需要依赖以及受学术性社团发展所影响的组织、群体和个人都可以称为学术性社团的利益相关者。从学术性社团内部治理来看，主要有社团管理人员、专职工作人员、会员或学术研究人员等；从学术性社团外部治理来看，主要有政党、政府、企业、新闻媒体以及其他社会组织等。学术性社团的发展与内外部利益相关者的生存、发展密切相关。因此，新时代背景下学术性社团需要将追求利益相关者利益的最大化即公共利益的最大化作为其运行的主要目的，在追求学术研究、学术探讨和学术交流等价值与目标的同时，更要承担社会责任，例如，积极参与科学普及、学术探索与学术发展、培训教育、政策咨询、产学研连接等学术公共服务。

三　非政府组织理论

学术性社团是非政府组织的一种类型，二者是种属关系，因此，非政府组织理论对学术性社团研究具有重要的指导价值。

20 世纪 70 年代以来，出现了全球性的"结社革命"，政府和市场之外的非政府组织得到了空前的发展。"非政府组织"一词最早是在 1945 年 6 月签订的《联合国宪章》第 71 款中被正式使用的。1952 年联合国的经济与社会理事会将非政府组织定义为"凡不是根据政府间协议建立的国际组织都可被看作非政府组织"。世界银行则将非政府组织定义为"在一个特定的法律系统下，不被视为政府部门一部分的协会、社团、基金会、慈善信托，非营利公司或其他法人，且其不以营利为目的。即使如有赚取任何利润，也不可以将此利润分配"。① 非政府组织与非营利组织、志愿组织、民间组织、

---

① 汪小波、黄晶：《国外非政府组织理论研究综述》，《辽宁行政学院学报》2012 年第 5 期。

社会经济组织、基金组织、公益法人、独立部门、社会团体、第三部门等概念所对应的主体大都是指政府与市场之外的公共领域，这些概念本身并无明确的界限之分。

在中国学者已有的对非营利组织的研究中，王绍光、邓国胜、郭国庆采用不同的定义方法来对非营利组织概念作判断。王绍光和邓国胜介绍了四种可供选择的方法。第一种是给出法律上的定义，依据是世界上很多国家对这一组织范畴都有法律上的特殊规定。问题是各国法律规定差别甚大，在国际上将导致统一概念的不可能。第二种是依据组织的资金来源来定义。联合国的国民收入统计系统采用的就是这种定义，其麻烦在于难以确定收入的多大比率来自会费和捐款才能算是非营利组织。第三种是强调组织目的和功能。如其目的是否为促进"公共利益"或"团体利益"。第四种是由莱斯特·M. 萨拉蒙（Lester M. Salamon）教授及其主持的美国约翰·霍普金斯大学非营利组织比较研究中心推荐的"结构—运作"定义。[①]

莱斯特·M. 萨拉蒙认为凡是具有以下五大特征的组织就可以被视为非政府组织。一是组织性，即意味着：一套内部规章制度的设立，有明确的角色与任务的分配；有职权等级体系，以保证使每个成员的行为与组织目标相符合；有交往体系，即体现不同成员之间的相互从属关系；有目标准则，用于评估和检查组织的成果以及组织中个体的活动成果。二是民间性，是指在体制上独立于政府，既不是政府体制的组成部分，又不受制于政府。非政府组织与政府之间往往有许多合作。三是非营利性，是指非政府组织不以营利为目的，组织所筹得资金与所赢取利润不能分配给所有者、管理者及志愿参与的一般人员。法律上也禁止这种分配。这是非政府组织区别于私营企业的根本界限。从活动领域看，非营利组织愿意进入营利性组织不愿从事的领域。四是自治性，是指非政府组织不是政府的一部分，也不隶属于任

---

① 王杰、张海滨、张志洲主编：《全球治理中的国际非政府组织》，北京大学出版社2006年版，第15页。

何私营企业，所以既不受制于政府，也不受制于私营企业，即非政府组织有自主的决策和行为能力，能够进行自我管理，除非发生不合法的事。五是志愿性，是指非政府组织成员不是由法律要求组成的，而是自愿或志愿性的，是以利他主义和奉献精神等价值为导向的。①

非政府组织理论问题在社会学、法学、经济学、公共管理学等学科中是一个非常重要的研究问题。因此，非政府组织理论是一个多元学科的复合科学，既涉及政治领域的科学理论，也涉及经济学、社会学领域的科学理论，还涉及公共管理学和法学领域的科学理论。

----

① 王杰、张海滨、张志洲主编：《全球治理中的国际非政府组织》，北京大学出版社2006年版，第20—23页。

第三章　中国学术性社团的历史考察

学术性社团的起源和发展与人类的文明进程相联系，与自然科学、社会科学的发展密切相关。中国学术性社团的历史可追溯至春秋战国时期，那时已经形成学术性团体的雏形。在随后的历史发展长河中，各种各样的学术性社团大量涌现。由于受到历史时代条件的限制，这些学术性社团具有较强的原始性和封建性。直到近代，中国真正意义上的学术性社团才开始出现。但是，中国学术性社团真正开始大规模发展是在改革开放之后。中国学术性社团的发展经历了哪些历程？改革开放以来，中国学术性社团管理体制是如何变迁的？中国学术性社团发展的动力有哪些？本章对这些问题进行了必要的阐述和梳理。

第一节　中国学术性社团的发展历程

一　中华人民共和国成立前学术性社团的发展概况

学术性社团，通常又称学会或研究会。追溯历史，可以说学会是古希腊罗马城邦制度的产物，距今已有两三千年的历史。古罗马的学会最初叫作"公会"，系指团体、联合体、联盟，大多带有宗教或娱乐性质。自中世纪以来，学会经历的变化是巨大的，即由宗教、娱乐性的私人团体发展成为具有某种政治色彩的民间组织，然后再由这种民间组织过渡到以开展学术活动为宗旨的社会团体。①

---

① 谢邦宇：《关于学会与学会立法》，《青海社会科学》1984 年第 3 期。

中国学术性社团的历史久远，展现了一个持续动态变化发展的过程。学术性社团的历史在中国可以追溯至春秋战国时期。春秋战国时期特殊的历史环境造就了多元的文化环境。这一时期社会变革急骤，诸侯林立，群雄并起，与之相对应的是思想活跃，学术流派兴盛起来，呈现出一种"百家争鸣、百花齐放"的景象，出现了诸子百家，形成了儒家、道家、墨家、法家、兵家等学派。这些学派有数量不等的学人士子，也有一定规模的集体活动，在某种意义上来说是具有萌芽性质的学术社团。东汉时期，由于太学卷入士大夫的"清议"和"交会"活动，其组织性质带有学术性社团的色彩。[①] 唐朝学术文化极其发达，是中国文学史上古典诗歌的黄金时代。打开《唐才子传》一类书籍，即可发现唐代的诗人文士在其成长过程中和成名之后，一般都有一二友好或成群良朋，在文山诗海之中便形成了众多的文友群体。宏观而言，它们都是某一时期某种社会大潮冲击而成；微观而言，则各因同僚、亲属、师生、同窗、同乡或其他同缘纽带系结而生。不少文友群体存在时间较长，内部关系较密切，研讨和创作活动较多，具有相当浓厚的学术文化团体色彩。[②] 宋元年间，民间"社会"盛况空前，种类繁多。这从一定程度上表明中国古代社团经过长期发展，到宋元时期已进入新的阶段，出现了前所未有的景象，文艺作家和专业文学团体日渐增多，例如，书会，即作家与艺人合作编写剧本的创作团体开始兴盛。

随着封建经济的高度发展、都市商业的繁荣、市民运动的兴起，以及文学、艺术、创作上的群星灿烂，明清时期各种社会团体如雨后春笋般涌现，士人结社达到前所未有的程度。虽然如此，中国古代的士人结社，并不是西方意义上的学会。新式学会是一个舶来品，"主要是从西方移植和模仿而来的"。[③] 关于中国古代士人结社与近代学

① 中国社团研究会编著：《中国社团发展史》，当代中国出版社 2001 年版，第 46 页。
② 中国社团研究会编著：《中国社团发展史》，当代中国出版社 2001 年版，第 70 页。
③ 左玉河：《民初新式学会制度之确立》，《北京科技大学学报》（社会科学版）2006 年第 4 期。

会之间的区别，任鸿隽曾有精辟的论述。第一，我们历史上的学会，专讲古书、经史、道德、伦理、正心、修身、齐家、治国、平天下之事。现在我们所讲的学社，专讲实验科学及其应用。一个偏于德育，一个偏于智育，其不同之点一。第二，我们历史上的学会，是有一个大学者、大贤人，因其学问既大，名望也高，大家蜂拥云集地前去请教而成。现在我们所讲的学社，是有多数学问智识相等的专门学者，意欲切磋砥砺，增进智识，推广学术的范围，互相结合而成。一个以人为主，一个以学为主，其不同之点二。①

中国形成气候的科技社团，始于清末的戊戌变法，与中国的社会改良运动同步。虽然明朝的"一体堂宅仁医会"，是中国较早的带有现代雏形的科学群众组织，但经考证，现代意义的自然科学社团是谭嗣同、唐才常等在湖南浏阳建立的"算学社"，康有为、梁启超在北京、上海等地成立的"强学会"等。②

学术性社团的发展以政治制度的民主化和公众学术参与意识的增强为前提条件。1912 年，孙中山宣告中华民国成立，以建设民主政治为建国方针。中华民国临时政府公布了相关约法，赋予全体人民参与国家和社会公共事务、维护自我合法权益的法定权利，为社团活动兴起提供了政治条件，并产生了激励作用。③ 例如，中华职业教育社、实际教育调查社、新教育共进社、中华教育改进社、中华工商保守国际和平研究会、中华护理学会、中华公共卫生教育联合会、中华全国体育协进会等社团应运而生。④ 1915 年，孙中山建立了"农学会"，此后还成立了"林学会""建筑学会"等。五四运动时期，在科学救国口号的感召下，爱国知识分子大力宣传科技社团的作用。他们认为，"今之时代非科学竞争不足以图存，非合群探讨无以致学术之进

---

①　参见李莉《湖北省社科类社团的历史与现状调查研究》，湖北人民出版社 2020 年版，第 1—2 页。

②　尹承恕：《科技社团决策咨询探索》，辽宁科学技术出版社 2015 年版，第 4 页。

③　中国社团研究会编著：《中国社团发展史》，当代中国出版社 2001 年版，第 409 页。

④　中国社团研究会编著：《中国社团发展史》，当代中国出版社 2001 年版，第 425 页。

步"，"文明之国，学必有会"。在他们看来，科学是促使国家富强的关键，"交通以科学启之，实业以科学兴之，战争攻守工具以科学成之"。他们组建了一批学会，例如，中国工程师学会、中国科学社、中华自然科学社、中国科学工作者协会等。[①] 学术性社团在五四运动时期出现发展高潮。这一时期的"新民学会""国民社""新潮社"等学术性社团，与社会发展、历史文化环境密不可分，都以国家的独立和富强为目的。但是，这一时期学术性社团的类型不多，并没有真正的展现学术性社团的学术价值。总体而言，在民国初年和北洋政府时期相对有利的客观社会条件下，除了袁世凯复辟专制统治的二、三年时间之外，社团的发展和活动基本处于自由而有序的状态，使这一时期成为近代中国社团发展的黄金时期，也是现代性社团组织模式趋于成形的时期。[②] 民国时期诞生的专业性社团主要有数学、生物学、农学、医疗卫生、工程技术等（见表3-1）。

表3-1　　　　　　　　民国时期诞生的专业性社团

类别	名称	成立时间	主要发起人	宗旨	学术刊物
数学类社团	立达学社	1911	胡敦复、顾澄、吴在渊等	视己立立人，自达达人	
	武昌高等师范学校数理学会	1914	曾昭安、陈庆兆、刘勋等	研究数理补助教科	《数理学会杂志》
	北京高等师范学校数理学会	1916	刘资厚	研究数学物理，增进学识，联络感情	《数理杂志》
	北京大学数理学会	1918			《北京大学数理杂志》

---

① 尹承恕：《科技社团决策咨询探索》，辽宁科学技术出版社2015年版，第5页。
② 中国社团研究会编著：《中国社团发展史》，当代中国出版社2001年版，第426页。

续表

类别	名称	成立时间	主要发起人	宗旨	学术刊物
数学类社团	南京高等师范学校数理化研究会	1919			《数理化杂志》
	中国数理学会	1929			
	中国数学会	1935	何鲁、熊庆来、胡敦复、苏步青等	谋数学之进步及其普及	
地学社团	中国地质学会	1922		促成地质学及其关系学科之进步	《中国地质学会志》《地质评论》
	中华地学会	1931			《地学季刊》
	中国地理学会	1934		收集地理资料，传播地理知识	《地理学报》
	禹贡学会	1934			
生物学社团	中国生物科学学会	1924	周太玄、刘慎谔、汪德耀、张玺、林镕等		
	中国植物学会	1933	胡先骕等		《中国植物学杂志》（中文）、《中国植物学会汇报》（西文）
	中国动物学会	1934	秉志、陈桢等	联络国内动物学者，共谋各项动物学知识之推进及普及	《中国动物学杂志》
农学社团	中华农学会	1917	陈嵘、王舜臣、过探先等		《中华农学会报》《中华农学会通讯》
	中华森林会	1917	凌道扬、陈嵘、金邦正等	集合同志，振兴森林	《森林》

类别	名称	成立时间	主要发起人	宗旨	学术刊物
农学社团	中国农学社	1929		联络同志，研究农学，调查农产，指导农民，共谋中国农业之发展	《农业周报》
	西北农学社	1935		结合同志，研究西北农村实际问题，改善农民生活，完成西北建设	
医疗卫生社团	中华医学会	1915	伍连德、颜福庆、俞凤宾、刁信德等	巩固医家交谊，尊重医德医权，普及医学卫生，联络华洋医界	《中华医学杂志》
	神州医药总会	1912	余伯陶等		《神州医药学报》
	中华民国医药学会	1915	汤尔和、侯希民等		《中华民国医学学会报》
工程技术类社团	广东中华工程师会	1913	詹天佑	规定营造制度、发展工程事业、力阐工程学术	《中华工程师会会报》
	中国工程学会	1918	茅以升等		《中国工程学会学报》《工程杂志》

资料来源：根据范铁权《近代中国科学社团研究》人民出版社 2011 年版，第 42—55 页内容整理而成。

二　中华人民共和国成立后学术性社团的发展阶段

中国学术性社团真正开始大规模发展是在新中国成立之后。"新社会、新国家"为学术性社团的发展提供了新的机遇，中华人民共和国的学术性社团应运而生，并在社会生活中起到了积极作用。大致来说，中华人民共和国成立以来的学术性社团发展历程，可以分为三个阶段。

（一）第一个阶段：1949 年至 1965 年

中华人民共和国成立后，确立了人民当家作主的政治制度，国民经济的恢复和发展，以及科学技术的快速发展，为学术性团体的产生和发展提供了较好的社会经济和科学智力条件，而且政治、思想、文化、教育方面的条件也有了根本改善，因而学术性团体在这一历史时期内迅速发展和活跃起来。[①] 1949 年，中国自然科学各学会的联合会筹备委员会（"科联"前身）在北京成立，并且参加了第一届中国人民政治协商会议，至今科协仍是中国人民政治协商会议的组成单位。1952 年，自然科学学会联合建立了"中国科学技术学会联合会"和"中国科学普及学会"。1958 年，为了更好地服务于社会主义建设，"科联""科普"两大科技群团合并，成立了"中国科学技术协会"，科技社团的组织建设和活动迎来了科学技术的第一个春天。[②] 为了形成社会团体的新格局，使社团管理工作有法可依，1950 年政务院颁布了《社会团体登记暂行办法》。该办法也拉开了社会团体清理整顿工作的序幕。学术性社会团体的改造可以以中华医学会为例。该会在当时已经是一个有 40 多年历史的学术团体，但在旧中国，学会的工作范围不大，会员也不多，只有 35 个地方分会，会员 4000 人。1952 年 12 月，中华医学会召开了第九届全国会员代表大会，进行了改组，使其组织有了迅速发展，到 1956 年，地方分会比以前增加了 8 个，会员达到 15059 人，并陆续成立了 14 个分科学会，出版了 16 种杂志，订户达到 21 万户以上。这与解放前只有两种杂志，并且每期发行数不过数千册相比，有天壤之别。经过改造，该会为中国医疗卫生事业发展起到了促进作用。[③]

---

① 中国社团研究会编著：《中国社团发展史》，当代中国出版社 2001 年版，第 613 页。
② 尹承恕：《科技社团决策咨询探索》，辽宁科学技术出版社 2015 年版，第 5 页。
③ 中国社团研究会编著：《中国社团发展史》，当代中国出版社 2001 年版，第 615—626 页。

国民经济的恢复和发展迫切需要科学技术水平的提高，以及自然科学和社会科学知识在社会中广泛的普及。因此，新中国的社会科学团体和自然科学团体应运而生，并在社会经济发展、科学技术的提高和普及中起到了积极推动作用。到 1953 年，自然科学方面已有 23 个全国性团体进行了社团登记，其后，又有中国纺织工程学会、中国建筑学会、中国病理学会、中国畜牧兽医学会、中国土壤学会等团体成立，中国金属学会、中国水利学会建立了筹备机构。到 1957 年底，全国科联已有 42 个专门学会，35 个地方分会，各专门学会分会 758 个，会员达 92500 人。① 在自然科学团体迅速发展的同时，文化体育团体也纷纷建立和发展，例如，全国文联、中华全国戏剧协会等。社会科学界和其他文教界的团体也开始出现，并积极组织活动。从 1949 年 6 月到 9 月，社会科学界人士先后成立了中国新法学研究会筹备委员会、中国新哲学研究会筹备委员会、中国新经济学研究会筹备委员会和中国新政治学研究会筹备委员会。1953 年前后，中国史学会、中国政治法律学会和中国金融学会成立。这些学会在开展社会科学研究方面，起到了组织推动的作用。② 据统计，自然科学全国性学会至 1964 年发展到 44 个，社会科学界属于全国性的学会虽然为数不多，但省、市、自治区一级的地方性学会已经数以百计。③

中华人民共和国的成立激发与增强了科学知识分子学术研究、学术探讨和学术交流的热情和信心。这一阶段的学术性社团较新中国成立之前有了更进一步的发展，尽管这一阶段的学术性社团的数量还比较少，但是已经呈现出新兴发展的态势。

（二）第二个阶段：1966 年至 1977 年

"文化大革命"期间，中国的民主和法制遭到严重破坏，中国的

---

① 中国社团研究会编著：《中国社团发展史》，当代中国出版社 2001 年版，第 658—659 页。

② 中国社团研究会编著：《中国社团发展史》，当代中国出版社 2001 年版，第 662—664 页。

③ 谢邦宇：《关于学会与学会立法》，《青海社会科学》1984 年第 3 期。

政治、经济、科技、教育、文化等各项事业和社会发展秩序都受到了严重冲击，知识分子的学术研究、学术探讨和学术交流的热情受到了严重的压抑，这对学术性社团的发展产生了巨大的负面影响，造成了严重的危害，学术性社团的地位和学术性社团成员的权利得不到合理有效的保障。"文化大革命"造成的"文化断层""科技断层""人才断层"，直接导致学术性社团呈现萎缩态势。1977 年 12 月 23 日，《人民日报》发表评论员文章，报道当时刚恢复活动的中国科协在天津召开中国动物学会等五家学会的学术讨论会，标志着"文化大革命"结束后中国学术性社团活动的开始。会上提供的信息表明，"文化大革命"前科协系统共有 53 家全国性专门学会，近 1000 家地方（省级）学会，这些学会在"十年动乱"期间均遭破坏，全部停止活动。①

（三）第三个阶段：1978 年改革开放至今

1978 年，中国实行改革开放政策，国家与社会高度一体化的状态，即"总体性社会"开始有所变化。政府行政权力开始从社会领域中逐渐退出，其表现为社会生活的非政治化、国家与社会的边界的重启，中国社会力量开始兴起。从政府的角度来看，是政府在追求"政社分开"的治理模式；从社会的角度来看，是社会获取自主性和自治性的过程。学术性社团由此进入了第二个发展高潮。

这一时期国家政治稳定、经济发展迅速，党和政府十分重视对科学技术工作者的培养和科学文化社会事业的研究工作。在这样的大背景下，中国的自然科学学术团体的数量有了大幅度的增长。据 1988 年全国科协和国家统计局发布的信息，到 1987 年年底，中国科协属下的全国性学会达 146 家，分科学会 1555 家，乡镇科普协会 16569 家，形成了遍及全国城乡的学术性社团及群众性科普网络。② 以中国科学技术协会为例。到 1990 年，其所属全国性学会由 1964 年的 44

---

① 王名主编：《中国民间组织 30 年——走向公民社会》，社会科学文献出版社 2008 年版，第 12 页。

② 王名主编：《中国民间组织 30 年——走向公民社会》，社会科学文献出版社 2008 年版，第 13 页。

个迅速发展到 155 个，增加了 3.5 倍多。除中国台湾外，全国 30 个省、自治区、直辖市都建立了科协组织，并在全国 336 个市（地）中建立科协组织 333 个，在全国 2181 个县（含县级市）中建立科协组织 2098 个。全国 80% 的乡镇建立了科协和科普协会 4.5 万多个、各种专业技术研究会近十万个。与此同时，厂矿科协也得到迅速发展，达 8000 多个。①

1978 年以后，中国社会科学院陆续成立了中国中俄关系史研究会、中国美国史研究会、中国法国史研究会、中国社会学会、中国民族史学会、中国蒙古语文学会、中国现代外国哲学学会、中国宗教学会、中国逻辑学会等学术团体。根据经济体制改革的需要，中国社会科学院又成立了中国成本研究会、中国生产力经济学研究会等学术性社团。到 1992 年，中国社会科学院所属的各类学术性团体达到 107 个。与此同时，各省、自治区、直辖市的社会科学学术团体也得到迅速发展，总数亦达到数千个。到 1996 年年底，中国登记注册的全国性学术团体共有 658 个，地方性学术团体近 7.6 万个，其中绝大多数是 1980 年以后成立的，这说明中国的学术性社团在 20 世纪 80 年代发展很快。②

经济社会空前发展、政府职能转变及其机构改革、科学技术突飞猛进，使得学术性社团迎来发展的春天。1978 年至 1991 年是学术性社团的蓬勃发展期、增长高潮期。在整个 20 世纪 80 年代，全国每年成立的学术类民间组织的总数几乎都在 300 家以上，这个过程在 80 年代中后期达到高潮。从各方面的报道和已有的研究来看，包括各种学会、研究会、科普协会、农村专业技术研究会等在内，这一时期的学术性社会团体的总数在数十万家，占据了当时社会团体的主体部分。具体来看，每年新增的各种学术性社团数量在 20 世纪 80 年代中期达到顶点，约相当于同期各种协会商会的 3 倍，但随后其增量不断

---

① 中国社团研究会编著：《中国社团发展史》，当代中国出版社 2001 年版，第 691 页。
② 中国社团研究会编著：《中国社团发展史》，当代中国出版社 2001 年版，第 692—693 页。

减少，相对比重也显著下降，至 2000 年，新增各种学术性社团只相当于同期各种协会商会的四成，到 2007 年更下降到不足同期各种协会商会的 1/4。另外，从民政部门登记注册数据来看，这种趋势同样存在。例如，2002 年至 2006 年，学术性社会团体的比重从 28% 下降到 21% 左右。^① 据统计，到 2006 年年底，各种学术性社团的总数为 4.09 万家，占已登记社会团体总数的 21.3%。^②

社会团体数量几乎一直在增长，同样，学术性社团的数量也几乎呈现逐年递增的态势。学术性社团的成长与社会和社团自身发展诉求紧密相连。一方面，社会外部环境的变化为学术性社团的发展提供了前提条件，学术性社团的发展进入了一个前所未有的蓬勃发展期，不仅学术性社团规模比较大，而且会员队伍不断壮大，社团学术价值和功能得以彰显和发挥。另一方面，随着民主政治生活的日益健全和发展，知识分子获得了更好的发展机遇，知识分子的价值和作用得以重视。改革开放之初邓小平提出要重视知识分子的作用。党的路线、方针和政策都对知识分子的价值予以重视，强调知识分子的中国特色社会主义事业建设者作用。在尊重知识分子的背景下，学术性社团成立相对自由，其学术研究功能受到重视，这为其依法存在、依法发展创造了便利条件。

第二节　中国学术性社团管理体制演变

莱斯特·M. 萨拉蒙在 20 世纪 90 年代提出"结社革命"一词，称其主体为"占据介于市场与政府之间的社会空间的各种社会组织"。这一词汇及其所强调的各种社会组织在市场经济发展和政府体制变迁之间日新月异的发展，不仅迅速在全球范围内得以证实，而且与改革开放 40 多年来中国社会治理所经历的过程相一致。^③ 经过 40

① 王名等：《社会组织与社会治理》，社会科学文献出版社 2014 年版，第 3—4 页。
② 王名主编：《中国民间组织 30 年》，社会科学文献出版社 2008 年版，第 26 页。
③ 参见王名等《社会组织与社会治理》，社会科学文献出版社 2014 年版，第 1—2 页。

多年的发展，中国学术性社团已经达到了相当的规模，在推动学术研究、学术探讨、学术交流、学术参与、学术发展、拓展学术服务等领域，实现学术价值等方面发挥着重要作用。

政府对学术性社团负有监督和指导的职责。学术性社团管理体制是国家行政管理体制的有机组成部分，是随着学术性社团的发展而建立起来的治理学术性社团各种制度规范体系的总和。由于各国的政治制度、社会管理体制和国情不同，其学术性社团管理体制也不尽相同。中国学术性社团管理体制是与中国社会实际相适应的、具有中国特色的管理体制。改革开放以来，随着学术性社团的兴起和发展，中国学术性社团管理体制也经历了一个形成和变化的制度演变过程。总体来讲，改革开放以来中国学术性社团管理体制演变历程，可以分为三个阶段，即以"分散管理"为特征的阶段（1978—1988 年）、以"归口管理"为特征的阶段（1989—2012 年）、以"放管并重"为特征的阶段（2012 年至今）。

一 以"分散管理"为特征的管理体制

在中国学术性社团兴起和发展的最初时期，国家尽管没有颁布成文的法律法规和建立统一的管理体制，但相关部门仍尝试建立相应的管理体制和制度规范。我们将这一时期所形成的管理体制称为以"分散管理"为特征的管理体制。

改革开放之初，学术性社团如同雨后春笋般大量涌现，呈现迅猛发展的态势。这诚然与中国民主政治生活正常化所造成的宽松社会环境以及改革开放所带来的政治、经济、社会、科技和教育等的发展需求有直接关系，但同时也受到结社法规不完备、管理工作跟不上等因素的影响。1978 年，中央决定重新组建民政部。民政部成立后，其职能得以陆续恢复，但是由于种种原因，在 1988 年民政部社团管理司成立之前，民政部门管理社团的工作实际上处于停滞的状态。所以，社团的审批权限分散，不仅党政工作部门审批社团，而且社团也审批社团。再加上部门之间职责不清，做法各异，致使同一性质的社团多家审批的现象时有发生，造成社团的重复设置。有的"学会批学会"，一直批到"第五代"，造成社团叠床架屋。很明显，无章可循，权限不清，政出多门，多头审批也是导致社团数量增长过快的重要原因。①

改革开放之初，学术性社团的作用日益凸显，国家为了发展经济、教育、文化、科技，促进社会繁荣发展，采用非常宽松的门槛以"放水养鱼"的方式鼓励学术性社团发展。面对奔涌而出的大量学术性社团，政府主要依据 1950 年颁布的《社会团体暂行办法》和《社会团体登记暂行办法实施细则》进行规范。而这些办法和细则已不能有效地适应改革开放新时期的经济、政治、科技和社会发展要求。同时，由于相关法律法规的缺失，中国学术性社团的内部运作和管理也没有统一的模式和范本加以约束，几乎处于混沌的初始状态。

事实上，从 20 世纪 80 年代初开始，党和政府就提出了规范管理学术性社团的问题。1984 年 11 月，中共中央、国务院下发联合通知，要求严格控制成立全国性社会组织。原国家经济体制改革委员会根据《关于严格控制成立全国性组织的通知》的精神，出台了相应的规范性文件，目的是针对社团存在的问题进行政策性调整。原国家经济体制改革委员会于 1985 年 9 月 25 日发布了《关于成立全国性组织的若干规定》，明确了全国性社团的范围、成立条件、审批和审批程序、复查和汇总备案等重要事项。这个文件首次正式明确提出建立业务主管部门分工负责审核批准的体制，要求凡申请成立全国性组织，都须由业务主管部门或归口部门申报，经批准后才能成立，并明确了业务主管部门分工负责审核批准体制。例如，该文件规定，社会学术组织，属于自然科学方面的，由原国家科委审核批准，属于哲学社会科学方面的，暂由原国家体改委审核批准。业务主管部门是负责社会组织的审核批准的主要部门，并不存在一个统一的登记管理部

---

① 中国社团研究会编著：《中国社团发展史》，当代中国出版社 2001 年版，第 703—704 页。

门。该文件强调的"经批准后才能成立"，是指在负责审核批准的业务主管部门之上强调"要由党中央、国务院主管部门审查，并报原国家体改委审定"。① 但是，从全局上来看，社团"多头审批"和擅自成立的状况并没有改变。

改革开放伊始至 20 世纪 80 年代中后期，尽管规范管理的要求一再被提出来，并出台了相应的规定，但当时并没有明确的统一管理体制，对社会组织的审批和管理的权限，实际上分散在各个不同的党政部门和群团组织，在"谁审批、谁管理"的原则下，形成多头管理的局面。因此，这个阶段的学术性社团管理，从体制上可称为以"分散管理"为主的阶段。1987 年，在邓小平同志的直接关怀下，根据党的十三大报告所提出的关于起草结社法等相关法律的要求，国务院委托民政部开展结社法的起草工作，并于当年 12 月 5 日成立了结社法起草小组，这个小组开创了中国历史上第一个关于结社法起草的历史进程。这是社会组织管理制度化建设的一个重要尝试，同一时期，国务院正式在民政部设立社会团体登记管理部门，并于 1988 年 9 月、1989 年 6 月和 1989 年 10 月，先后颁布了三个涉及三类社会组织的重要法规，以此为基点，中国的学术性社团管理很快结束了以"分散管理"为特征的体制发展第一阶段。②

二 以"归口管理"为特征的管理体制

1989 年 10 月，国务院颁布实施《社会团体登记管理条例》。该条例规定，包括学术性社团在内的所有社团统一归口到民政部门登记。从此，中国学术性社团有了统一的登记管理机关，结束了学术性社团的"多头审批""政出多门"的现象。从 20 世纪 90 年代初开始，中国学术性社团进入了相对平稳的发展阶段，其主要原因是党和政府在社会团体管理体制方面进行了一系列重大调整，以"归口管

---

① 王名等:《社会组织与社会治理》，社会科学文献出版社 2014 年版，第 12—13 页。
② 参见王名等《社会组织与社会治理》，社会科学文献出版社 2014 年版，第 7—8 页。

理"为特征的管理体制取代了之前以"分散管理"为特征的管理体制。

《社会团体登记管理条例》是改革开放以来，中国政府颁布的第一个关于社会团体登记管理的行政法规，也是中华人民共和国成立以来关于社会团体登记管理的最高法令。该条例明确规定："成立全国性的社会团体，向民政部申请登记。成立地方性的社会团体，向其办事机构所在地相应的民政部门申请登记。成立跨行政区域的社会团体，向所跨行政区域的共同上一级民政部门申请登记。有关业务主管部门和登记管理机关应当对经核准登记的社会团体进行日常管理。登记管理机关与其核准登记的社会团体的办事机构不在同一行政区域的，可以委托该社会团体办事机构所在地的登记管理机关负责日常管理。申请成立社会团体，应当经过有关业务主管部门审查同意后，向登记管理机关申请登记。"按照该条例规定，社会团体的登记管理机关是各级民政部门。民政部门不仅负责社会社团的登记审批，而且和有关业务主管部门共同负责社团的日常管理，对社会团体行使具体的监督管理职责。以这部法规为依据，以业务主管部门和登记管理机关为主的所谓"归口管理"的管理体制，正式成为规范中国学术性社团的一项基本制度。国务院于 1998 年 10 月颁布了新的《社会团体登记管理条例》，在制度上对以"归口管理"为特征的管理体制作了更为明确和精细的规定，以"归口管理"为特征的管理体制逐渐成为中国学术性社团管理的基本制度形式。总之，随着以"归口管理"为特征的管理体制的建立，学术性社团管理体制无论在法律法规的出台、行政手段的运用，还是在管理体系建设等方面都有了长足的发展，学术性社团管理的法治化、规范化和科学化程度不断得以提高。①

三　以"放管并重"为特征的管理体制

中国特色社会主义进入新时代，人民日益增长的美好生活需要和

---

① 参见王名等《社会组织与社会治理》，社会科学文献出版社 2014 年版，第 14—15 页。

不平衡不充分的发展之间的矛盾成为中国社会的主要矛盾。为了不断增强人民群众的获得感，满足人民对美好生活的向往，中国大力推动现代社会组织管理体制建设，以此激发社会组织活力，构建多元、共建、共治、共享的社会组织管理新格局。在顶层设计方面，2013 年《中共中央关于全面深化改革若干重大问题的决定》明确提出，政府不再垄断公共服务供给职能，把适合由社会组织提供的公共服务交由社会组织承担；限定行业协会商会与行政机关脱钩的期限；允许协会商会类、科技类、公益慈善类、城乡社区服务类社会组织直接登记而无须业务主管单位的前置审批。2016 年，中共中央办公厅、国务院办公厅颁布《关于改革社会组织管理制度促进社会组织健康有序发展的意见》，强调坚持放管并重，处理好"放"和"管"的关系，既要简政放权，优化服务，积极培育扶持，又要加强事中事后监管，促进社会组织健康有序发展。为了推进社会组织领域"放管服"改革，许多地方政府出台了配套的政策举措，如《山东省民政厅关于进一步深化社会组织领域"放管服"改革的意见》。这意味着，在"放管服"改革的大背景下，学术性社团管理进入了"放管并重"的新阶段。

坚持党的领导是中国特色社会组织管理制度优越性的根本标志，社会组织党建工作日益成为基层党建的重点。2015 年后，中央陆续颁布了多项政策来强化党对社会组织的领导，如《关于加强和改进党的群团工作的意见》《关于加强社会组织党的建设的意见（试行）》《中国共产党支部工作条例（试行）》《中国共产党党组工作条例（试行）》。

从总体上看，这一时期政府对学术性社团的管理主要按照 2016 年修订的《社会团体登记管理条例》，坚持"归口登记、双重负责、分级管理、限制竞争"原则。"归口登记"，指学术性社团由民政部门统一登记。"双重负责"，指学术性社团应同时接受业务主管单位和登记管理机关（民政部门）的监督管理。"分级管理"，指县级以上人民政府的民政部门分别负责同一层级的学术性社团的审批、登记、年检、变更、撤销和监管①。"限制竞争",指不得重复成立相同或者相似的全国性学术性社团,或在同一行政区域内不得重复成立相同或者相似的学术性社团。通过推进社会组织领域"放管服"改革,这一时期在建立统一登记、各司其职、协调配合、分级负责、依法监管的学术性社团管理体制,形成专业化、协同化、社会化的监督管理机制上有了很大进步。

第三节 中国学术性社团发展的动力

康晓光认为,社会发展、法律框架和社团的内在发展逻辑三种力量造就了中国社团的发展。社会发展为社团提供了日益广阔的发展空间,也对社团施加了巨大的牵引力和推动力。现行的法律框架具有双重效应,一方面造成了社团对政府的依赖,另一方面这种依附也为社团提供了必要的支撑。社团的内在发展逻辑驱使社团逐渐走向成熟和自治。但是,这种内在的发展逻辑究竟是什么?有的学者将这种逻辑归结为社团对自身合法性的追求。所谓"合法性",是某一事物被承认、被认可、被接受的基础。至于具体的基础是什么(如某条法律、规则、习惯、标准或逻辑),则要看实际情况而定。孙炳耀将中国社团发展的外在推动力概括为民间与政府的双重动力。民间和政府对社团有着各自的期望,当这种期望具有某种共同性,就会产生双方创建组织的共同行动。组建社团的动力贯穿于社团生长过程的始终,它代表着组织者、领导者以及成员的期望,并被转化为组织的目标和行动准则,体现在它的组织结构、权力资源、经济资源和功能发挥等各方面。民间和政府两个推动力在社团发展中都不可少。这种双重动力的一个直接结果就是中国社团的"半官半民"属性。②

改革开放以来,中国学术性社团从确立到发展、从清理整顿到规

---

① 俞可平等:《中国公民社会的制度环境》,北京大学出版社 2006 年版,第 27 页。

② 王名、刘国翰、何建宇:《中国社团改革——从政府选择到社会选择》,社会科学文献出版社 2001 年版,第 61 页。

范发展、从无序到有序的过程，淋漓尽致地体现了时代发展的特征。从这一过程中可以"管窥"中国学术性社团发展的主要动力因素，即市场经济体制的建立、社会的转型、科学的发展、政府职能的转变等。

一 市场经济体制的建立

在中国共产党的领导下建立社会主义市场经济体制，既是改革开放实践的必然结果，也是党的十一届三中全会以来理论探索的重要成果。1978 年，以党的十一届三中全会的召开为标志，中国走上了改革开放的道路，进入了社会主义现代化建设的新时期。党的十一届三中全会强调根据新的历史条件和实践经验，采取一系列新的重大的政策措施，对经济管理体制和经营管理方法进行有效的改革，在自力更生的基础上积极发展同世界各国平等互利的经济合作，努力采用世界先进科学技术和先进工艺设备，并大力加强实现现代化所必需的科学和教育事业。这实际上开启了以市场化为取向的改革。1981 年，党的十一届六中全会通过的《关于建国以来党的若干历史问题的决议》提出"以计划经济为主，市场调节为辅"的重要论断。尽管这一论断仍然坚持计划经济的总框架不变，但是，必须按照尊重和利用价值规律的要求来进行经济活动已开始成为人们的共识，从而使现实经济活动被逐步纳入了真正意义上的商品经济的发展轨道。1992 年，党的十四大正式提出"我国经济体制改革的目标是建立社会主义市场经济体制"。将中国经济体制改革的目标，确定为建立社会主义市场经济体制，是中国特色社会主义理论体系的丰富和发展。建立社会主义市场经济体制，涉及经济基础和上层建筑的许多领域，要有一系列相应的体制改革和政策调整，因而是一个长期的过程。2002 年，党的十六大宣告，中国社会主义市场经济体制初步建立。2003 年，党的十六届三中全会通过了《中共中央关于完善社会主义市场经济体制若干问题的决定》，对建立完善的社会主义市场经济体制进行了全面部署，这标志着中国经济体制改革进入完善社会主义市场经济体制的新时期。

经济体制改革的核心议题是处理好政府与市场、社会的关系，弄清楚哪些社会事务需要政府、市场和社会各司其职，哪些需要政府、市场和社会共同承担，在充分发挥政府宏观调控作用、市场决定性作用的同时，更好地发挥社会力量的作用。因此，经济体制改革必然带来社会组织的发展壮大。

市场经济发展冲击了"总体性社会"，拓展了学术性社团的发展空间。计划经济体制下的中国社会属于总体性社会。总体性社会显著的特征是政治权力或行政权威在社会各个领域内的无限延伸。总体性社会中的政府是典型的"全能型"政府，政府对社会各个领域无限控制，即对相对独立于国家之外的社会力量或第三部门予以抑制和严格管控，对所有的社会组织，不管是文化的或经济的、教育的或政治的，均由政府管控，而且均有一定的行政隶属关系和行政级别，且据此从政府获得按计划分配的资源。在这种情况下，学术性社团缺乏独立利益、自治权和自主权，发展的空间十分有限。

市场经济发展为学术性社团发展提供了物质基础。市场化改革带来政企分开，企业成为全面参与市场竞争的真正市场主体。政府不再像过去那样将经济和政治完全视为一体，也不再事无巨细地包办一切经济活动，而是对企业进行放权。这实际上是政府在保留宏观经济调控权的前提下，减少对社会经济领域强制性的直接干预和管理，减弱社会经济生活的政治化色彩，从而逐渐形成一个具有相对独立的社会经济活动领域。在这一领域中，社会资源可以相对自由流动，进而为学术性社团的发展带来了体制外资源。

市场经济发展催生了对学术性社团的社会需求。计划经济体制下，"单位"既是人们职业身份的象征和利益表达的场所，也是个人与他人、国家和社会发生联系的主要平台。社会主义市场经济体制的建立与完善，使"单位"一体化的政治、经济、文化、社会职能日益分解，这就需要不具有行政属性和经济职能的社会团体来承担政府、企业组织不应当承担、无力承担的一些协调、协作、社会服务、自我管理、发展科技、文化事业和公益事业等社会功能，从而为学术性社团的兴起提供了广阔的发展前景，使"结社"活动获得了更为普遍的社会价值。①

市场经济发展要求政府更加重视科技创新。1982年，党的十二大指出，四个现代化的关键是科学技术的现代化，今后必须有计划地推进大规模的技术改造，推广各种已有的、经济效益好的技术成果，积极采用新技术、新设备、新工艺、新材料；必须加强应用科学的研究，重视基础科学的研究，并组织各方面的力量对关键性的科研项目进行"攻关"；必须加强经济科学和管理科学的研究和应用。1987年，党的十三大指出，要把发展科学技术和教育事业放在首要位置，使经济建设转到依靠科技进步和提高劳动者素质的轨道上来。经济体制改革也对科技体制改革提出了新的要求。2007年，党的十七大指出，要深化科技管理体制改革，优化科技资源配置，完善鼓励技术创新和科技成果产业化的法制保障、政策体系、激励机制、市场环境。2012年，党的十八大指出，要推动科技和经济紧密结合，加快建设国家创新体系，着力构建以企业为主体、市场为导向、产学研相结合的技术创新体系。学术性社团是推动科技创新的重要力量。在重视科技创新的大环境下，许多学术性社团乘着科技管理体制改革的"东风"走向发展壮大。

市场经济体制建立和科技体制改革带来对市场行为、市场管理、市场机制以及科技发展等多方面的探讨，各种针对市场经济体系建设和科技体制改革的研究主题也使学术性社团出现了较快的增长。中国行政管理学会、中国政治学会、中国生态学学会、中国法学会、中国能源研究会、中国人力资源开发研究会等诸多学术性社团纷纷成立。学术性社团可以满足多元化的社会发展需求，因此，学术性社团的学术研究、学术探讨和学术交流等活动得到相应加强，学术性社团的发

---

① 参见李莉《湖北省社科类社团的历史与现状调查研究》，湖北人民出版社2020年版，第26—27页。

展呈现出数量增加、学科细化、领域拓宽、知名度提升、美誉度增强、服务多元化等特征，而且学术性社团的学术研究重点也跟随着市场经济发展、教育体制改革、科技发展、社会治理体系创新、行政体制改革、生态文明建设，不断进行着调整和变化。

二 社会的转型

社会转型的主体是社会结构，它是指一种整体的和全面的结构状态过渡，而不仅仅是某些单项发展指标的实现，如从传统社会向现代社会、从农业社会向工业社会、从工业化社会向后工业化社会、从人治社会向法治社会、从封闭性社会向开放性社会的变迁过程。社会转型的具体内容是结构转换、机制转轨、利益调整和观念转变。① 在社会转型时期，人们的思维方式、行为方式、生活方式、工作方式、价值体系都会发生明显的变化。

改革开放以来，随着中国经济逐步步入市场经济轨道，行政管理体制改革进程加快，社会转型也全面展开。在社会转型过程中，民众的民主意识、法制意识和权利意识逐步增强，进而会倾向于积极参与社会公共事务，更多地融入"公共领域"。这为学术性社团的产生发展奠定了思想观念基础。在这方面表现最明显的是知识分子的参与意识增强。知识分子一般是指从事脑力劳动且具有社会责任感的社会群体。改革开放初期，中国的知识分子经历了"真理标准讨论"的思想解放运动，在拨乱反正的过程中又经历了平反、落实了政策，他们身上充满了"以天下为己任"和"只争朝夕、报效祖国"的强烈的社会责任感。这种责任感显著体现在改革开放初期各种学术性社团"爆发式"的成立上。这些学术性社团得到各级党政部门的支持，成为获得新生的知识分子施展才华、回报社会的舞台。②

---

① 王春光：《新社会转型视角对乡村振兴的解读》，《学海》2021 年第 5 期。
② 王名主编：《中国民间组织 30 年——走向公民社会》，社会科学文献出版社 2008 年版，第 41 页。

在社会转型中，极易出现政府失灵、市场失灵现象。政府失灵的表现主要包括政府政策失效、政府机构和公共预算的扩张、公共物品的低效率、政府的寻租行为等。由于政府部门之间缺乏竞争、政府干预缺乏完全准确的信息、政府干预活动的时滞性以及对政府行为缺乏合理的规则约束和有效的监督等原因，政府或者不能提供某些公共产品或服务，或者在提供公共产品或服务的过程中效率低下，或者在一定程度上损害社会公平公正。政府失灵需要市场机制予以补救，但市场机制也会导致市场失灵，这就需要政府和市场之外的"第三部门"即社会组织来加以矫正。有些社会公共事务是政府管不了也管不好的，市场不管或管了也会扭曲社会公共事务的公益方向，它们应交给社会组织来处理。如果说市场是一只资源配置的"看不见的手"，政府是一只资源配置的"看得见的手"，那么对于转型中的中国来说，社会组织则是另一只"看不见的手"。之所以这样说，是因为社会组织恰恰能够弥补"政府失灵"和"市场失灵"。与其他社会组织一样，学术性社团具有"查漏补缺"的作用。例如，中国生态学学会在政府"顾不上"、企业不愿涉足的生态科普方面，精心打造和推广品牌。自 2011 年起，面向青少年群体开展"生态科普校园行"的科普活动，每年围绕生态学的不同主题开展内容丰富、形式多样的科普活动，并以点到面不断扩大影响，将活动从北京推广到全国。从 2019 年开始，学会应社会要求将活动受众面从青少年群体拓展至乡村、社区等，开展生态科普行品牌科普活动。学术性社团的这种"补位"作用，使它们受到政府的重视，并得到政府的大力扶持、培育。

三　科学的发展

科学是运用范畴、定理、定律等思维形式反映现实世界各种现象的本质和规律的知识体系。[①] 通常认为，科学可以分为自然科学和社会科学。自然科学是研究自然界的物质形态、结构、性质和运动规律

---

① 夏征农、陈至立主编：《辞海》第 2 卷，上海辞书出版社 2010 年版，第2140 页。

的科学。人类生产实践和科学实验是它产生和发展的动力。它的目的在于认识自然规律，为人类正确改造自然开辟道路。一般把现代自然科学分为基础理论科学、技术科学和应用科学三大类。自然科学本身没有阶级性，但不同的阶级和社会政治制度对它的发展会有不同的影响。新的科技革命给科学技术的发展带来了超前性、渗透性等新的特点，成为第一生产力。① 社会科学是以社会现象为研究对象的科学，它的任务是研究并阐述各种社会现象及其发展规律，一般属于上层建筑的意识形态范畴（语言学等除外），在有阶级的社会中是有阶级性的。现代社会的发展与新科技革命促进了社会科学的繁荣，社会科学和自然科学相互渗透、相互联系的趋势日益加强。② 社会主义现代化建设，必须吸取和掌握一切先进的科学知识和科学技术。

改革开放以来，中国经济实现了飞速的发展。管子云：衣食足而知荣辱，仓廪实而知礼节。温饱问题解决之后，广大人民群众产生了对自我价值实现、科学文化知识和社会伦理道德更高层次的追求，对文化、科技生活的需求已经变得越来越明显，这些需求直接或间接促进了自然科学和社会科学的发展，带来各类学科领域思想的新潮迭起。这成为学术性社团兴起的直接推动力。

以邓小平同志为核心的党的第二代中央领导集体把科学技术和教育提到战略高度。邓小平同志提出"科学技术是第一生产力""科学当然包括社会科学"。1979 年 3 月，邓小平同志在党的理论工作务虚会上指出："政治学、法学、社会学以及世界政治的研究，我们过去多年忽视了，现在也需要赶快补课。"1977 年，党中央做出了正式成立中国社会科学院的决策。1983 年，全国哲学社会科学规划领导小组成立。1986 年，国家社会科学基金和国家自然科学基金委员会正式成立。以江泽民同志为核心的党的第三代中央集体提出科教兴国的战略、人才强国战略，实施知识创新工程，建设国家创新体系。江泽

---

①　夏征农、陈至立主编：《辞海》第 3 卷，上海辞书出版社 2010 年第 6 版，第 5314 页。
②　夏征农、陈至立主编：《辞海》第 2 卷，上海辞书出版社 2010 年第 6 版，第 3437 页。

民同志提出，哲学社会科学与自然科学"四个同等重要"，"我们必须始终重视哲学社会科学，加快发展哲学社会科学"。2004 年，党中央颁布了《关于进一步繁荣发展哲学社会科学的意见》，指出要推进哲学社会科学与自然科学的交叉渗透，推进哲学社会科学不同学科之间的交叉渗透。党的十七大提出，要进一步营造鼓励创新的环境，培养造就世界一流科学家和科技领军人才，使创新智慧竞相迸发、创新人才大量涌现；繁荣发展哲学社会科学，推进学科体系、学术观点、科研方法创新，鼓励哲学社会科学界为党和人民的事业发挥思想库作用，推动中国哲学社会科学优秀成果和优秀人才走向世界。从一定意义上来说，繁荣科学就是繁荣学术性社团。党和政府把自然科学和哲学社会科学的发展提到战略位置，为做大学术性社团注入了强劲动力。

四 政府职能的转变

改革开放后，随着经济体制从计划经济向社会主义市场经济的转变，社会组织方式也发生了极其深刻的变化。一方面，随着在工作单位中实行住房商品化、就业市场化、社会保障社会化、后勤服务市场化等改革，以及人才使用权与所有权分离，使得原有的单位组织解决社会事务的能力弱化。另一方面，政府职能转变、机构改革激发了就业市场新的活力，就业方式的自主化、多元化使社会成员流动加快，自由职业者增多，并产生了许多非单位性质的新型组织。这些组织仅仅是工作场所，不再是什么都管的单位，越来越多的社会成员由"单位人"变成"社会人"。社会组织方式的深刻变化要求政府转变职能，重新理顺政社关系。

20 世纪 80 年代初期，邓小平指出："我们的各级领导机关，都管了很多不该管、管不好、管不了的事，这些事只要有一定的规章，放在下面，放在企业、事业、社会单位……本来可以很好办，但是统统拿到党政领导机关、拿到中央部门来，就很难办，谁也没有这样的神通，能够办这么繁重而生疏的事情。"① 这实际上已经涉及政府职能转变问题。1987 年，党的十三大强调："改革必须抓住转变职能这个关键"。② 这一重要论断使政府管理体制改革指导思想发生具有重要意义的转变，政府管理体制改革因而具有新的立意基础，被赋予新的内涵。此后，转变政府职能一直是中国政府管理体制改革的核心和重点。

政府职能退缩后，学术性社团才会获得必要的生存空间和活动空间。所以，政府职能转变不仅对于政府自身建设具有重要价值，而且具有培育学术性社团的意蕴。但是，在政府职能转变的早期阶段，政府往往占据主导地位。这一点导致许多学术性社团以"自上而下"的方式产生。政府对成立学术性社团迫切性的认知、成立学术性社团的意愿等主观因素，决定了学术性社团产生的时机和方式。以中国政治学会为例。1977 年 8 月 7 日，邓小平同志主持科学和教育工作座谈会，在谈到开展学术交流问题时指出："要先选几个重点，学会开始活动起来，组织学术讨论、学术交流，集中大家的智慧。总之，学术气氛要活跃起来。"8 月 8 日，邓小平同志在科学和教育工作会结束的讲话提及"我自告奋勇管科教方面的工作，中央也同意了。我们国家要赶上世界先进水平，要从科学和教育着手。"11 月 3 日，邓小平同志会见美籍华人王浩教授时指出："要允许犯错误，特别是社会科学领域，要允许犯错误，允许说话。"邓小平的上述谈话，内容丰富，切中要害，旗帜鲜明，态度坚决。③ 这对中国学术性社团的发展具有极其重要的推动作用和指导价值。邓小平还明确指出，政治学需要赶紧补课。正是在这样的背景下，中国政治学会于 1980 年 12 月在北京成立。

从总体上来看，政府职能转变形成的较为宽松的政治环境和社

---

① 《邓小平文选》（第 2 卷），人民出版社 1994 年版，第 328 页。

② 《十三大以来重要文献选编》上册，人民出版社 1991 年版，第 40 页。

③ 杨路平等：《中国社会科学类社团科学发展的战略选择》，辽宁教育出版社 2015 年第 2 版，第 30—31 页。

会环境，为学术性社团的发展创造了条件。学术性社团进入了恢复发展时期。但是，由于大量社会资源不规范地、非正式地"依附"在行政框架之下，加之学术性社团自身发育并不健全，尽管学术性社团具有独立化的发展趋势，……学术性社团为了在博弈中获益，从政府获得了更多的发展资源，常常将"行政化"作为必要的策略选择。中国学术性社团不论是兴起、清理整顿还是复苏发展，其背后都深刻依赖于国家政策行为、政策导向以及政府职能的变迁；同时，学术性社团也随着时代的呼唤和社会前进的步伐而不断地呈现出新的角色与功能导向的变化。[①]

第四节　中国学术性社团存在的价值性和正当性

价值性体现了特定事物所具有的满足社会各种需要的客观特性。正当性通常是指特定语境下的合理性和合法性。学术性社团存在的价值性和正当性包含两个方面的内容。其一，学术性社团产生的原因以及发展的价值性，体现在其对政治、社会、经济、科技、教育、文化、生态发展的作用和意义；其二，学术性社团是否获得了国家与社会的认可、认同，涉及学术性社团存在及发展的法律政策依据和学术性社团的宗旨任务等问题。

一　学术性社团存在的价值性

（一）学术性社团是学术研究和学术发展的需要

学术研究和学术发展作为一种文化软实力，是综合国力不可或缺的重要内容。自然科学是高度的逻辑严密性的实证知识体系，能够直接接受观察和实验的检验。因此，自然科学的价值通常得到公认。社会科学具有"务虚"的特点，其科学性可能遭受质疑。但是，自然

---

① 参见李莉《湖北省社科类社团的历史与现状调查研究》，湖北人民出版社 2020 年版，第 25—26 页。

科学与社会科学如鸟之两翼、车之两轮，不可偏废。2016 年 5 月 17
日，习近平总书记在哲学社会科学工作座谈会上强调："哲学社会科
学是人们认识世界、改造世界的重要工具，是推动历史发展和社会进
步的重要力量，其发展水平反映了一个民族的思维能力、精神品格、
文明素质，体现了一个国家的综合国力和国际竞争力。一个国家的发
展水平，既取决于自然科学发展水平，也取决于哲学社会科学发展水
平。一个没有发达的自然科学的国家不可能走在世界前列，一个没有
繁荣的哲学社会科学的国家也不可能走在世界前列。坚持和发展中国
特色社会主义，需要不断在实践和理论上进行探索、用发展着的理论
指导发展着的实践。在这个过程中，哲学社会科学具有不可替代的重
要地位，哲学社会科学工作者具有不可替代的重要作用。"[1] 学术性
社团依照章程管理自身内部事务，满足成员提高学术水准、业务研究
能力和同行认可的需要，是培养自然科学和社会科学创新人才的重要
载体，是推动学术研究、学术探讨、学术交流、学科发展、原始性创
新的重要平台。

（二）学术性社团是有效承接政府职能转移的需要

改革开放以来，政治与经济高度一体化的传统格局逐渐改变，
"全能政府"逐步转变为"有限政府"。在政府转型过程中，存在
一个亟待解决的问题，即由谁来承接政府卸载、释放、放弃、外移
的职能。假如没有适宜的承接主体，已经转让的职能可能又被收
回。毫无疑问，学术性社团是承接政府转移职能的重要主体。学术
性社团具有专业知识、科学技术、科技人才、组织网络以及跨部
门、跨行业、跨地区等方面的优势。政府可以将职业技术职称的评
定和认证、职业标准制定以及科学技术成果、自然科学和哲学社会
科学成果评审和奖励等方面的职能有条件地交给学术性社团。这在
一定程度上可以避免行政权力过度集中而导致的"寻租"或者"政
府失灵"，也有效地促进学术研究、学术探讨和科学发展。当然，

---

① 习近平：《在哲学社会科学工作座谈会上的讲话》，人民出版社 2016 年版，第 2 页。

学术性社团执行相关职能时也要受到来自于国家权力机关、行政机关和司法部门等公共权威部门的审查与监督，以确保学术性社团运作公共服务权力的合法、合理、公正。

（三）学术性社团是促进公共决策科学化的需要

不少学术性社团以智库形式存在。智库在国家治理中发挥着越来越重要的作用，日益成为国家治理体系中不可或缺的组成部分，是国家治理能力的重要体现。智库提出新颖性的研究成果，提供新的信息；将想法、点子和难题转变为政策议题；在政策辩论中发出非正式和独立的声音；在政策制定过程中，为重要的利益相关者之间交换想法和信息提供建设性的论坛①。显然，智库的这些功能有助于公共决策科学化。可见，从智库建设的意义上来说，学术性社团的持续健康发展有着举足轻重的价值。

二　学术性社团存在的正当性

现代学术性社团资格的获取主要决定于两个维度。一是社团内部成员的一致性同意，二是国家法律的许可或者认可。正当性是在理性和法制两个维度上寻求"合法性"。具体来说，学术性社团的正当性应当包含两方面含义。一是价值合理性，指学术性社团由于具有一定的社会正当性从而可以吸纳具有共同意志和利益的成员，并且能够为促进学术性社团内部的、绝大多数成员的利益而活动。二是法律合法性。它是学术性社团正当性所需的法治依据，即来自于外部的、最具权威的主体——国家意志所作出的认可的意思表示。正如美国学者哈罗德·J. 伯尔曼（Harold J. Berman）所言，"法律意义上的社团人格能够仅仅从一个社团内部生出，这是大可怀疑的，它的存在总要部分地取决于居其外者的承认"。总之，只有同时具备价值合理性与法律合法性，学术性社团才能真正取得其

---

① ［美］詹姆斯·麦甘恩、理查德·萨巴蒂尼：《全球智库：政策网络与治理》，韩雪等译，上海交通大学出版社 2015 年版，第 8—9 页。

存在的正当性。①

基于此，学术性社团获取正当性的途径主要有两个。一是从社会取得，二是从政府行政权威系统取得，这种行政合法性以学术性社团是否与政府行政权威系统发生联系来确定。在现实中，学术性社团通过"注册登记"的方式获得行政合法性。因此，登记管理机关的行政自由裁量权在某种程度上决定了学术性社团能否获得行政合法性。

（一）学术性社团的学术代表性

学术性社团应该具备社会团体正当性要求的一般要件即代表性，换言之，就是民主基础是否丰厚。具体而言，代表性是以自身的章程、组织、行为活动以及倡导的宗旨等所彰显的影响力，吸纳一定的成员自愿加入的一种能力。区分于其他社会团体的是，学术性社团智力精英汇聚，所代表的具体内容是特定学科、研究领域的大多数专家学者的学术利益和意志，而且实行完全的自愿入会制，所以学术性社团的代表性总体上是学术代表性、真实的民主。而某些行业团体代表的具体内容是行业的经济利益，实行强制入会制度，并且以此作为行使行业管理权限的基础，其代表性的民主程度不能与学术性社团相提并论。在以学术研究、学术探讨与交流为活动内容、成员自愿入会的情况下，学术性社团只有获得大多数学术成员的认可，才有资格、有可能成为本学科或者本研究领域的学术权威。换言之，学术性社团只有获取社团成员的内部一致认可，才能具备学术代表性，具备代表会员、服务会员以及管理会员的必要的民主自治基础。但是，实践中由于受社会团体组建需遵循的"一地一业一会"原则的制约，学术性社团实际上带有垄断性，符合会员资格要件的科学工作者或科学研究者没有别的选择，"同一行政区域的某个业务范围内，政府只允许存在一个社团，不允许再成立第二个社团，即使社会公众对现有的社团

————————

① 徐亚娥：《学术性社团的研究——以行政法的视角》，硕士学位论文，中国政法大学，2007 年。

并不认同，也没有另行"结社"的权利，更不可能与现有社团展开竞争。在这种非竞争性的环境中，先入为主的社团将获得近似于垄断的地位，几乎不会受到任何后来者的挑战和竞争。"① 这种状况损害了学术性社团的学术代表性。

（二）学术性社团的行政合法性

学术性社团的行政合法性主要以反映国家意志、代表国家利益的法律法规形式来表达，实质上是国家对学术性社团表示的一种认可。正如哈罗德·J. 伯尔曼指出的那样，学术性社团在获得内部一致认同、协同行动的同时，需要获得来自外部的承认和支持。而所有外部主体中，国家是最具权威，最能代表学术性社团之外的全部主体的意愿和态度，所以，通过国家民主政治制度制定的法律法规形式来规定学术性社团的合法性要件这种方式是合理又正当的。以法律法规的形式赋予符合何种条件的学术性社团以国家的认可或者许可，这是学术性社团合法性问题的实质。②

《社会团体登记管理条例》既要求社团具备法人资格，又强调通过登记管理机关依据自由裁量权进行的审查。法人资格的要求实质上是对社团是否具有学术代表性、是否得到了社会支持的考量；而登记管理机关依据自由裁量权，严格把关学术性社团的组建，实际上是为了以硬性的程序来保证其政治上达标。具体到学术性社团而言，由于学术性社团的本质特征在于学术，其活动宗旨和任务集中于学术研究、学术探讨和交流，所以除了针对官办性质的全国性社会科学类学术性社团，政府管理力度加大外，对于数量庞大的自然科学类学术性社团以及地方性社会科学类学术性社团，政府的总体态度是"放松管制、鼓励发展"。体现在管理制度安排上，就是分别由属于人民团体的中国科协及地方科协和地方性社会科学联合会来管理。这种对于不

---

① 徐亚娥：《学术性社团的研究——以行政法的视角》，硕士学位论文，中国政法大学，2007年。

② 徐亚娥：《学术性社团的研究——以行政法的视角》，硕士学位论文，中国政法大学，2007年。

同类别的学术性社团行政合法性要求的差异，是学术性社团的特色之一。总之，中国的学术性社团被要求具备综合的合法性，然而对于学术代表性和法律合法性的要求程度又是不平衡的，对于法律合法性的强调远高于学术代表性。[1]

---

[1]　徐亚娥：《学术性社团的研究——以行政法的视角》，硕士学位论文，中国政法大学，2007 年。

第四章　中国学术性社团治理的
现状和问题

　　良好的治理是促进学术性社团健康发展的重要途径。本章从外部监管主体、内部治理结构、制度建设、人力资源等层面分析中国学术性社团治理的现状。目前，与欧美发达国家的一些活跃在政治、社会、经济、科技、文化教育、生态领域中的学术性社团相比较，中国学术性社团数量尽管比较多，但整个学术性社团发展水平良莠不齐。另外，中国学术性社团的治理体系依然不健全，存在诸多亟须解决的问题。如何利用现有制度资源、人文环境条件使中国学术性社团充分体现其价值，扬长避短，应对困难和挑战，对中国学术性社团的持续健康发展来说极其重要。

第一节　中国学术性社团治理现状

　　学术性社团作为社会团体的重要范畴，是社会发展过程中的社会和文化现象，是科学发展到特定阶段的必然产物，是人类社会进步的客观反映。中国学术性社团的持续健康发展取决于党和政府政策的支持，离不开有效的日常管理制度、科学合理的组织结构、健全的运行机制和高素质的人才智力资源。

一　学术性社团的外部监管主体

　　按照《社会团体登记管理条例》的规定，社会团体应接受登记管理机关和业务主管单位的双重监管。国务院民政部门和县级以上地方各级人民政府民政部门是本级人民政府的社会团体登记管理机关。全国性的社会团体，由国务院的登记管理机关负责登记管理；地方性的社会团体，由所在地人民政府的登记管理机关负责登记管理；跨行政区域的社会团体，由所跨行政区域的共同上一级人民政府的登记管理机关负责登记管理。

申请成立社会团体，应由发起人向登记管理机关申请登记，法律规定免于登记的除外。成立社会团体，应当具备下列条件。其一，有50个以上的个人会员或者30个以上的单位会员；个人会员、单位会员混合组成的，会员总数不得少于50个。其二，有规范的名称和相应的组织机构。其三，有固定的住所。其四，有与其业务活动相适应的专职工作人员。其五，有合法的资产和经费来源，全国性的社会团体有10万元以上活动资金，地方性的社会团体和跨行政区域的社会团体有3万元以上活动资金。其六，有独立承担民事责任的能力。

申请登记社会团体，发起人应当向登记管理机关提交下列文件：登记申请书；业务主管单位的批准文件；验资报告、场所使用权证明；发起人和拟任负责人的基本情况、身份证明；章程草案。登记管理机关应当自收到全部有效文件之日起60日内，作出准予或者不予登记的决定。准予登记的，发给《社会团体法人登记证书》；不予登记的，应当向发起人说明理由。社会团体的登记事项需要变更的，应当自业务主管单位审查同意之日起30日内，向登记管理机关申请变更登记。

申请成立社会团体，应当经其业务主管单位审查同意。国务院有关部门和县级以上地方各级人民政府有关部门、国务院或者县级以上地方各级人民政府授权的组织，是有关行业、学科或者业务范围内社会团体的业务主管单位。登记管理机关、业务主管单位与其管辖的社会团体的住所不在一地的，可以委托社会团体住所地的登记管理机关、业务主管单位负责委托范围内的监督管理工作。

此外，社会团体必须执行国家规定的财务管理制度，接受财政部门的监督；资产来源属于国家拨款或者社会捐赠、资助的，还应当接受审计机关的监督，税务部门对社会团体纳税状况的监督，人力资源和社会保障部门对社会团体用工情况的监督，财政部门对政府购买社会团体预算经费的监督。

实践中，学术性社团受到业务主管部门、登记管理机关等政府部门的过多干预。虽然这样能够保证学术性社团学术活动的有序规范进行，但是在一定程度上限制了学术性社团的健康持续发展，使得学术性社团在职能定位、组织建设、机构调整、人员甄选等方面都受到了行政权威的限制，学术性社团的学术性价值不能充分体现，科学研究工作者、学者、专家的话语权受到一定限制，学术性社团学术研究、学术探讨和学术交流的积极性、主动性未能有效调动起来。由此可见，政府在对学术性社团的治理问题上需要更加学术化，要在社会主义法治的框架下有效实现学术性社团学术自由、学术自治，创造更加宽松的学术性社团发展环境。

二 学术性社团的内部治理结构

社会团体内部治理结构是指在公共利益和共同利益的作用下，为解决社会团体内部不同权利主体（所有者、管理者）之间的合作、激励和监督等问题，进行相应的权利、义务、权力与利益关系的制度安排。社会团体内部治理结构的核心问题是公共利益和共同利益如何体现在管理权与监督权上，有效履行社会团体的职责，实现社会团体的宗旨。①

从一定意义上来说，章程是社会团体的宪章，是塑造社会团体内部治理结构、确立社会团体内部治理规则的最主要依据。但是，《社会团体登记管理条例》有关社会团体章程的规定并不多，主要规定了社会团体章程应当包括的事项，如名称、住所；宗旨、业务范围和活动地域；会员资格及其权力、义务；民主的组织管理制

---

① 徐家良编著：《社会团体导论》，中国社会出版社 2011 年版，第 134 页。

度，执行机构的产生程序；负责人的条件和产生、罢免的程序；资产管理和使用的原则；章程的修改程序；终止程序和终止后资产的处理等。为了弥补这一缺陷，民政部出台了《社会团体章程示范文本》，对社会团体的章程内容作了更为具体详细的规范。依据《社会团体章程示范文本》，学术性社团应建立权力机构、决策机构、执行机构、监督机构，并明确彼此的职责。目前，中国的学术性社团的内部组织机构通常由会员大会或会员代表大会、理事会、秘书处、监事会等组成。

（一）权力机构

会员大会或会员代表大会是学术性社团的最高权力机构。一般来说，会员大会或会员代表大会的主要职权包括：制定和修改章程；选举和罢免理事和常务理事；审议理事会的工作报告和财务报告；社会团体的工作总体规划、决定终止事宜以及其他重要事宜。学术性社团的规模大小与社团会员人数的多少常常成正比例关系，对于规模较大、地域层级较高的社会团体一般采取会员代表大会。[①] 会员代表大会制度作为一种更加可行的制度安排，被诸多学术性社团认可并接受。会员代表大会代行会员大会的部分职责，在一定意义上提高了学术性社团业务活动开展的效率。[②] 通常情况下，会员代表大会须有2/3以上的会员代表出席方能召开，其决议须经到会会员代表半数以上表决通过方能生效。

例如，中国政治学会的最高权力机构为会员代表大会，由理事会召集。其职权是：制定和修改章程；选举和罢免理事；审议理事会的工作报告和财务报告；制定和修改会费标准；决定名誉会长人选；决定终止事宜；决定其他重大事宜。

会员代表大会每届5年，因特殊情况需提前或延期换届的，须由理事会表决通过，报业务主管单位审查并经社团登记管理机关批准。

---

① 徐家良编著：《社会团体导论》，中国社会出版社2011年版，第135页。
② 李莉：《湖北省社科类社团的历史与现状调查研究》，湖北人民出版社2020年版，第43页。

延期换届最长不超过 1 年。①

(二) 决策机构

理事会是学术性社团的决策机构，也是会员大会或会员代表大会的执行机构，处于社会团体治理结构体系的中枢，在会员大会或会员代表大会闭会期间，领导学术性社团开展日常工作，对会员大会或会员代表大会负责。学术性社团理事会通常可以独立行使社团部分决策权，包括表彰和处分社团成员；审议会员资格；决定副秘书长、各机构主要负责人的选聘；领导社团各机构开展工作；审议社团内部规章制度等。② 学术性社团的理事会代表多元的相关利益主体行使社团法人的权利，既要致力于社团的内部治理，还要关注社团的外部环境，发挥管理、服务、控制和运作职能，强化社团与外部环境的有效互动，并向社会公众展示社团存在的合法性与价值性。③

例如，中国政治学会会员代表大会选举产生理事会。理事会是会员代表大会的执行机构，在闭会期间领导本会开展日常工作，对会员代表大会负责。理事会的职权是：执行会员代表大会的决议；选举和罢免会长、副会长、秘书长、常务理事；筹备召开会员代表大会；向会员代表大会报告工作和财务状况；决定会员的吸收或除名；决定办事机构、分支机构和实体机构的设立、变更和终止；决定副秘书长、各机构主要负责人的聘任；领导本会各机构开展工作；制定内部管理制度；决定聘请顾问人选；决定其他重大事项。理事会须有 2/3 以上理事出席方能召开，其决议须经到会理事 2/3 以上表决通过方能生效。理事会每年至少召开一次会议；情况特殊的，可采用通讯形式召开。中国政治学会设常务理事会。常务理事会须有 2/3 以上常务理事出席方能召开，其决议须经到会常务理事 2/3 以上表决通过方能生

---

① 《中国政治学会章程》，2019 年 11 月 11 日，http://chinaps. cass. cn/xhyzx/zgzzxh_120154/wjzl/201911/t20191111_5032690. shtml，2021 年 12 月 27 日。

② 李莉：《湖北省社科类社团的历史与现状调查研究》，湖北人民出版社 2020 年版，第 44 页。

③ 参见王敏《社会团体内部治理机制研究》，硕士学位论文，山东大学，2011 年。

效。常务理事会至少半年召开一次会议；情况特殊的可采用通讯形式召开。[1]

（三）执行机构

秘书处是学术性社团的常设机构，是学术性社团日常事务的执行机构。秘书处由秘书长领导开展社团日常事务工作，秘书长由理事会选举产生，对理事会负责。秘书长通常收集信息，为理事会的决策献计献策，对促进理事会决策的有效性具有重要价值。从一定意义上讲，社团的秘书长类似于企业或公司治理结构中的总经理，在理事会的领导下开展日常事务，确保社团日常管理工作有序进行。秘书处一般设置综合管理部门、会员部门、信息交流部门等部门。根据实际需要，学术性社团设立秘书长办公室，秘书长办公室由秘书长主持，副秘书长和各部门负责人参加，主要负责贯彻落实学术性社团理事会或常务理事会的决策，确保学术性社团日常管理工作有序开展。[2] 例如，中国政治学会秘书长行使下列职权：主持办事机构开展日常工作，组织实施年度工作计划；协调各分支机构、实体机构开展工作；提名副秘书长以及各办事机构、分支机构、实体机构主要负责人，交理事会或常务理事会决定；决定办事机构、实体机构专职工作人员聘用；主管本会资产；处理其他日常事务。副秘书长协助秘书长工作。

（四）监督机构

监事会是学术性社团内部专门行使监督权力的常设机构，对会员大会或会员代表大会负责，在法律意义上监事会同理事会居于平等地位，是相互独立的行为主体，不具备从属关系。作为学术性社团的权力监督机构，监事会对理事会的领导行为进行监督，并负责审核学术性社团的财务情况。在一般会员无法直接监督和社会监督机制不健全的情况下，监事会可以对理事会和秘书处的行为进行监督。其具体职责是监督会员大会或会员代表大会、理事会、常务理事会的选举，监

---

① 《中国政治学会章程》，2019 年 11 月 11 日，http://chinaps. cass. cn/xhyzx/zgzzxh_120154/wjzl/201911/t20191111_5032690. shtml，2021 年 12 月 27 日。

② 徐家良编著：《社会团体导论》，中国社会出版社 2011 年版，第 138 页。

督理事会和常务理事会执行会员大会的决议，向理事会提出质询和建议，对财务收支情况和会计资料进行检查，[①] 向登记管理机关以及税务、会计部门反映情况，监督理事会、常务理事会遵守法律和章程的情况等。当会长、副会长、常务理事、理事和秘书长等管理人员的行为损害学术性社团的利益时，监事会会要求其予以纠正，必要时还要向会员大会，或会员代表大会或登记管理机关报告。[②]

从权力机构、决策机构、执行机构、监督机构的关系来看，中国学术性社团的内部治理结构可以分为六类。第一，政府参与治理主导型结构。政府主导具体体现在理事会主要领导的组成、秘书长人选的确定和财政资金的支持方面。这种社团的工作人员仿照政府公务员的标准享受类似的待遇。第二，分散治理，无主导型结构。由中国科学技术协会业务主管的学会、协会、研究会共 200 个，按照理、工、农、医和交叉学科分类，全国学会分支机构约有 3400 个，会员 500 余万人。简单计算，平均每一个全国学会有分支机构 17 个。这样一个庞大复杂的科技工作者团体有四个突出特点：一是多学科；二是多头挂靠；三是多分支结构；四是学会管理机构相对松散。第三，秘书长治理主导型结构。大多数情况下，秘书长治理主导型出现在较大规模和历史较为悠久的科技社团中。秘书长通过得到不同利益攸关者的信息，由提出建议而形成决策。第四，理事长治理主导型结构。理事长主导型一般出现在较小规模、成立时间较短、以志愿性质为导向的社团。理事长在实际管理和控制体系中充当决策者的角色。第五，职员治理主导型结构。通常教授出现于专业性官僚体系中，在医疗、理工、管理、跨学科类社团中较为明显。第六，集体治理主导型结构。在实际管理和控制体系中，无论理事长、理事、秘书长、内外部志愿者和服务受益者、捐赠者都有可能作为治理结构的一员，形成共同一

---

① 李莉：《湖北省社科类社团的历史与现状调查研究》，湖北人民出版社 2020 年版，第 46 页。

② 徐家良编著：《社会团体导论》，中国社会出版社 2011 年版，第 139—140 页。

致的意见而实现共同决策。①

三　学术性社团的制度建设

制度是在一定历史条件下形成的政治、经济、文化、社会和生态等方面的规范体系，即人们共同遵守的"游戏"规则或行为准则，规范个体行动的一种社会体制机制。这些规则或体制机制蕴含着社会价值，几乎都会带有价值判断的色彩。制度是一种人们有目的建构的规则安排，规范、影响和约束人们或组织及其内部成员的行为。持续完善的制度体系能够有效约束学术性社团行为，规范学术性社团的运作，对学术性社团的持续健康发展发挥着积极的推动作用。从形式上来看，中国学术性社团有着比较严格的管理制度，例如，重大事项公示制度、民主议事制度、财务管理制度、年检制度、会员权益保障制度、档案管理制度、监督制度等。

（一）重大事项公示制度

重大事项公示制度是指学术性社团将内部重要决策和直接关系到工作人员、会员以及利益相关者的活动内容进行公开的办事规则，是宪法赋予公民的知情权得以实现的体现与制度保障。学术性社团工作人员、会员以及利益相关者有权知悉社团的相关信息，维护社团及其成员、会员以及利益相关者合法的、正当的权益。重大事项公示制度有利于社团工作人员、会员以及利益相关者知情权的实现，真正体现了民主、公开、平等的精神。这就要求学术性社团的权力机构、决策机构、执行机构和监督机构公示社团重大的活动事项。学术性社团通常采取事前公示、事中公示、事后公示三种方式向社团工作人员、会员、利益相关者和社会公示。其中，学术性社团日常运作情况，例如，人事任免、财务状况、捐赠状况、活动进展等需向社团工作人员、会员、利益相关者公示；社团整体基本信息，例如，业务主管单位、登记账号、法定代表人、社团章程、银行账号、社团的成立时间

---

① 王名等：《社会组织与社会治理》，社会科学文献出版社 2014 年版，第 225—226 页。

等需向社会公开。

（二）民主议事制度

民主议事是学术性社团最根本的组织原则，民主议事制度是推动学术性社团民主管理、自我管理、科学合理决策、持续健康发展的重要保障。学术性社团的民主议事主要体现在社团各项工作采取会议形式讨论协商，并经由社团成员集体讨论决定。学术性社团活动的重大事项提交社团会员大会或会员代表大会集体表决，日常性的事务工作通常由社团理事会投票决定。

（三）财务管理制度

《社会团体登记管理条例》规定，社会团体必须执行国家规定的财务管理制度，接受财政部门的监督；资产来源属于国家拨款或者社会捐赠、资助的，还应当接受审计机关的监督。社会团体在换届或者更换法定代表人之前，登记管理机关、业务主管单位应当组织对其进行财务审计。学术性社团财务部门需要按照民间非营利组织会计制度的规定，做好账务工作，遵守会计和出纳分开的原则，会计不得兼任出纳，会计和出纳各负其责，各司其职。建立财务公开制度，是指将学术性社团资金运作、财务管理等情况向社团成员和社会公开。财务管理制度对规范学术性社团收支行为，加强社团成员对财务活动的监督，提高社团财务管理透明度，赢得政府、企业、社会公众以及利益相关者的支持和合作，保障社团持续健康发展具有重要意义。

（四）年检制度

为了加强对社会团体的管理，依据《社会团体登记管理条例》《社会团体年度检查暂行办法》，核准登记的社会团体必须接受登记管理机关的年度检查。学术性社团每年都要参加年检。《社会团体年度检查暂行办法》规定，年检的内容包括：执行法律法规和有关政策情况；开展业务活动情况；开展经营活动情况；财务管理和经费收支情况；办事机构和分支机构设置情况；负责人变化情况；在编及聘用工作人员情况；其他有关情况。社团年检的程序是：登记管理机关发出有关年检公告或通知；社团在规定的时间里领取《社会团体年检报告书》；社团按要求准备材料并经业务主管部门审查后，报送登记管理机关；登记管理机关按本办法第五条规定的年检内容进行检查并审核有关材料；登记管理机关做出年检结论。从以上内容可以看出，年检已经成为对学术性社团过程监管的最主要工具，并形成了一套相对固定的操作流程，在一定程度上有效约束和规范了学术性社团的学术公共服务行为。

四 学术性社团的人力资源

学术性社团是联系不同学科领域科学研究者、学者、专家的纽带，能够吸引众多自然科学和社会科学研究者加入到学术研究创新中，起到凝聚不同学科学术研究者的功能。例如，H 省行政管理学会就集中了 H 省人力资源和社会保障系统以及 H 省内的诸多高校、科研机构管理学、社会学等领域的学者、专家，借助雄厚的人才资源推进 H 省公共管理研究。这种凝聚功能的发挥主要有三种途径。[①] 首先，学术性社团为学术研究领域的专家学者提供了一个学术研究、学术探讨和学术交流的平台。自然科学和社会科学的研究者基于个人意志加入学术性社团，并参与各种学术研究活动，将各自的研究成果进行展示，在成果展示与分享的过程中，激发各种专业学术人才学术研究的主动性、积极性和创造性。这样，为自然科学和社会科学的持续发展提供了坚实的基础。科学研究者展示研究成果的过程，也是交流其学术观点、进行科学知识创新的过程。通过开展多种形式的学术活动，可以将更多志向相同、兴趣一致的科学研究者聚集起来，为学术性社团进行学术研究夯实坚实的人力资源基础。

其次，从事自然科学和社会科学的研究者充分利用学术性社团平台进行学术研究、学术探讨和学术交流，能够凭借"结社"的组织形式优势，有效整合前沿性的学术资源，吸纳不同学科领域学术研究

---

① 参见李莉《湖北省社科类社团的历史与现状调查研究》，湖北人民出版社 2020 年版，第 47 页。

的精华，整合和创新学科理论，推动科学理论向前发展。通过学术性社团展示和交流学术成果，获得社会广泛认同，扩大自然科学和社会科学研究者学术研究的影响范围，从而加强科学研究者对学术性社团的归属感。与此同时，以科学理论研究成果指导社会生产和管理实践，主动参与到中国特色社会主义现代化建设中，推动经济社会持续健康发展。

最后，学术性社团开展学术评优、政策咨询等活动，为自然科学和社会科学研究者获取学科前沿性理论观点，以及预测学科前瞻性发展趋势，进而为科学研究者提高学术研究能力搭建平台。学术评优既是对学术研究者学术成果的肯定，又是对学术研究者能力的认可。评奖评优作为一种有效的激励工具，可以充分激发学术研究者的研究积极性，并增强学术研究者对学术性社团的认同感。政策咨询活动将理论性的学术研究成果社会化，将其直接应用到社会生产和管理实践发展中，为政治、经济、社会、文化、生态发展提供动力。

五　学术性社团治理的典型案例

（一）H省行政管理学会的治理现状

H省行政管理学会成立于1988年，是中国行政科学研究团队成立较早的学会之一。学会系正处级建制单位，隶属于H省人力资源和社会保障厅，由H省民政厅批准备案，并接受H省民政厅的业务指导和监督管理。H省行政管理学会没有专项编制名额，由H省人力资源和社会保障厅任命1名秘书长，学会的其他工作人员来自H省人力资源和社会保障厅行政科学研究所。学会主要由会员代表大会、理事会、常务理事会等组成。学会的最高权力机关是会员代表大会，理事会是会员代表大会的执行机构，在闭会期间领导本学会开展日常工作，对会员代表大会负责。常务理事会由理事会选举产生。

H省行政管理学会是在民政部门登记的具有独立法人资格的社团，由秘书处负责日常管理工作，经费主要来源于会费、政府资助、社会赞助等。H省人力资源和社会保障厅任命1名正处级干部担任秘书长，行政科学研究所 1 名干部兼职负责秘书处工作。学会经费主要来源是会费和科研项目经费。学会建立严格的财务管理制度，委托会计事务所进行账务管理，行政管理科学研究所 1 名工作人员兼职学会出纳，并代为负责财务管理。学会专职工作人员的薪酬和保险、福利待遇，参照国家对事业单位的有关规定执行。学会的资产管理严格执行国家财务管理制度，接受会员代表大会和财政部门的监督。学会的职能业务主要有三个方面：一是理论研究。总结行政管理经验，研究行政管理的现实问题，发挥咨询参谋的作用。二是学术交流。跟踪行政管理发展动态，探索行政管理科学体系，开展学术研究交流活动，提升行政管理学科发展水平。三是咨询宣传。搭建行政管理沟通交流平台，为各级各类行政管理主体提供咨询服务，加强行政管理科学知识的宣传教育，提高广大行政管理工作者的能力素质。

H 省行政管理学会归 H 省人力资源和社会保障厅主管，主要致力于团结组织 H 省行政管理科学研究工作者、理论工作者、实际工作者和其他相关学术组织，开展公共行政管理科学研究，促进公共行政管理改革，发展公共行政管理科学，为政府改进公共治理和公共服务提供决策咨询服务。学会成立后，H 省委原常委、省政府原副省长曾长期兼任学会会长。第二届学会会长系 H 省人大原副主任、省政府原副省长。2020 年 7 月，经 H 省人力资源和社会保障厅党组推荐，H 省委组织部批准，H 省人大法制委原副主任委员，H 省人力资源和社会保障厅原副厅长、党组原副书记任 H 省行政管理学会第三届会长。

近年来，H 省行政管理学会先后组建了 H 省人力资源开发研究会等 3 个分支机构。H 省人力资源开发研究会是主要研究人才政策和理论的公益性学术社团，成立于 2017 年 11 月，接受业务主管单位 H 省人力资源和社会保障厅的业务指导以及登记管理机关 H 省民政厅的监督管理。该研究会以新型智库建设为中心，采取理论与实践相结合、课题研究与成果转化相结合、人才储备与人才孵化相结合的“双轮驱动”工作方针，充分发挥“会员库”和“英才库”两大人才智库资源优势，组织发动政策制定者、理论研究者、社会实践者共同参与献智献策，共同开展重大课题研究、重点理论学术交流、重要科研成果评审活动，共同普及宣传公共政策和科学知识，承接政府职能转移之第三方社会组织评价工作，推动英才智库成果转化，推动"双创"人才无障碍孵化，推动 H 省经济社会高质量发展。H 省人力资源开发研究会致力于提高 H 省人力资源开发水平，推动人力资源开发理论和实践建设，加强人力资源教学研究和培训交流，对人力资源政策设计与解读，开展人力资源课程培训、学术交流、管理咨询、课题研究等，提供成果评价、成果转化、人才测评技术咨询等服务。H 省内的一所学院院长、H 省行政管理学会秘书长分别兼任研究会理事长、会长，研究会拥有各级行政机关、省管高校、企业等会员单位 138 个，个人会员 400 余人，其中，高级职称专家教授 146 人，博士 105 人。会员分属在 H 省内 71 所高校、55 个行政事业部门人事处、20 个 NGO 秘书处及部分人力资源服务业，均具有丰富的人力资源服务相关经验，擅长为不同企业提供整体人力资源解决方案，精准解决企事业单位劳动法律难题。据 H 省人力资源开发研究会秘书长介绍，该研究会充分依托省内高校雄厚的教育和智力资源以及借助于国内外同仁的力量进行教学科研与咨询服务，以专业之长服务于高校，服务于社会，具有最新的科学管理理念、精诚团结的研究团队、深厚的历史文化积淀基础、丰富的项目研究与教学经历、跨院校跨单位大兵团项目研究文化，推动高校、产业、政府、协会的高度合作，致力于领导人才开发的理论与实践研究。

（二）J 省行政管理学会的治理现状

J 省行政管理学会是 1988 年 12 月成立的正处级建制全供事业单位，隶属于 J 省政府办公厅，编制 7—8 名。学会设有办公室，学会办公室同时作为省政府办公厅的处级单位，处理学会日常事务。

J 省行政管理学会每年杂志经费 10 万元，由省政府办公厅统一管理。学会与 J 省政府办公厅一体化运转，没有独立财务账户。主要业务有四项。一是承担《××管理》的编撰任务。《××管理》由 J 省人民政府办公厅主管、J 省行政管理学会主办、J 省行政管理学会办公室编辑出版,主编由 J 省行政管理学会秘书长担任。作为连续性的内部资料出版物,《××管理》发放途径为免费赠阅。二是承担 J 省行政管理领域科研成果评选工作。J 省行政管理学会研究课题分为计划课题和委托(交办)课题两类。计划课题是指学会办公室根据政府工作重点,每年年初提出课题立项意见,在广泛征求意见的基础上,报会长办公室批准确定实施的课题。委托(交办)课题主要是指有关领导、国家行政管理学会交办的课题,也包括有关单位委托研究的课题以及学会申请省科技厅、省社科规划办等部门批准立项的课题。计划课题每年 4 月份通过学会文件一次性发布,委托(交办)课题随时发布。课题成果主要以研究报告为主,完成时限一般为 6 个月,最长不超过 1 年。课题的承办原则上采取公开招标的方式进行,个别重要研究课题和属于不宜公开招标的课题,学会办公室采取委托的方式,经分管领导批准后,单独立项。学会办公室将成果择优在学会网站上发表或在《××管理》上刊登,同时推荐给《中国行政管理》及有关报纸刊登。学会办公室将每年的研究成果汇编成册作为年度理论专刊,发送给学会理事、会员以及有关领导和部门在工作中作为参考。三是编制辅政建言专报。收录一定时期内公共管理与服务领域的重点、热点建言、相关地区最新政策动态、专家前沿理论等供领导和会员参阅。四是建立网上公共管理课堂。收录公共管理与服务领域的管理感悟、前沿理论及理论变迁、精品课程等,供会员参考和学习。

J 省行政管理学会于 1988 年、1993 年、1998 年、2003 年进行了四次筹备换届工作。2003 年,召开了第四次会员代表大会,进行了到目前为止最后一次换届工作。会议选举产生了 J 省行政管理学会第四届理事会及领导成员。会长由 J 省政府原常务副省长、J 省政协常务副主席兼任。10 位副会长由正厅级干部、高校公共管理学院院长担任。学会设常务理事 69 人,理事 91 人,主要包括省直各部门负责人,省内高校、科研院校、大中型企业主要负责人以及全省从事公共管理领域科研工作的专家学者。2003 年至今,J 省行政管理学会换届工作处于停滞状态。

（三）G省行政管理学会的治理现状

G省行政管理学会是成立于1988年的正处级建制单位，有2个专项编制名额，隶属于G省政府办公厅，业务主管单位为省社科联，并由G省社会组织管理局批准备案。G省行政管理学会由G省政府公报室具体行使学会职能。2009年，省政府公报室并入省政府办公厅信息公开办。

G省行政管理学会每年财政预算经费30万元，由省政府办公厅统一管理。G省行政管理学会与省政府办公厅一体化运转，没有独立的财务账户。主要业务有四项。一是开展公共管理领域课题研究。学会立足于G省实际，围绕省领导关注的重点、群众关心的热点和实际工作中遇到的难点进行选题立项。通过课题委托、公开招标等方式，整合省内外行政管理专家学者的研究资源，形成一批应用性、指导性强的研究报告。二是积极促进优秀成果转化。学会通过学术交流、出版书籍、编印简报等方式，转化课题成果，为政府提供决策服务。学会与省内的高等院校、党校（行政学院）等院校共同举办专题研讨会，召开学会年会，邀请专家学者为政府决策出谋划策。三是建立学会专家智库。为促进高校、科研院所、党政机关之间的联系和协作，充分发挥学会人才优势，构建了G省行政管理专家智库，G省行政管理学会通过专家座谈、培训交流、政策解读等多种形式，更好地为G省政府办公厅提供决策咨询服务。四是加强学会自身建设。G省行政管理学会加强制度建设，积极推动市、县（市、区）开展行政管理研究，构建省、市、县三级学会网络体系。目前，G省的Y市等8个市成立了市级行政管理学会，G省的部分县（市、区）成立了县（市、区）行政管理学会。

G省行政管理学会于1988年、1997年、2008年、2013年进行了四次筹备换届工作。2013年，G省行政管理学会召开了第四次会员代表大会，进行了换届工作。会议选举产生了G省行政管理学会第四届理事会及领导成员。名誉会长由G省委常委、G省政府常务副省长担任，会长由 G 省政府副秘书长、办公厅主任担任，常务副会长由 G 省政府副秘书长担任。学会理事及会员构成由省政府分管领导，省政府各有关委、办、厅、局领导及工作人员，行政管理学学界、理论界人士组成。常务理事 35 人，理事 105 人，会员 251 人。

（四）S 省行政管理学会的治理现状

S 省行政管理学会是成立于 1987 年的正处级建制全供事业单位，隶属于 S 省人力资源和社会保障厅，业务主管部门为省社科联，并由省社会组织管理局批准备案。编制 6 名，其中管理人员编制 3 名，专业技术人员编制 3 名，学会下设三个科，即综合科、科研科和外联科。

S 省行政管理学会每年财政预算经费为 60 万元，其中，科研经费 30 万元。主要业务有四项。一是承担《××年鉴》的编撰任务。由 S 省人力资源和社会保障厅机关处室、厅属各单位提供素材，厅年鉴编委会编辑出版。二是承担 S 省公共管理领域科研成果评选工作。以省人力资源和社会保障厅、省行政管理学会的名义联合行文，每两年举行 1 次 S 省公共管理领域科研成果评奖。对 3 年内在公共管理领域公开发表的论文、公开出版的著作、经权威部门鉴定的科研报告及调研报告进行集中评审，纳入职称成果范围。三是承担省委省政府及省人力资源和社会保障厅有关科研项目的课题。对人力资源和社会保障厅科研课题进行规范管理，面向全厅统一开展重点科研课题组织征集和对外发布招标，组织召开人力资源和社会保障重点科研项目开题会议、中期检查会议和结题验收会议，组织厅科研工作领导小组专家对其结题报告进行逐一点评，并提出要求和意见。四是编印内部资料《××研讨》。收录一定时期内公共管理领域的重点政策、相关省市最新动态、专家前沿理论等，供会员及领导参阅。

S 省行政管理学会从 2002 年召开第二次会员代表大会以来，由于种种原因，虽多次筹备换届工作，但直到 2015 年 9 月，才按照 S 省纪委关于清理行业协会、商会的有关规定，召开了第三次会员代表大会，进行了换届工作。会议选举产生了 S 省行政管理学会第三届理事会及领导成员。按照 S 省纪委关于行业协会、商会只允许 1 名处级以上干部兼职的规定，会长由 S 省人力资源和社会保障科学研究所所长（正处级）担任，副会长由来自不同高校的公共管理学院院长担任。省人力资源和社会保障厅厅长、分管副厅长以及两位高校副校长担任理事会顾问。学会设常务理事 10 人，理事 51 人，主要包括省直各部门负责人，人力资源和社会保障部门主要负责人，省内高校、科研院所、大中型企业主要负责人以及全省从事公共管理领域科研工作的专家学者。组建省辖市行政管理学会分会 2 个，县级联系点 3 个。

（五）A 市行政管理学会的治理现状

A 市行政管理学会成立于 1986 年，隶属于 A 市机构编制委员会办公室（秘书处设在市编办），系 A 市社科联的团体会员，同时也是中国行政管理学会的团体会员。A 市行政管理学会没有设立二级学会。

A 市行政管理学会每年财政预算经费为 30 万元，没有设立独立的财务账户。主要业务有四项。一是承担《××研究》的编撰任务。《××研究》属于季刊，由 A 市机构编制委员会办公室、市行政管理学会、市编制管理学会主办。该期刊馆藏于国家图书馆、A 市图书馆。二是开展行政管理课题研究。学会依托 A 市高校，整合市内外行政管理专家学者的学术研究资源，形成一批应用性、指导性强的研究课题成果。三是积极促进优秀成果转化。学会通过学术交流、出版书籍等方式，转化为课题成果，为政府决策提供参谋咨询。学会还与 A 市编制管理学会等社会团体、相关高等院校共同举办专题研讨会，一个季度开展一项学术交流活动，邀请专家学者为政府决策出谋划策，将学术性成果应用于实际行政管理与服务。四是开展行政管理培训工作。A 市行政管理学会积极从事行政管理学术研究，同时，加强 A 市行政管理理论学习研究，普及有关行政管理方面的知识，开展行政管理领域的相关培训。

A 市行政管理学会在 1986 年至 2014 年间进行了六次换届工作。2014 年，A 市行政管理学会召开了第六次会员代表大会，进行了换届工作，会议选举产生了 A 市行政管理学会第六届理事会及领导成员。会长由 A 市副市长担任，常务副会长由 A 市市委组织部副部长、市编办主任担任，7 名副会长由来自 A 市高校的公共管理学院院长、教授担任。学会理事及会员由市政府分管领导，各县、区人民政府领导及工作人员，市各有关委、办、局领导及工作人员，行政管理学学界、理论界人士组成。

第二节 中国学术性社团治理存在的问题

随着中国特色社会主义现代化建设事业的健康持续发展，学术性社团亦得以快速发展，在政治、经济、科技、文化、社会和生态文明发展过程中的作用越来越显著。但随着经济体制、科技体制和社会体制改革的日益深化，学术性社团也面临着严峻的问题，存在诸多亟须解决的治理问题。

一 学术性社团的党建工作开展不足，政府与学术性社团的关系不科学

（一）学术性社团的党建工作开展不足

在学术性社团中开展党建工作，对于引导和保障学术性社团的正确发展方向，推动学术性社团更好地参与社会治理，激发自然科学研究者、社会科学研究者在中国特色社会主义现代化建设中发挥正能量具有重要的价值和功能。与学术性社团较快发展相一致的是，党和政府对于在学术性社团中建立党组织非常重视。中共中央组织部早在2000 年 7 月就印发了《关于加强社会团体党的建设工作的意见的通知》，对在社会团体中开展党建工作做出了规定。党的十六大向全党提出了加大在社会团体中建立党组织工作力度的明确要求，首次将社会团体列为应重点加强党的基层组织建设的基层单位。但目前中国学术性社团党建工作仍比较薄弱，学术性社团党组织功能的发挥尚不充分，学术性社团党组织领导、党组织成员的政治思想认识、党建创新

意识有待加强，学术性社团党组织运作机制还不够健全。简而言之，学术性社团的党建工作滞后于学术性社团自身的学术发展需要，学术性社团的党建工作仍任重而道远。2018 年 7 月，习近平总书记在全国组织工作会议上发表重要讲话，指出"社会组织特别是各种学会、协会的党建工作，大多没有真正破题"①。

登记管理机关在学术性社团党建方面给予的引导、扶持和培育有限。《社会团体登记管理条例》主要从会员和单位会员数量、规范的名称和相应的组织机构、固定的住所、资产和经费来源、专职工作人员和是否具有独立承担民事责任的能力等方面对社团的成立条件做出明确规定，强调的管理重点是社团的活动要符合法律、法规的规定，在各自章程文本范围内开展活动，而对社团是否开展党建工作没有具体明确的规定和要求。由于学术性社团本身独特的学术性，通常来讲，比较注重学科专业的学术研究、学术探讨和学术交流等学术活动，而对社团开展党建工作认识和重视程度不够。另外，学术性社团实行以章程文本为核心的会员制度，实行比较"松散型"的管理模式，而且学术性社团的会员大多数是兼职的，各社团会员中的党员党组织关系都在各自的工作单位，党组织生活通常在各自工作的单位开展。这易导致学术性社团忽视党建工作，缺乏探索党建工作开展的主动性。学术性社团党建中存在的种种问题，如党组织的政治核心作用与学术性社团的独立性不能做到很好的统一、学术性社团中党员不能很好发挥先锋模范作用、学术性社团开展党组织活动的配套制度缺乏等，都与学术性社团对党建工作重视不够有关。②

（二）政府与学术性社团的关系不科学

1. 学术性社团行政化色彩浓厚

学术性社团的功能旨在学术研究、学术探讨、学术交流、普及科学知识、培养学术人才、促进学术发展和学术繁荣、推动科技创新和

---

① 习近平：《在全国组织工作会议上的讲话》，人民出版社 2018 年版，第 13 页。
② 陈壮钦：《地市级学术性社团党建工作存在的问题、机遇及思考——以汕头市科协主管学术性社团为例》，《学会》2013 年第 9 期。

经济社会的可持续发展，同时满足学术性社团成员提高学术水平和获得专业研究领域同行认可的需要。因此，学术性社团应当"自下而上"自发生成，政府和学术性社团之间应当是监督、指导、合作和竞争的关系，而非行政隶属关系。学术性社团应树立自治、自律和自我管理意识，开展有序竞争，促进自身发展。然而，现实中的政府与学术性社团的关系并不完全符合这一要求。

中国诸多学术性社团是在计划经济向市场经济转变的条件下由政府部门倡导成立的或从政府部门中分离出来的，从成立伊始就与政府部门存在着千丝万缕的联系。"自上而下"形成的学术性社团往往难以摆脱业务主管部门的行政管控，往往与之形成"两块牌子，一个实体"的局面。业务主管部门基于计划经济体制下的"总体性社会"思维，基于政府管理的需要，而非学术性社团从事学术研究、学术探讨、学术交流、科学普及等学术发展与服务的需要，开展各自监管活动，加剧了学术性社团的"二政府"倾向。

长期以来，学术性社团处于政府选择的管理范式之下。政府选择是指学术性社团的成立、活动和注销过程完全由政府主管部门决定。①不少学术性社团的管理体制、管理机制、目标定位、运作方式、人员构成等都具有明显的政府选择特征，在章程制定、日常管理、人事任命、经费收支、监督激励等方面缺乏相应的自主权和决策权。例如，在人事权方面，政府部门通过直接任命、推荐学术性社团会长秘书长等方式，实现对学术性社团人事权的控制，而会员通过会员大会或会员代表大会选举理事会、常务理事会、会长、秘书长的过程常常是流于形式。在这种情况下，学术性社团官办色彩较强，自治性、自主性、自律性和竞争性比较弱，创新能力有限，容易受会长、秘书长个人能力和素质的影响。

目前，一些学术性社团治理理念滞后，组织使命不清晰、社会定

---

① 王名、刘国翰、何建宇：《中国社团改革——从政府选择到社会选择》，社会科学文献出版社 2001 年版，第 64 页。

位不准确。它们对社团的法人地位认识不够，在运作中行政命令的方式占主导地位，并且过于依赖行政权力。

一些学术性社团缺乏公共服务理念、公共精神和责任感。美国独立部门（由全美非营利组织和主要基金会共同组成）的一项调查显示，要成为卓越的非营利组织，首要条件就是要有清楚的使命感，以便上至董事会下至全体员工都能据此凝聚共识，全力投入。清楚的使命感是构建长期性策略的基础，它能为机构成员指引工作的方向，使整个机构能形成一体，朝共同目标前进，这可以说是组织成长的源动力。① 中国的一些学术性社团并不是基于学术公益服务、学术使命感、社会责任感理念而成立，社团成员也不是基于这样的价值理念而加入，更多的是将学术性社团作为安排相应职位、谋取相应利益的一种工具。在这种情况下，一些学术性社团官僚般"机械化"运行，片面地围绕挂靠部门开展工作，缺乏明确的学术公益服务战略规划，没有真正体现和发挥学术性社团应有的学术研究、学术探讨、学术交流、教育培训、科学普及和产学研连接的服务价值与功能。

学术性社团真正实现民间化任重而道远

当前虽有一批学术性社团已经建立自立、自强、自律的体制和机制，但仍有一批办事机构挂靠在政府行政机关的团体存在较浓的"官办"色彩，以"正局级事业单位"这种混淆办事机构与学术性团体性质的说法自诩，与《社会团体登记管理条例》规定的民间组织含义相距十分遥远。

学术性社团何以远离"民间化"

从历史上来看，无论世界各国还是中国，学术性社团的产生和兴起都遵循着同一个规律，就是就职于不同性质、不同名称工作单位的

---

① ［美］詹姆斯·P. 盖拉特：《21 世纪非营利组织管理》，邓国胜等译，中国人民大学出版社 2003 年版，第 9 页。

同一学科、专业或行业的科技工作者，出于相互切磋学术问题、提高自身学术水平的需要而自愿结社。正是基于这种与学术有关的共同意愿和结社宗旨，所以这种类型的社会团体就被冠名为学术性社团。从这里，可以归纳出学术性社团本来意义（或初始意义）上的两个功能：第一个是面向社会的，即繁荣学术，推动学科发展、原始性创新和社会文明进步；第二个是面向会员的，即满足会员提高学术水平和业务能力，以及希望自己的学术水平得到同行认可的需要。两者联系紧密，不可分割。

在学术性社团与社会之间，前者不仅繁荣了科学文化，一些与应用研究学科、技术开发专业以至生产行业相对应的学术团体，还致力于将学术交流延伸到产业技术和生产领域，将科技成果转化为现实生产力；更多的学术性社团尝试面向社会开展科技中介服务，或向公众普及本学科、专业和行业的科学技术知识；同时，各国的学术性社团还日益频繁地相互交往，使学术交流扩展到了国际层面，科学共同体具有了全球意义。

中国近代自然科学社会团体兴起于19世纪末期。在旧中国艰难困苦的条件下，科学家们怀着"科学救国"的理想，自主地创办了一批学术性社团。通过开展国内、国际学术交流，科学技术普及，科技咨询、中介服务，以及面向会员和科技人员的继续教育、职业培训、表彰奖励等大量工作和活动，学术性社团在促进科技、经济、社会发展和满足会员需要两个方面都发挥了积极和不可替代的作用，做出了具有团体特色的贡献。

但是，当前中国学术性社团在改革和发展中还存在着一些问题。首先是体制、机制改革滞后于社会，尚需进行决定性的攻坚。可以说，相对于运行机制和活动方式的改革而言，学术性社团的体制改革，尤其是个人会员体制改革更是薄弱环节。这个根本问题如果得不到解决，学术性社团即使承担更多的社会职能，拥有更多的精品项目和更强的经济实力，也只不过是一个办得成功的社会中介组织或民办非企业单位，而不是真正意义上的社会团体。

正因为如此，学术性社团真正实现民间化任重而道远。当前虽有一批学术性社团已经建立了自立、自强、自律的体制和机制，但仍有一批办事机构挂靠在政府行政机关的团体存在较浓的"官办"色彩，以"正局级事业单位"这种混淆办事机构与学术性团体性质的说法自诩，与《社会团体登记管理条例》规定的民间组织含义相距十分遥远。

也许这样的局面跟学术性社团外部环境缺乏竞争有关。现行法规对已获登记批准的学术性社团赋予了在相关行政区域内的垄断地位和唯一排他性。只要这个团体没有触犯法律而被撤销登记，那么不管它如何不思改革进取，也没有人能够申请成立业务范围相同的另一个团体来与之竞争，使其消亡。这种体制性障碍是不利于学术性社团健康发展的。

扶植非营利性社会组织发展的法规政策体系的缺乏也是阻碍此类社团发展的原因之一。中国已在国务院于1998年颁布的《社会团体登记管理条例》和《民办非企业单位登记管理暂行条例》两部行政性法规中明确提出和采用了"非营利性"和"非营利性社会组织"的概念，可是六年以来并没有建立相关的扶植、鼓励非营利性社会组织发展的法规政策体系，特别是减免税赋和鼓励捐赠的法规政策。中国的非营利性社会组织（社会团体和民办非企业单位）与事业单位相比，虽然同样担负着发展教育、科学、文化、卫生等公益性事业，发展社会中介服务和维护社会公平正义的责任，但是却得不到财政（国有资产）的经费支持；与营利性企业相比，遵循的是同样的营业、所得税种和税率，却不准将经营收入扣除支出后的剩余用于成员的福利，而必须用于事业发展。这种"又要马儿跑，又要马儿不吃草"的理念和政策，既不利于非营利性组织的发展，也是与国际惯例相悖的。[1]

---

① 资料来源：http://news.sina.com.cn/c/2005-05-11/17086613711.shtml。

2. 政府监管和支持力度不够

中华人民共和国国务院颁布的《社会团体登记管理条例》（2016年修订）明确提出了"非营利性社会组织"的概念，但是一直以来并没有制定相应的配套政策体系来鼓励非营利性社会组织的发展，特别是减免税赋和鼓励捐赠的配套政策体系。学术性社团与体制内财政供养的高等院校、科研机构等事业单位相比，同样承担着学术研究、学术繁荣、教育培训、科学发展等公益性事业的责任，却难以得到政府部门制度化的财政经费支持；与国有企业或民营企业相比，有几乎同样的税收制度规制，但学术性社团开展章程规定的活动按照国家有关规定所取得的合法收入，必须用于章程规定的业务活动，并不得在社团成员中进行利润分配，而必须用于发展社会公益性事业。这不利于充分发挥学术性社团工作人员的工作创新性、主动性和积极性，亦不利于学术性社团的持续健康发展。

学术性社团的财务经费不依赖社会捐赠，而对会员单位的会费有着较强的依附性。学术性社团会费为自愿缴纳，会员会费缴纳体现为非强制性和自愿性，因而学术性社团可支配资金具有极强的不稳定性，社团的资金很难达到最优配置状态。从《社会团体登记管理条例》的相关规定可以看出，学术性社团是具有法人资格的社会团体，有独立承担民事责任的能力。然而，许多学术性社团由于配套政策的不到位并不愿意主动开展法律允许范围内的经营性活动。

健全的监管体系是学术性社团良性运行的基础。但目前中国学术性社团缺乏完善的、系统化的监管体系。首先，双重管理体制具有明显的局限性。一是业务主管单位在对学术性社团的审查中只注重程序和形式，实质性审查力度不够。业务主管单位对学术性社团"重程序、轻实质"而缺乏系统整体设计的监管审查使业务主管单位履行监管职责"缥缈虚无"，导致一些学术性社团宗旨意识不强，法治意识比较淡薄，没有完全按照法律、法规、规章制度办事。二是业务主管单位与登记管理机关之间缺乏必要的沟通和协调，造成"多头管理"，甚至出现推诿扯皮现象，进而导致二者在如何制定学术性社团管理政策上摇摆不定、在如何执行学术性社团管理政策上存在认知偏差。三是业务主管单位与登记管理机关注重事前审批而忽视事后监督。由于时间、精力和体制等方面的原因，业务主管单位和登记管理机关都无法对学术性社团的活动给予全程监督，通常选择事后审查的办法，如通过年度检查的办法，使学术性社团事后接受相应的管理。年度检查的初衷是让业务主管单位和登记管理机关了解学术性社团的各种情况，发现问题。但由于学术性社团的数量多，开展的学术研究、学术探讨和学术交流等学术公益服务事务多，政府部门的管理人员通常疲于年度检查材料的形式审查，导致年度检查往往演变成"走过场"。年度检查属于事后监督，对学术性社团的前置性监督、预防性监督实质上比较弱。特别是，学术性社团合法成立后，业务主管机关对学术性社团内部制度的制定和执行、日常学术服务活动的开展重视不够，"以点代面"的监管方式影响着学术性社团的持续健康发展。其次，学术性社团治理的法律架构体系不完善。截至目前，对学术性社团的管理主要依据国务院颁布的《社会团体登记管理条例》，缺乏直接、专门针对学术性社团的法律框架体系。对于学术性社团治理，这一条例显得过于抽象、宽泛、宏观，导致学术性社团运作中的具体事项缺乏明晰的依据。而且，《社会团体登记管理条例》的内容相对滞后，无法有效满足新时代学术性社团发展的需要。最后，政府运用社会监督的能力较弱。学术性社团的社会监督是指通过来自社会的力量实现对学术性社团的有效约束、监督，主要包括公众监督、新闻舆论监督和第三方机构监督。尽管相关法律规定公众具有广泛的社会监督权，但由于传统保守的思想观念、信息不对称等诸多原因，目前公众参与监督学术性社团的积极性不高，参与的有效性不足，仍处于"有限"参与阶段。新闻媒体被誉为介于立法权、行政权、司法权之后的"第四种权力"，影响力越来越具有渗透性。但目前新闻媒体对学术性社团并不十分关注，认为对学术性社团的监管属于政府部门的事情，缺乏参与监督的意愿。第三方机构力量比较薄弱，对学术性社团进行严格的监督和评估的有效性不足。这说明，政府要积极创造条件，发挥公众、新闻舆论和第三方机构之于学术性社团监督的作用，形成监督合力。但是，当前政府对社会监督的潜能显然开发不足，在某种程度上仍处于"单打独斗"的境地。

二 学术性社团内部治理体系不完善，绩效问责机制不健全

（一）学术性社团内部治理体系不完善

一些学术性社团财务资源、人力资源来源于政府，导致其忽视学术性社团的宗旨以及《社会团体登记管理条例》规定的"社团有独立承担民事责任的能力"。这必然会降低学术性社团的独立性，削弱了学术性社团提供学术公益服务的积极性和创新性。一方面，政府部门或主管单位的行政领导在学术性社团担任会长或秘书长，由于其本职业务工作繁忙，几乎无暇顾及学术性社团的日常工作，而仅仅是个"挂名头衔"而已；另一方面，学术性社团的会长，退休前通常是行政领导，从事的是行政或机关管理工作，缺乏较为深厚的学术造诣和学术影响力，不能充分对由科学研究者、学者和专家组成的学术性社团工作实施强有力的学术领导。[1] 这样，学术性社团的会长仅仅是管理意义上的"管理者"，而非一个有影响力的领导者，其有效履行职责几乎成为空谈。另外，学术性社团的常务理事和理事，大多是所属机关或事业单位的领导，由于兼任职务比较多，几乎没有闲暇时间参与学术性社团的日常治理工作，导致学术性社团治理结构体系徒有虚名。

起源于西方的理事会，现在已经是世界公认的治理非营利组织的"通用"形式。理事会治理的内在逻辑是理事会代表公共利益，掌握非营利组织的最高决策权，从而保证组织所作所为能够对社会负责。中国学术性社团的内部治理中都建立了理事会作为形式上的治理机构。这是因为，一方面，法律要求在民政部门登记注册的非营利组织

---

① 黄忠诚：《学术性社团发展中存在的问题及对策——从厦门市学术性社团现状谈起》，《社团管理研究》2009 年第 10 期。

必须建立理事会。另一方面，即使没有在民政部门登记注册的非营利组织，或者法律没有明确要求建立理事会制度的组织，为了获得社会合法性，得到资助方、受益方等的认可，也通常会选择建立理事会作为形式上的治理机构。① 但是，中国学术性社团大多缺乏"货真价实"的理事会。《社会团体登记管理条例》及《社会团体章程示范文本》对社团理事人数未作明确规定，一些学术性社团理事会人数过多，造成决策效率低下，形成"大会无成"的局面。学术性社团的理事一般情况下几乎都是兼职的，仅是个"挂名头衔"而已，大多数的理事通常既不参与社团日常事务的管理，也不参与社团重大事项的决策，普遍存在"理事不理事"现象。因此，理事会的职权往往由会长、秘书长或其他极少数的理事或常务理事所享有，导致社团成为一部分人谋求利益和声誉的工具。

大多数学术性社团没有设立监事会和学术委员会等内部治理机构。监事会的主要职责是确保理事会能够准确执行会员大会或会员代表大会所作出的决议，能够做出正确决策，秘书处高效地执行决策，有效地实现社团的宗旨。《社会团体登记管理条例》及《社会团体章程示范文本》中几乎没有涉及社团内部监督机构的有关规定。随着社团的发展，社团内部监督机制的健全问题越来越受到公众的重视。地方政府在制定社会团体章程示范文本和促进社团发展的建议中，通常会涉及监督机构的问题。但总体而言，中国学术性社团的监事会处于缺位状态。学术性社团监事会的虚位导致学术性社团的内设机构不科学、不合理与不平衡。缺乏相应的内部监督制约机制容易导致学术性社团"内部人控制"的异化现象，决策不够民主、行为不够规范，以及各种不符合章程文本的行为不能及时、有效地得到监督和遏制。学术委员会的虚位使学术性社团缺乏战略性的学术研究规划，以及合理、规范、科学的成果评定长效机制，不利于开展学术成果的评审与学术成果交流评比的推荐工作。另外，一些学术性社团对于秘书处等

---

① 康晓光等：《依附式发展的第三部门》，社会科学文献出版社2011年版，第19—20页。

常设机构的设立及其工作人员的专职化，缺乏科学有效的制度规范，导致学术性社团的内部日常事务处理得不到有效的保障。① 学术性社团内部治理体系和外部治理体系作为一个有机系统是相互作用、相互影响、相辅相成的。学术性社团内部治理体系的不科学不合理会直接导致社团外部治理体系的职能和作用得不到有效发挥。

（二）学术性社团绩效问责机制不健全

绩效问责是指管理者和员工为了达到组织目标共同参与的绩效计划制定、绩效沟通、绩效评估、绩效结果应用、绩效目标提升的持续循环过程。绩效问责的目的是持续提升个人、组织的绩效。目前，政府没有颁布有关学术性社团绩效责任追究方面的法规、规章、措施等规范性文件，导致一些学术性社团宗旨意识不强，工作绩效目标不明确，责任模糊，主观随意性较大，缺乏有效的绩效监督机制。在目前的双重管理体制下，学术性社团的登记管理机关、业务主管单位也较少问津学术性社团的绩效。有学者认为，学术性社团的问责与绩效评估体系未能有机结合，学术性社团工作绩效大都处于监督的"真空地带"，处于"低效不追究"的状态。② 绩效问责乏力，就难以对学术性社团施加必要的竞争压力，直接造成部分学术性社团的研究工作者缺乏进取心、学术创新能力不足。

学术研究是学术性社团存在的出发点和归宿点，是学术性社团的生命线和灵魂。学术性社团的学术研究不是纯粹为了理论研究而研究，最终目的是要将理论研究成果运用到经济社会发展中，推动中国特色社会主义现代化的建设和发展。在实际的学术研究工作中，由于对学术性社团学术研究成果的绩效评估的机制不健全，导致社团学术研究成果的前瞻性和有效性不强，科研成果难以转化。近些年来，一些学术性社团评选出的科研成果比较多，但评选出来的科研成果中含金量非常高的成果却屈指可数。如何建立健全学术性社团的绩效问责

① 参见王敏《社会团体内部治理机制研究》，硕士学位论文，山东大学，2011年。

② 黄忠诚：《学术性社团发展中存在的问题及对策——从厦门市学术性社团现状谈起》，《社团管理研究》2009年第10期。

机制是亟须解决的一个现实问题。

三 学术性社团"自组织"发展不充分，人才队伍建设有待加强

(一) 学术性社团"自组织"发展不充分

1. 组织文化体系不健全

在一定意义上来讲，组织的成功或失败可归因于组织文化。组织文化，是组织在长期的管理或实践活动中形成的一系列理念、价值、观念、信仰和规范体系等的总和，是一个组织由其价值观、信念、语言、仪式、符号、有形信条等组成的特有的文化形象。简言之，就是组织在日常运行中所表现出的价值、信念体系的总和。组织通过培养塑造组织文化来影响员工的工作态度和工作中的行为方式，进而引导其实现组织目标。组织文化的核心是价值观念，它对组织文化的性质起着决定性的主导作用。学术性社团的领导者应积极塑造社团的价值观，以此影响或者规范组织的认识和实践活动的指向。学术性社团组织文化是建立其愿景目标，形成其价值取向的思想保障。

学术性社团组织文化体系不健全表现在其前瞻性研究目标的模糊之上。众所皆知，基础理论研究是对策性、解释性研究的基础和前提，对策性、解释性研究是基础理论研究的应用和发展，二者相辅相成、相互影响。但是，一些学术性社团急功近利，只注重对策性、解释性研究，而忽视基础理论研究，这使得学术性社团的科学研究能力缺乏深厚的理论基础和前提。尤其是，一些从事基础理论研究的学术性社团只注重理论研究，从事对策性、解释性研究的只注重应用研究，两者缺乏足够的沟通和结合。基础理论研究和对策性、解释性研究的相互脱节、分离，影响了学术研究的水平和学术成果的质量。

2. 以"有效作为"为目标的激励约束体系不完善

在一些学术性社团中，高质量的人力资源极其短缺。社会知名人士、学者、专家等志愿者的参与度不够，更主要地表现在学术性社团工作人员缺乏专业知识和技术，创新的观念和能力不足。因为大多数学术性社团经费筹集比较困难，主要依靠微薄的会费收入，而且收入

来源不稳定，使学术性社团工作人员的待遇和福利具有不确定性。基于此，学术性社团对中青年求职者吸引力有限，绝大多数学术性社团专职人员是从离退休人员中选聘的。他们通常习惯于循规蹈矩地照章办事，不利于激发学术性社团的活力以实现其使命和宗旨。此外，一些学术性社团缺乏使命感。学术性社团是"以使命为先"的非营利组织。而在中国，某些根据政府的需要"自上而下"成立的学术性社团，缺乏清晰的使命感和明确的宗旨意识，学术性社团的工作人员不是基于对学术性社团使命和宗旨的认同，而仅仅是将学术性社团作为获取特定利益的工具。①

当前很大一部分学术性社团只注重自身的短期发展，缺乏使命感和宗旨指导下的发展战略。企业效益的好坏可以通过利润来反映，而学术性社团所从事的社会服务是非物质和无形的，提供的主要是学术服务，因此，难以对社团领导者和工作人员进行有效的绩效度量，也难以产生有效的激励机制。只要学术性社团存在，就有会费等收入，不必过问绩效如何，导致许多学术性社团缺乏进取心和创新精神，习惯于按部就班地从事业务工作，处于"缺不得，好不了"的尴尬地位。②

（二）学术性社团人才队伍建设有待加强

人才资源是学术性社团的核心资源。目前，受"行政主导"管理模式的影响，许多学术性社团没有建立独立的人事、工资管理制度，用人制度僵化、人员正常流动不畅。

一些学术性社团的专职工作人员非常少。以 H 省行政管理学会为例。其工作人员主要由秘书长及 H 省行政科学研究所的 1 名研究人员兼职组成，从业人员队伍组成结构不合理。没有预算经费支持，学会难以吸引有真才实学的中青年科研工作者。同时，学会未能正常换届，致使工作人员和学术队伍存在"青黄不接"的现象。从全国范

---

① 参见王敏《社会团体内部治理机制研究》，硕士学位论文，山东大学，2011 年。
② 参见王敏《社会团体内部治理机制研究》，硕士学位论文，山东大学，2011 年。

围来看，H 省行政管理学会并非孤例。事实上，不少学术性社团的从业人员主要来自政府部门领导及其工作人员。他们缺乏理论学术专业知识，而且由于兼职的原因，难以从管理、时间、激励方面充分发挥其工作积极性。

学术性社团与一般性的非营利组织不同，注重学术研究、学术探讨和学术交流，需要高层次高水平的专业学术研究型人才。但是，由于学术性社团财政资金来源有限，薪酬待遇不高，无法引进高层次高水平的专业学术研究人才，尤其是高层次高水平的青年学术研究人才。同时，许多学术性社团缺乏人事管理权，干部任免、调动都由挂靠政府部门负责。例如，一些学术性社团大部分领导层均为政府主管部门任命，缺乏自主聘用的权力。这导致一些学术性社团的人力资源管理具有浓厚的行政色彩，人才队伍建设创新乏力。一项研究发现："我国根据组织章程民主选举产生管理干部的非营利组织不到30%。而近2/3的非营利组织的干部或者直接来源于业务主管部门的派遣或任命，或者由组织负责人提名得到业务主管部门的批准。其结果是，中国大量非营利组织没有独立的人事任免权，非营利组织的执行负责人实际上并没有对非营利组织的管理控制权。"[1]

四　学术性社团协同治理机制不完善，"智库"作用发挥不充分

（一）学术性社团协同治理机制不完善

在现有学术性社团的管理体制下，政府部门往往具有管理学术性社团的"全权"，承担着"全责"。一些政府部门在管理学术性社团的过程中，过分强调学术性社团要接受政府的直接领导，常常将行政监控权置于学术性社团自治权之上，对学术性社团的管理等同于对社团的学术性管理。同时，政府通过资源吸纳（如服务购买）的方式，放大了自身的影响力。罗伯特·A. 达尔认为"影响力"是指："一

---

① 转引自陈丛刊《社会组织监管机制的完善——以四川省为例》，载姜晓萍主编《社会治理创新发展报告（2014）》，中国人民大学出版社2014年版，第306—325页。

个或更多行动者的需求、欲望、偏好或意图，以一种与影响力施加者的需求、欲望、偏好或意图在方向上一致（而非相反）的方式，左右一个或多个行动者的行动或行动意向"。① 在资源吸纳的背景下，学术性社团与政府间的关系符合达尔的上述定义：政府（影响力施加者）通过资源引导将自己的"需求、欲望、偏好或意图"渗入学术性社团的发展进程。

学术性社团治理是典型的公共事务。学术性社团在公众利益保障体系中占据着重要位置。社团给其成员带来的利益和保护可能没有国家法律那么具有权威性，但却往往更直接，更容易被理解和接受。在现代社会，对于任何一项公共事务而言，选择合适的公共事务治理模式是产生预期绩效的关键先决条件。合作治理突出强调国家与社会、公共机构和私人机构的多方互动合作，并确保那些具有多种偏好和多方利益的利益相关者之间相互包容和协作。学术性社团利益基础的公私交融以及利益关系形态的多样性，决定了其治理过程中各种公私利益实现的复杂性。多元利益的协调是政府有意规划与强力控制所无力达到的。多元利益关系的性质越是复杂，那么，通过政府来实现利益协调的效果就越差。利益相关者之所以参与合作治理，是因为他们的利益彼此依存。这种相互依存的情境，一方利益目标的实现有赖于他人的行为，这凸显了合作的至关重要性。②

作为承载并运行社团自治权的规范性文件，社团的规章代表着不同利益相关者最真实、最及时、最急需的利益和权利要求。社团规章赋予了社团生命与社团融为一体，并成为社团利益的体现。社团治理所追求的最终目标也应该是实现各成员在自由联合基础上的自我治理，并在维护基本的共同利益基础上实现个体利益的最大化。社团规章对于社团利益的规划，更有针对性，它赋予社团成员权利义务使其具备行为的理性，并通过利益诱导等方式，在法律强制力之外把规则

---

① ［美］罗伯特·A. 达尔、布鲁斯·斯泰恩布里克纳：《现代政治分析》，吴勇译，中国人民大学出版社 2012 年版，第 22 页。

② 季卫华：《社团规章与合作治理》，法律出版社 2017 年版，第 86—87 页。

和秩序引入社团生活，并在公益和私益之间维持一种平衡。就公共利益与个人的权利、特殊利益来说，社团规章承载着对多元利益的确认和承认，主要通过理性协商，寻求资源配置与利益分配共识，在缺乏国家法律管控的情况下，规约成员的行为，达致相互的沟通、理解和协同，并在复杂博弈中形成惯例，规范、防止过激的成员行为。社团内部成员所面对的规章义务，在本质上不仅有行业的要求也包含法律上的公民义务。社团的很多规章制度都是与法律规定紧密联系在一起的，致力于社团行业规范、标准和体系的构建与推广，促进多元利益诉求实现的理性化、程式化。① 但是，在许多学术性社团的规章中，政府、企业、公众等利益相关者参与社团治理的权责边界并不是非常清晰，致使利益相关者参与治理处于"空转"状态。在这种情况下，一些学术性社团的会长或秘书长权力膨胀，独断专行，营私舞弊，呈现出"寡头治理"的人治色彩，学术性社团的功能难以有效发挥。

（二）学术性社团"智库"作用发挥不充分

"思想库"或"智库"是现代政策研究组织的另一种称谓，是由各种专业人员、科学研究者、学者、专家等组成的综合性政策研究和政策咨询组织。"思想库"或"智库"是政策主体的一个十分独特而又非常重要的构成因素，被认为是现代决策链条中不可缺少的一环。② 布鲁金斯学会、胡佛研究所、兰德公司、野村研究所等一些世界闻名的思想库在政府政策制定中发挥着极其重要的作用。思想库是现代社会的产物。社会问题日益复杂，信息数据不断增多，科学技术快速发展，政府公共决策任务增加，所有这些情境为"思想库"或"智库"的发展提供了时代和社会背景。总而言之，"思想库"或"智库"既从事理论研究，又从事应用研究，既关注学术问题，又关注实际问题，在政府制定公共政策的过程中具有举足轻重的作用。

政策研究和政策咨询机构的日益崛起，代表了未来决策的发展趋

① 季卫华：《社团规章与合作治理》，法律出版社2017年版，第87页。
② 师容、李兆友：《公共政策制定中参与者的互动性分析》，《理论月刊》2013年第9期。

势。"思想库"或"智库"的发展程度是衡量政府公共决策水平高低的重要标准。学术性社团是从事自然科学和社会科学研究、探索的组织，为政府决策提供智力支持、优化政策系统、改善政策环境、促进政策质量的提高，是学术性社团的重要功能。但是，学术性社团"思想库""智库"的功能发挥并不充分。

一些学术性社团与政府之间缺乏科学的、合理的、可行的、有效的成果交换机制。众所周知，凡是有社会分工的地方就存在价值交换，在交换中实现各主体的社会价值。学术研究作为社会分工的一个组成部分，必然也要发生价值交换，但在计划经济体制"总体性社会"下，这种交换是在"自上而下"的行政权威指令下进行的。"总体性社会"背景下，学术性社团及其工作人员通常习惯于完成政府有关部门布置的科研任务和工作量，缺乏对科学研究成果的应用价值及具备的社会价值、经济价值的认识。[①] 另外，学术性社团研究资源整合力度不够、联合攻关能力不强、学术性社团对外合作交流不足。目前，学术性社团仍以内部学术活动为主，学术成果以内部学术交流为主，缺乏与其他学术性社团、企业、政府部门的必要交流，学术资源与人才资源整合的效果不明显，精品力作不多。学术研究成果转化能力也不强，"开花不结果"，对经济社会的引领支撑能力不足，对社会经济发展贡献率不高，多数研究成果实用性不强，仅作为所谓的"样品"而束之高阁，没能真正转化为现实的"生产力"。仅有少量的学术研究成果得以应用或形成有价值的政府咨询报告，从整体上讲，对经济社会发展和政府决策起到的作用非常有限。在实践中，学术性社团学术研究成果能够形成政府咨询报告进而进入政府决策议程的比较少，大部分还是以研究报告或论文的形式作为课题研究成果或阶段性成果，而形成有价值的决策咨询方案应用到经济社会发展和政府实际决策中的屈指可数。

---

① 参见李莉《湖北省社科类社团的历史与现状调查研究》，湖北人民出版社 2020 年版，第 124 页。

五 学术性社团管理体制不健全，制度建设有待强化

（一）学术性社团管理体制不健全

2013 年，十二届全国人大一次会议通过了《国务院机构改革和职能转变方案》。该方案明确规定，开展社会组织直接登记，"重点培育、优先发展行业协会商会类、科技类、公益慈善类、城乡社区服务类社会组织。成立这些社会组织，直接向民政部门依法申请登记，不再需要业务主管单位审查同意"①。当前，除部分学术性社团参照"四类社会组织直接登记制度"实现无主管单位登记外，多数学术性社团尤其是社科类社团仍实行双重管理制度。

中国政府于 1996 年正式提出双重管理制度，1998 年国务院颁布的《社会团体登记管理条例》进一步明确了该制度。双重管理制度是指负责社团管理的机构是双重的，即政府对社团的登记注册和业务管理，实行"业务主管单位"和"登记管理机关"双重审核、双重负责、双重监管的原则，形成"双管齐下"的管理体制，用以规范、监督和管理社会团体。双重管理制度在特定时期内有效分解了政府管理社会团体的压力和风险，平衡了政府系统内部的各种力量，是基于改革开放后社会团体发展现实的慎重选择。它有利于强化管理，有利于利用一部分业务主管单位的资源帮助学术性社团的发展。在学术性社团的自律机制尚未普遍建立起来，政府的职能还未完全转变到位，登记管理机关力量不够的情况下，双重管理制度存在必要的价值。②

但是，双重管理制度导致部分学术性社团寻找业务主管单位困难。只有政府机构及其授权的组织才有资格成为业务主管单位。但是承担业务主管单位职责可能是一项"无利可图"的工作，相反可能招致不必要的麻烦乃至政治风险，导致一些政府部门不愿担当社团的业务主管单位，从而使社团因为找不到业务主管单位而无法申请成

---

① 《国务院机构改革和职能转变方案》，人民出版社 2013 年版，第 12 页。

② 王名主编：《中国民间组织 30 年——走向公民社会》，社会科学文献出版社 2008 年版，第 126 页。

立。这无疑提高了学术性社团的"进入门槛"[①]。同时，在双重管理制度下，政府实行的是一种"条块分割"的监管方式，造成对学术性社团管理权的"碎片化"。学术性社团登记管理机关的工作的重点主要停留在登记阶段，注重登记而不注重过程管理。一些业务主管部门不愿承担责任，对学术性社团的活动内容不清楚，管理几乎流于形式。所以，登记管理机关和业务主管单位两个部门都不能对学术性社团的活动实施有效监管。

（二）学术性社团制度建设有待强化

学术性社团的制度规范主要存在于相关的政策文本中。"文本"是指文件或文献的某种本子，亦指某种文件或文献。政策作为一种政治系统的产出，不仅表现为部门规章，同时也常以条例、法律、法令、法庭裁决、行政决议以及其他形式出现。政策文本通常指表现为文件形式的、由国家颁布的相关法律、法规和规章。[②]

为了规范学术性社团的活动和行为，中国政府出台了《社会团体登记管理条例》《社会团体章程示范文本》等政策文本。这些政策文本在一定时期内促进了学术性社团的发展，但随着社会主义市场经济的发展，学术性社团的数量越来越多，形式越来越多样化，学术性社团政策体系不完善、法治建设滞后于学术性社团的现实的弊端逐渐显现，如有关学术性社团公益捐赠免税、组织员工就业和社会保障方面的政策规范就十分薄弱。

多数发达国家都有专门的社团法律，但是目前中国没有专门的《社会团体法》或《学术性社团法》，社会团体的立法没有提高至法律层面。中国学术性社团的立法层次比较低，主要体现在行政法规层次上。如关于学术性社团内部治理结构的政策规定主要体现在《社会团体章程示范文本》中，而《社会团体章程示范文本》属于指导性行政文件，其权威性和约束力不足。因此，学术性社团建立真正意义

---

① 康晓光：《转型时期的中国社团》，《中国青年科技》1999 年第 10 期。
② 涂端午：《教育政策文本分析及其应用》，《复旦教育论坛》2009 年第 5 期。

上的法人治理制度和内部治理机制缺乏相应的政策条件。

党政部门颁布的某些相关政策措施和规范性文件，应时性强，针对性差、内容不完善。现有的学术性社团管理依据在政策层次上最高的是《社会团体登记管理条例》。但该条例规范的对象并不限于学术性社团，而是涵盖了行业性社团、专门性社团、联合性社团以及学术性社团等全部社会团体。简言之，该条例并不是专门规范学术性社团的政策文本。该条例没有社会团体法人治理机制和设立监事会的具体规定，导致学术性社团科学化、规范化、法治化运作缺乏政策保障。此外，该条例主要注重登记和监管，因而对社会团体的培育、发展和权益保障不充分。由于这个原因，国家虽然出台了一些关于促进社会团体发展的扶持和鼓励政策，但政策的影响力有限、稳定性和操作性不强。随着科技、经济、社会的持续健康发展，学术性社团在整个社会团体数量中占有相对优势，学术性社团与社会经济发展的联系也日益密切，加之，学术性社团日益凸显的社会经济地位，加快学术性社团专门立法是大势所趋。①

---

① 李兵、欧阳秀雄：《中国学术性社团的立法与问题》，《求索》2008 年第 7 期。

第五章　学术性社团治理的域外经验

欧美发达国家的学术性社团主要分为学会和协会、研究机构、基金会和个人资助科研机构三类。一些学术性社团组织兴办了自己的实业,例如兴办图书馆、资料馆、出版社、咨询公司、职业培训、职业介绍等事业和企业,为会员提供了学习研究及培训就业等机会。有的学会还成立了会员服务社,为组织会员提供考察、旅行、学术交流服务。而且学会办的各种企业和为会员服务的各种事业,是学会经费的重要来源。基金会规模庞大,资金雄厚,把资助学术研究机构和参与学术研究作为根本任务,对学术研究资助力度较强。[1] 总体而言,欧美发达国家的学术性社团凭借其与日俱增的学术影响力、科技创新力和社会号召力走在了世界前列,不仅构建了学术研究领域的规则体系和话语体系,而且为相关国家公众自然科学和社会科学素质的提升以及学术公益服务的供给做出了较大的贡献,也为全球学术性社团的发展提供了借鉴。

新时代,我们党强调,要理清政府和社会关系,创新公共服务提供方式,鼓励支持社会力量兴办公益事业,推进国家治理体系和治理能力现代化。这为中国学术性社团的发展提供了广阔的制度空间和行为空间。考察与研究发达国家学术性社团的发展历程,分析研究其治理结构、治理体制机制、治理方式和管理制度,对于正处在深化改革

---

① 栾晓峰:《国外发展与管理社科类社会组织的经验启示》,《滨州学院学报》2010年第1期。

进程中的中国学术性社团而言，具有重大的现实意义和实践借鉴价值。

第一节　域外学术性社团组建的原因

域外学术性社团的存在始终与科学技术发展、科学体制的建立乃至国内国际的政治、经济发展形势密切相关。概括而言，学术发展和科学研究者的内在诉求、社会发展需求和学术性社团具备的功能、民间社会崛起和学术交流价值的显现是域外学术性社团发展繁荣的重要原因。

一　学术发展和科学研究者的内在诉求

学术的进步与发展离不开科学研究者。从早期学术性社团建立的动因和模式可以看出，从事科学研究工作的科学研究者、学者和专家大都以一种较为自由的、自治的形式来开展学术研究、学术讨论和学术交流等活动。这些科学研究者、学者和专家逐渐认识到以"结社"的形式组成学术性社团能更好地开展学术讨论、学术交流和推进科学探索、学术研究。

自然科学社团与近代自然科学的诞生和发展相生相伴。文艺复兴、宗教改革和科学革命是开启近代西方社会文明的三大潮流。文艺复兴、宗教改革为自然科学社团的产生提供了思想基础和社会基础，而自然科学社团的产生是科学革命的主要特征之一。文艺复兴运动的发源地意大利，曾一度成为世界科学中心，亦成为西方发达国家科技社团最初主要的发祥地。有史料记载的、最早的科技社团中，就包括意大利自然奥秘学会、林琴学社等文艺复兴式学会，伽利略就曾是林琴学社的成员之一。这一时期，一些专家学者和自然哲学的爱好者在贵族、高官或富豪的资助下组织起来，开展学术研究探讨，组织实验研究，探究自然奥秘，形成了一些学术圈。这些科技社团的雏形逐步成为促使科学技术专业化的无形学院，也成为近代科学启蒙的摇篮。

17 世纪后，欧洲科学与人文革命达到巅峰，以英国皇家学会、法国科学院为代表的一批重量级科技社团陆续出现，且获得了皇室等官方机构的特许，成为后来世界各国科技社团发展的示范样本。这些社团为促进科学技术的体系化和科学研究范式的形成创造了条件。①

社会科学研究的性质决定了社科类社团存在的合理性和必要性。社会科学研究属于一种主观性较强的科学，往往缺乏统一的、固定的认知标准，需要科学研究者、学者、专家从多元的角度概括对社会问题的认知。社科类社团通过"结社"的形式将社会科学领域的研究者、专家、学者自愿组织起来，相互探讨和彼此对话能有效地促进社会科学学术研究、学术探讨和学术交流，并从中获得学科前沿的、前瞻性的理论研究及其发展趋势。

组建学术性社团是科学研究者内在的诉求。学术性社团以学术研究和学术发展为使命，聚集学术领域众多的学术研究者、学者、专家，通过跨专业、跨领域、跨学科，强化社团间的横向联系，聚集多方的人才智力资源，形成学术权威性和社会影响力，开展学术交流与服务，形成高水平、前瞻性与多元化的学术交流，推动学术领域科学研究者、学者之间的对话互动，促进知识传播、学术交流、学术创新、科技创新和社会进步。学术性社团作为一种组织载体，能够有效实现人才资源、研究资源和学术资源等资源的整合，只有科学研究者、学者、专家之间开放的交流合作、互相对话，集中共同的智慧，才能有效推陈出新，高质量高标准地推动学术研究、学术发展和学术繁荣。

二 社会发展需求和学术性社团具备的功能

域外学术性社团的繁荣发展与社会发展需求、学术性社团自身的社会功能有着密切的关系。学术性社团的种类多样，人员来源广泛，

---

① 中国科协学会服务中心编著：《美英德日科技社团研究》，中国科学技术出版社2019 年版，第1—2 页。

不仅有政府内部的研究团体，还有民间自发组织的研究团体；不仅有高校的专家学者，还有政府、企业等社会各界的人才。因此，学术性社团的研究内容和志趣非常广泛，研究目标和功能多样。有些属于高校的社团，注重基础性研究；也有很多政府和社会上的社团，应用取向明显，不仅仅注重基础研究，而且具有很强的应用价值和实践指导能力。另外，学术性社团具有较强的智力资源整合能力、意识形态导向和社会学术服务公益功能，在认识科学问题和解决社会问题，引领科技进步、经济发展、社会和谐方面具有十分重要的作用。学术性社团具有政府、企业和其他社会组织所无法具备的科学素养、技术创新、专业知识、工艺价值和公益精神，因此，能够为社会的良性运行和整合发展提供理性、科学的认识和建议。域外的学术性社团作为一种独立的非营利组织，能够通过专家、学者的智力产品和集体智慧服务于决策者，为经济、科技、教育、社会、政治、文化、生态等领域问题的解决提供科学的政策建议。这些功能也日益被政府和社会各界所认知。特别是在"二战"以后，面临纷繁复杂的国内国际局势，各国政府在制定决策、部署规划和开展治理方面遇到了很多问题，专业性不强。政府在认识到自身的局限和科学研究的重要性后，纷纷出台政策，鼓励自然科学、社会科学的学科建设和学术性社团的发展。①

学术性社团普遍重视向社会公众传播和扩散科学知识，从而推动社会理解科学，提高社会公众的科学素养。这不仅有助于人类的总体科学进步，而且也为学术性社团的发展提供了良好的社会生态环境。例如，成立于 1831 年的英国科学促进会将普及科学知识作为其最主要的职能；1799 年成立的英国皇家研究院将科学技术的普及与推广工作作为其两项最主要的职能之一。科技社团几乎都在全社会倡导科学精神，开展多种多样的科学普及、传播、扩散活动，如围绕社会热点面向公众做科学讲座和培训、主办科技主题活动、举办公众科学日

---

① 参见李莉《湖北省社科类社团的历史与现状调查研究》，湖北人民出版社 2020 年版，第 133—134 页。

或科技活动周、举办科普展览、建立科普教育基地等，从而更好地激发公众的科学热情和提升全民科学素养。20世纪以来，科技引领经济发展模式已经成为全球模式。科技社团在促进产学研合作方面非常活跃。科技社团通过协调不同的企业和学术界伙伴，或自发，或响应政府号召，通过交流、讨论和共同采取行动，从而推进产业标准和新技术的开发与应用，并使之向产品和服务转化，有效地促进产学研的结合。①

学术性社团真正有所进步和发展是在"二战"以后。各国对科学技术和社会科学都前所未有地依赖与重视。"二战"以后，各国都面临着重整经济发展、教育发展、科技发展和社会发展的任务，而科技、经济、教育和社会的发展需要一定的科学规划和理论指导，这就对自然科学和社会科学研究产生了很大程度上的需求。经济社会发展也给政府带来了一系列难以预料的社会问题。一方面，"政府失灵"和"市场失灵"，使人们逐渐意识到市场和政府都不是万能的，需要重塑政府、市场与社会的关系，而社会组织作为第三部门常常能够弥补"政府失灵"和"市场失灵"的缺陷。另一方面，工业化和城镇化的快速发展，导致生态环境受到破坏，对人类的生存构成严重的威胁。这些都需要自然科学研究者和社会科学研究者提供更专业的理论知识指导和政策分析研究，由此进一步推动了学术性社团的组建与发展。

三　民间社会崛起和学术交流价值的显现

民间社会是国家或政府系统，以及市场或企业系统之外的所有民间组织或民间关系的总和，它是官方政治领域和市场经济领域之外的民间公共领域。民间社会的组成要素是各种非政府和非企业的公民组织，包括公民的维权组织、各种行业协会、民间的公益组织、社区组

---

① 中国科协学会服务中心编著：《美英德日科技社团研究》，中国科学技术出版社2019年版，第9—10页。

织、利益团体、同仁团体、互助组织、兴趣组织和公民的某种自发组合等等。由于它既不属于政府部门（第一部门），又不属于市场系统（第二部门），所以人们也把它们看作是介于政府与企业之间的"第三部门"。① 经济发展与科技进步有效激发了社会内在的活力，民间社会的崛起成为域外学术性社团组建和发展的重要原因。域外学术性社团的组建和发展，离不开政府政策的支持，也离不开社会内在自发"结社"的动力。受资产阶级自由、平等、权利等价值观念的影响，欧美发达国家几乎都将结社自由写入宪法。这就为学术性社团的发展提供了有效的政策保障，使得欧美发达国家的学术性社团组织迅速发展壮大。以美国为例，美国人干一点小事也要成立一个社团，美国人的结社形式五花八门，美国人自发成立和组织社团源于美国社会有着深厚的自治传统。法国著名政治学家托克维尔曾写道："美国人不论年龄多大，不论处于什么地位，不论志趣是什么，无不时时在组织社团。"② 美国学者认为，事实上超过3/4的美国人至少属于1个社会组织，平均每人都参加两个社会组织，并向四个社会组织提供捐赠。③ 在科学研究领域，基于学术研究、学术探讨和学术交流的需要以及科学研究兴趣的内在诉求，科学研究者几乎都以高等院校或科学研究机构为依托，在相关学科专业领域组建学术性社团。

学术交流作为科学研究者之间的社会互动方式，对于科学研究和科学发展具有重要价值。德国著名物理学家维尔纳·卡尔·海森堡曾说："科学扎根于交流，起源于讨论。"④ 学术性社团是学术交流活动的重要载体，对于促进学术交流和学术繁荣起着重要作用。学术性社

① 俞可平：《中国公民社会：概念、分类与制度环境》，《中国社会科学》2006年第1期。

② ［法］阿历克西·德·托克维尔：《论美国的民主》（下卷），董果良译，商务印书馆1988年版，第635—636页。

③ 徐彤武等：《美国公民社会的治理——美国非营利组织研究》（上册），中国社会科学出版社2016年版，第2页。

④ 张本森：《美、英、法、日等国家社会科学学术团体发展情况》，《探索》1989年第3期。

团之所以能够成为学术交流的重要组织载体，是由学术性社团的本质特征所决定的。学术性社团是科学研究者有意识、有目的地结社而形成的社会组织形态，可以将分布在各个单位、各个部门、各个地区从事特定学科的专家、学者以及研究工作者聚集在一起，交流各自的研究成果，各抒己见，畅所欲言，切磋交流，相得益彰。

随着民间社会的崛起，域外学术性社团的发展与管理日益成熟和专业化。学术性社团从最初以科学研究为主，逐步转变成以科学研究、科学探讨、科学交流、政策咨询、教育培训和产学研连接等学术服务为主，进而拓展形成了由标准制定、资格认证、公共服务、国际合作、智库咨询等构成的比较完备的学术服务系统。在社团治理体系方面，域外学术性社团的体系范式虽然不尽相同，但普遍建立起比较完善的社团治理体系，充分体现了社会团体自治、自由的发展路径。

第二节　域外学术性社团的功能和特征

一　域外学术性社团的功能

（一）学术交流和发展功能

学术性社团承担着促进自然科学和社会科学研究与发展的重任，是推动自然科学和社会科学发展的重要参与者，同时，积极为学术交流搭建平台，是促进学术发展的组织者和评价者。域外学术性社团的成员大多来自高等院校和科研院所，这有利于强化学术性社团的学术引领功能，并且有利于搭建高水平的学术交流平台，构建学术交流网络，组织跨学科学术交流活动。德国物理学会认为物理学是没有国界的，德国物理学会是欧洲物理界的一部分，也是世界物理界的成员，因而十分重视国际间的学术交流，积极参与国际物理界的学术活动和积极推动双边学术交流。如德国物理学会与中国物理学会就有过积极并富有成效的合作。德国物理学会每年也资助不少青年科技人员的国际交流和中学生的奥林匹克物理学科竞赛。①

欧美发达国家的学术性社团在推动学术发展、理论创新、方法创新等方面的价值显著。在学术发展上，欧美发达国家通过依托学术性社团推动科技、哲学、法学、经济学、社会学、政治学、管理学等诸多学科的不断发展，学科体系日益完备。近些年来，学术研究呈现出一种综合的趋势，学术性社团运用更为科学的方法推动学术研究和发展。长期以来，域外科学研究坚持以学科为中心的研究方式，研究视角相对狭窄，随着近些年来注重实用导向和问题导向，研究方式也转向"以问题为中心"，并且突破专业和学科的限制，运用交叉学科来推动研究和对问题的认识，促进了学科综合性发展的趋势。②

学术交流是学术性社团的一项基本功能，域外学术性社团几乎都通过组织举办学术会议、发行专业学术期刊及出版学术著作等方式，构筑学术研究、学术研讨的社会网络进行学术交流，推动学术发展和进步。英国的皇家学会、物理学会和皇家化学学会等优秀的科技社团，主要通过举办高水准的学术会议、创办高质量的学术期刊等学术交流方式，成为国际知名的科技社团。域外的学术性社团通常以社团会员为中心，广泛吸纳会员，充分利用各种学术信息交流平台，建立开放型的科学研究者、学者数据库，定期或不定期举办学术论坛，强化科学培训和教育，创新学术交流方式，提升学术交流的科学性、时效性和可操作性，满足科学研究者多学科、多领域学术交流的要求，促进不同学科的交叉融合，提升学术交流水平。

（二）学术服务供给功能

在全球化的公共服务改革过程中，公共服务社会化和市场化是一个较有共性的发展趋势，参与公共服务供给的社会主体主要包括非营利组织、社区及公民，其中，最主要的是非营利组织或称之为"第三部门"。随着公共服务社会化和市场化改革的推进，非营利组织逐渐

---

① 柯少愚：《德国非营利组织考察笔记》，《学会》2008 年第 2 期。

② 李莉：《湖北省社科类社团的历史与现状调查研究》，湖北人民出版社 2020 年版，第 139—140 页。

成为支持社会持续健康发展、弥补"政府失灵"和"市场失灵"的重要社会部门，以及实现公共政策目标的一种重要工具。学术性社团作为从事学术探索的非营利组织，在提供学术研究、学术探讨、学术交流、教育培训、政策咨询、科学普及、职业标准制定、职业资格认证和产学研连接等公共服务中具有举足轻重的地位。

在域外，尤其是美国，对"社会是否有用"是衡量社团及其研究价值的重要尺度。面向社会开展各类服务是社科类社团的一项重要功能。域外的社科类社团大体经历了从注重知识性的交流到为经济、社会服务的转变，十分注重社团活动的社会效益和经济效益。这与域外的资助体制有关。企业、基金会以及社会各界的支持和资助，导致了社科类社团的市场化取向和应用取向。在域外，社科类社团的社会服务功能主要是面向企业、民间非营利组织等。企业是域外社科类社团重要的服务对象，现代企业在做决策时不单单要考虑市场因素、经营模式和组织管理模式，还要考虑更为复杂的人文社会环境和政治形势，这就需要较为专业化的知识和信息。社会科学研究可以为人们提供一种社会发展的洞察力，帮助理解个人和组织的处境和人文环境，了解各类经济数据和信息，并且通过各种数据和信息分析，提出应对变化的不同方法。社科类社团正是通过向企业提供类似的服务，来改进企业的经营管理、营销策略等。社科类社团的这一重要功能已经在很多国家得以开发和利用。例如，在日本，社科类社团经常得到股份公司、财团法人的支持和资助，为其企业经营和海外拓展服务。在美国，美国国际经济政策协会就是由多家大的跨国公司联合组织的研究机构，专门对国际经济发展趋势和各国的贸易、投资、金融、资源和环境等方面进行分析和研究，并对各个公司提出有针对性和建设性的对策建议。① 以世界上最大的科技社团——美国科学促进会为例。美国科学促进会成立于1848年，是世界上最大的科学和工程学协会的

---

① 李莉：《湖北省社科类社团的历史与现状调查研究》，湖北人民出版社2020年版，第141页。

联合体，也是最大的非营利性国际科技组织。截至 2018 年，美国科学促进会拥有 265 个分支机构和 1000 万名成员，有 21 个专业分会，涉及的学科包含数学、物理、化学、天文、地理、生物等自然科学和社会科学领域。美国科学促进会的宗旨是"促进科学，服务社会"，具体而言，就是促进全球范围内的科学、工程和创新的发展以造福人类。①

　　社会发展的需要是多方面的，这就为学术性社团的发展提供了广阔的空间。美、英、法、日等国家的学术性社团不仅根据学科建设的要求，按学科建立学会，而且还根据实际需要，按问题建立学会，并且这类学会日渐增多。例如，日本为了开展中国学术研究和促进两国友好往来，于 1949 年成立日本中国学会，拥有会员 1030 人，出版《日本中国学报》，介绍中国情况。欧洲各国为了研究和介绍中国，成立了欧洲研究中国协会，该协会成立以来，多次举行中国问题讨论会。又如英国经过几年的酝酿和讨论，于 1988 年 9 月成立欧洲学会，该学会着重研究欧洲各国面临的共同问题，诸如欧洲的人权问题、欧洲的环境保护、人口老化和新技术、新原料等，以发展欧洲科学，促进欧洲的发展。事实表明，各种日益复杂的政治、社会、经济、文化、科技、生态问题的出现，迫使人们通过科学研究加以解决。特别是一些重要的社会问题，只有通过社会科学研究才能解决。② 域外学术性社团通过搭建产学研学术交流平台，定期举办学术交流会、论坛和展览等形式，聚集政府部门、企业组织、高等院校和科研机构开展跨机构、跨领域的高水准的学术交流，开展学术服务。同时，以项目的形式为政府部门、研究机构和企业组织合作研发和技术成果转化方面提供对接服务。

---

① 孟凡蓉、赵军：《科技社团理论研究现状和发展方向》，科学出版社 2020 年版，第 70 页。

② 张本森：《美、英、法、日等国家社会科学学术团体发展情况》，《探索》1989 年第 3 期。

（三）政策咨询和支持功能

域外政府制定和实施政策通常以科学研究成果作为重要参考依据。作为学术研究、学术探讨和学术交流的社会团体，学术性社团为政府提供政策支持和决策咨询是一项非常重要的功能，这在一定程度上也决定了社团的发展趋势。

域外科技社团通过组织科学同行开展决策咨询，帮助政府提高制定和实施各类科技创新政策的针对性和有效性。具体而言，主要体现在两个方面。一是与科学相关的政策制定，也就是政府如何采取行动发展科学；二是有关政策中的科学，即科学能为政府和社会做出什么贡献。例如，目前，英国政府在制定某一个具体领域的科技发展规划时，都会听取相关科技社团的意见。在培养英国年轻人的职业技能的学徒制政策的制定中，发展高级学徒制、与企业积极合作等具体的政策执行方式都是英国科学、工程和制造技术联盟应政府要求提供的建议。科技社团是使英国政府的政策制定科学化、实现政策目的的重要智力来源。英国皇家学会等科技社团在咨询项目选择、咨询工作开展、咨询手段使用和研究方法创新等方面都具有完全的独立性和客观性。大型科技社团运用科技人才荟萃、智力密集的优势，从科技角度关注决策涉及的问题，运用科技知识、手段和方法，为政府提供准确权威的解释、解决问题的方案、科学合理的建议等，担当英国政府幕后的决策机构或咨询机构。自 1998 年以来，英国皇家学会先后就生物技术、转基因作物和食品中有关立法、环境和政策咨询等方面连续发表了五次声明，较完整地表达了英国皇家学会在这一问题上的立场和观点。英国政府部门采纳了其具体建议，并受到了很好的社会反响。[①] 日本科技社团可以就政府提出的咨询要求进行答询，还可以主动向政府提出劝告。日本学术会议曾向政府提供下列建议：一是用于促进科学研究的政府赠款和补助金的分配；二是政府科学机构和研究

① 中国科协学会服务中心编著：《美英德日科技社团研究》，中国科学技术出版社 2019 年版，第 112—113 页。

实验室的管理和预算拨款；三是对大学和附属院校之中的科学家进行适当的研究指导。日本学术会议向政府提交的长篇幅的建议清单是日本学术会议的广泛兴趣的最好体现。①

日本智库"关键学者"影响国家安全政策制定

从目前来看，智库的定义并不完全统一，东亚智库就具有异于欧美同类机构的诸多特色。以日本为例，在数百个各类智库中，只有不到10个从事安全（外交）事务研究，而且大部分规模较小，缺少著名专家。这些安全智库横跨官民两大系统，除了日本防卫研究所由于性质特殊，其余智库几乎皆需外部权威学者的加盟襄助。这些学者的共同特点是，自身是学术大家且声誉隆盛，担任或曾任高官公职，与政界尤其决策中枢关系密切，多年来持续参与政府咨询委员会的咨询工作。他们是本书所称的"关键学者"，其品牌力、公信力和权威性有时超过其代表的智库，各方在关注日本智库的战略报告时，首先看重的往往不是机构名称，而是领衔或主笔的"关键学者"名单。因此，在研究日本安全政策过程中的智力支持时，除了智库机构，还要关注"关键学者"这一知识个体的重要性。研究其作用与影响，无疑有助于识别日本当前的政治特征、决策过程和战略方向。

"关键学者"扮演重要角色

自2012年日本首相安倍晋三再次执政以来，日本安全政策制定经历了重大变革。这些变革使"关键学者"们以政府顾问的身份扮演重要角色，成为更加集权的决策过程的相关部分。一般而言，学者在政策制定过程中的影响力取决于其所处的体制环境。如果政府正在推动政治改革或政策转型，需要清除既得权益或抗拒势力，官方咨询委员会（顾问小组）、智库及其关键专家就会被视为一种有用的工具。

---

① 中国科协发展研究中心课题组编：《近代中国科技社团》，中国科学技术出版社2013年版，第197页。

安倍政府认识到专家学者的角色有助于塑造政策，其强势的政治主导与决策风格，使得"关键学者"在深入参与安全政策思考和设计方面拥有更广的空间和有利环境。日本近年的经验事实表明，这些学者可以借助"首相官邸主导"，即在受到较少"政官财三角"约束的决策过程中，对国家安全决策转型发挥独特而有影响力的建言咨政作用。

在日本政策结构中，政治家、官僚、媒体、智库和政策专家之间的互动与竞争日益复杂，各类智库"把想法带入政治"，需要通过或依靠权威学者领衔并提出专业的政策建议。智库的想法转化为政策往往要经历曲折的过程，"关键学者"在理念和政策建议的推广中扮演媒介、包装、引导角色，从而使这一转换过程更加顺畅。

在为决策者提供建议方面，"关键学者"的地位相当突出，其影响在日本成为经济大国后更加明显。例如，在20世纪70年代早期，一批已厌倦"局外人"处境的重要学者开始敏锐地参与决策过程，积极争取成为"局内人"，呼吁重新审视日本安全战略取向，维持必要或现实的防卫力量。这些学者包括猪木正道、高坂正尧、永井阳之助、神谷不二、佐藤诚三郎等，他们也是日本和平与安全保障研究所等智库的重要成员。

安全领域的日本智库，往往由个人身份而非机构身份主导，"关键学者"受到的媒体关注往往多于他们代表的机构。这些学者及其人际网络，经常处于连接和协调社会知识体系的中心环节，北冈伸一与田中明彦即是在当今日本发挥这种典型作用的关键学者。两人曾是东京大学的著名教授，是比较稳健的现实主义学者，完全符合上述"关键学者"的定义指标。

改变日本战略思维

日本智库的重要政策理念和思想产品，多出自或源自"关键学者"。这些学者发表自己的见解和意见，渠道通达、影响广泛，可率先为政策辩论赋能定向，并使契合主流信念的思想为官方采用。在安倍政府的决策风格下，"关键学者"在引领战略理念和政策概念集成、生产方面，发挥了更积极的作用。

安倍极大地改变了日本的安全政策姿态，"安倍路线"甚至被认为能够比肩乃至取代"吉田主义"。在这一过程中，"关键学者"发挥了重要的智力支持与导向引领作用。他们试图改变日本战略思维和认知范式，使国家安全政策远离"消极被动"的"吉田主义"，变为"积极和平主义"。

北冈、田中是这些关键学者的代表，作为政府顾问，其对安全问题的持续权威看法，帮助重塑了国家安全话语和政策取向。这些话语及其辩论，意在挑战日本和平主义发展路线及其知识体系，这种知识及话语体系在二战后一直主导着日本的主流舆论和民意。例如，在安倍政府咨询委员会推进讨论集体自卫权问题之际，北冈、田中等发挥了战略思想灌输作用，大力宣介与此前不同的、在逻辑和政治上能被接受和"站得住脚"的新型现实主义和平论，从而助力政府就集体自卫权问题进行新的宪法解释。

2013年9月，安倍政府开始审议二战后首个《国家安全保障战略》。北冈、田中等就此向安倍提供建议称，日本应采取更积极主动的和平主义，以应对国际格局及东亚形势的变化。北冈实际主持安倍内阁重新成立的咨询委员会，呼吁日本以"积极和平主义"作出与其全球政治和经济地位相称的国际和平贡献。在安倍政府的政治主导下，北冈、田中与国家安全保障局首任局长谷内正太郎、次长兼原信克等核心决策圈人士密切协调配合，推动转变了日本的战略观念和安全取向。就此而言，北冈和田中确实发挥了有别于其他学者的独特作用。

为决策正当化背书

相较于其他国家，日本安全政策调整面临着更多的障碍因素，其中包括对政府决策合法合规性的习惯性质疑、和平思潮及反军国主义文化的存在、内阁法制局等行政权力结构的内部制衡等。

近年来，由于相关政策变化非常明显，安全话题不时在日本社会中成为争议热点，政府"非民主"的决策方式引起诸多不满和抗议。

第二次安倍政府时期，制度的变革使"首相官邸"能够将决策过程置于其直接控制之下，但安倍的决策也因此被批评为负面意义上的"个人专断"或"官邸独裁"，缺乏对宪法的尊重。实际上，安倍的安全政策改革议程，通常由他的亲密顾问谷内正太郎、兼原信克以及自公两党的内部协调决定，而这种小圈子决策和结果预设更需"关键学者"发挥装饰和背书功能。

同时，观念竞争的持续加剧，使日本的政策辩论变得更加复杂。当自民党内的保守右翼势力执政，安全政策制定容易受到意识形态因素的影响时，政策的合法性、公信力就会遭到更多质疑和批评，引发思想或观念的辩论甚至斗争。日本的左翼势力、和平运动人士、部分舆论以及少数非主流智库等，总是会批评这些政策改革是独断专行的产物并将日本置于危险之中。例如，2015 年 6 月，众议院宪法审查会听证会上就发生了如下著名事件，包括执政党自民党推荐的人选在内，宪法学者们一同认定新安保法案违反宪法第九条规定。

为了减少来自反对因素的压力，安倍政府竭力利用"关键学者"为安全政策调整提供咨询担保。为此推出的核心动作，是在 2013 年成立一系列能提供政策建议的咨询委员会。北冈和田中在各委员会充任主要角色，两人强调集体自卫权对日本安全保障和对外合作的积极影响，尤其北冈从 20 世纪 90 年代起就是一个坚定的解禁派。两人也都对内阁法制局持批评态度，认为其对宪法第九条的解释，即禁止日本行使集体自卫权是错误的。北冈、田中等"关键学者"成为公众媒体关注的焦点，增强了集体自卫权和安保法制具有巨大潜在收益的叙事，对冲或稀释了各界的反对意见，也间接掩护、支持了安倍政府的既定立场。

从 2013 年到 2015 年，日本国家安全战略设计、集体自卫权行使辩论、新安保法制定的历史过程表明，舆论及公众对"关键学者"个人而非机构（包括智库与咨询委员会）的关注更大。北冈和田中都是受到极大关注的公共知识分子和政策辩论人物。很明显，由于在广泛的话语体系中占有关键推动者和塑造者的地位，"关键学者"的意见有助于确立政策辩论方向，维持总体政策的可预期性和正当性。北冈、田中以政治现实主义学者而闻名，尽管两人的某些观点与安倍不尽相同，但"小骂帮大忙"的行事实际是在以补充政府权威的方式发挥作用，也具有被政治领导人用来证明政策公允并排除异议的价值。①

二　域外学术性社团的特征

（一）注重学术观点和研究路径的创新

近百年来，欧美发达国家依托学术性社团，充分发挥自然科学和社会科学研究者的积极性、主动性和创造性，使自然科学、社会科学、交叉科学，例如，理学、工学、哲学、管理学、法学、经济学、教育学、社会学、政治学、心理学等学科获得较快发展。以美国科学促进会为例，美国科学促进会主要关注 8 个领域：倡导科学证据的决策，STEM（Science，Technology，Engineering，Mathematics）的职业化发展，联邦科学预算分析，人权、法律与伦理，公共参与，科学外交，科学教育，形成科学政策。其中，倡导科学证据的决策是当前最受重视的方面。2018 年美国科学促进会年会的主题是"促进科学：发现到应用"，目标是探索基础研究和应用研究之间互动的新途径。美国科学促进会主席 Susan Hockfield 在《科学》杂志上专门为该次年会撰文，强调了机构在培育科学事业中的关键作用，指出"科学的成功不单是'我的'或'你的'，而是'我们的'，我们共同的责任是捍卫能够使科学成功发展的机构。"同时，她还在年会的演讲中以"生物学和工程学是下一次科学创造性地融合"为题，突出强调了学科交叉融合的革命性突破和意义，并指出 21 世纪我们面临的挑战——医疗保健、可持续的能源、充分和安全的食物和水，需要汇聚科学和社会各方面的力量共同应对。2019 年美国科学促进会年会的主题是"科学超越边界"，继续探讨促进不同学科的交叉、促进科学与社会的互动，推进科学的发展，解决人类面临的宏大挑战。在追寻跨学科

---

① 资料来源：http://www.cssn.cn/zx/bwyc/202109/t20210902_5357115.shtml。

融合推动科学发展的进程中，科技社团将发挥越来越重要的作用。①

（二）充分发挥思想库的作用

欧美发达国家学术性社团注重发挥政策制定和政策实施研究功能，聚合社会各种学术资源，以社会的需要确立研究课题，扮演"思想库""智库"的角色。英国政府在政策制定过程中，以听证制度、政策咨询会等形式将学术性社团的意见纳入政策制定的全过程中。美国政府出台政策也往往以社会科学研究成果作为依据，以此促使美国社会科学研究以问题驱动型为主。布鲁金斯学会、传统基金会、企业研究所、对外关系委员会、胡佛研究所的研究成果都曾在美国历届政府的外交决策中发挥过重大作用。美国社会科学研究理事会、霍普金斯学会、兰德公司注重整合各种学术资源及研究资源，开展学术研究与理论研究。日本政府行政长官在政府重大政策出台前，都要听取审议专家的意见，经专家学者审议并提出方案后，再由政府部门提出施政方针。② 以日本学术会议为例，日本学术会议可以应政府的咨询要求，就科学研究经费的预算及分配方案、政府所管理的研究所、实验场及委托研究经费相关预算的编制方针进行咨询，并可向政府提出政策建议，如科学技术振兴和发展方案、科技成果转化方案、科技工作者培养方案、科学向产业及国民生活普及方案等。例如，在第23届日本学术会议期间，临时设置的课题委员会"开放科学探讨委员会"于2016年7月6日向政府提交了"有利于开放创新的开放科学相关提案"。③

（三）注重依法管理

美、英、德、日等国家政府对科技社团均给予法律层面的清晰定位，且法律法规健全，都有着较为完善的慈善法律体系和科技法律体

---

① 孟凡蓉、赵军：《科技社团理论研究现状和发展方向》，科学出版社2020年版，第70—72页。

② 杨路平等：《中国社会科学类社团科学发展的战略选择》，辽宁教育出版社2015年第2版，第67页。

③ 中国科协学会服务中心编著：《美英德日科技社团研究》，中国科学技术出版社2019年版，第207页。

系，以法律约束性、指导性和保障性来监管和引导科技社团的运行。例如，英国慈善法的历史可以追溯到 1601 年的《慈善用益法》，此后，英国陆续出台了一些单行法律来规范慈善组织和慈善活动。1960年，英国出台了《慈善法》，并经历了 1992 年、1993 年、2006 年、2011 年等数次修订，对慈善事业诸多方面进行了详尽的规定。科技则是慈善事业的当然组成部分。美国则以税法及募捐法为主，辅以《国家科技政策、组织和优先法》《国家科学基金会法》《技术评价法》等科技相关立法，构建了分散式的立法体系。日本在 1995 年《科学技术基本法》的框架内制定实施了科学技术基本计划。德国在宪法和民法典基础上，于 1964 年颁布了《联邦德国结社法》，对社团的定义、管理机关、社团的行为、注册、解散、财产关系等内容进行了详尽的规定。此外，各国在改革变动科技管理体制或开展重大科技计划时，几乎都会出台相应的法律法规对实施加以保障，由此形成科技社团清晰的法律定位和行为体系。① 域外国家依法管理学术性社团主要体现在社团在法治框架内运行，政府不直接干预学术性社团的学术研究、学术探讨和学术交流等活动，但学术性社团的组织机构设置要合法，学术性社团财产要依法筹集和使用，免税资格要依法认定等。

（四）强化自我管理与自律

域外学术性社团非常注重自我管理和自我约束。域外学术性社团的学术研究、学术探讨和学术交流等活动以章程为依据，尊重章程的权威性。域外学术性社团通常对组建过程的注册登记，选择理事会成员、获取法人资格、开设银行账户、建立会计制度、免税手续、办公场所的选择、办公设备的购置、人员招聘、薪酬设计等高度重视，严格按照章程和政府相关制度规范运行。

域外学术性社团良好的内部治理与强化自我管理、自律紧密相

---

① 中国科协学会服务中心编著：《美英德日科技社团研究》，中国科学技术出版社2019 年版，第 13—14 页。

关。域外学术性社团大都实行民主办会原则，内部治理结构比较完善，董事会、理事会、监事会等领导机构的成员均由会员民主选举产生，能真正代表社团会员的利益。美国学术性社团具有比较完善的内部治理，包括自律措施、内部约束机制、成套的行为和道德标准、制度建设等。内部监督和外部监督相辅相成，共同维护着美国非营利部门的根本利益，促进着非营利部门的健康可持续发展。[①] 此外，域外学术性社团大都专门聘任工作能力强的专职人员处理社团日常事务，形成合理、科学、自治、民主的组织管理体系。

（五）财务资金运作规范

欧美发达国家的学术性社团资金运作良好，为学术性社团的发展提供了雄厚的物质基础。资金运作规范是域外学术性社团的显著特征。德国科技社团的资金主要来源，一是会费，二是捐赠收入，三是社团活动收入，四是期刊收入和投资收益，五是各级政府补贴。例如，据德国物理学年报显示，2017 年德国物理学会的收入分布比例：会费捐赠及赞助占 57%、会议及其他活动收入占 29%、期刊收入及投资收益占 14%。[②] 德国各级政府每年都有许多资金用于社会福利项目，但这些项目不是政府亲自去做，而是采取招标的方式。德国社科类社团要获得政府的项目资金，应向政府有关部门递交详细的项目申请书和实施计划。政府在审查时主要评审社科类社团的目的、能力以及项目设计师的合理性，最后由市议会来决定项目运作规范。德国政府明确规定对社会团体财产，要按照公用事业进行管理。德国社会团体一旦获得从事公用事业的资格，社会团体本身及捐助者将享有税收减免的特殊待遇，不用再缴纳所得税、消费税、物业税和资金转移税。对社会团体的经济活动，德国政府明确规定了盈余分配原则。[③]

---

① 徐彤武等：《美国公民社会的治理——美国非营利组织研究》（上册），中国社会科学出版社 2016 年版，第 153 页。

② 中国科协学会服务中心编著：《美英德日科技社团研究》，中国科学技术出版社 2019 年版，第 143 页。

③ 杨路平等：《中国社会科学类社团科学发展的战略选择》，辽宁教育出版社 2015 年第 2 版，第 71—72 页。

法国科技社团的收入来源与其他社团相似，包括捐赠、会员交纳的会费、社团持有地产的出租收入、举办活动的收费等。法国政府发放的公共经费支持是社团组织最大的资金来源，社团组织的经费有 1/2 以上直接或间接地来源于公共资源，但往往不是以直接经费的形式，而常常是以政府购买服务的形式。有些科技社团为了拓展其自身的资源，提高在社会上的知名度，会组织一些经营性的活动，以获取维系自身运作的经费支持。在这种情况下，社团可以根据相关法律的具体规定，享受一些特殊的税收政策。在税收上，法国各社团受到财政部的管理和监督，需要定期提交财务报表。一般来说，社团组织需要每年提交损益表、资产负债表和总分类账，有相应的警察局、内政部和所在领域的相关部门审核上一财政年度所有拨款的使用情况。①

第三节　域外学术性社团治理

一　美国学术性社团治理

美国是一个移民国家，尽管只有 200 多年的历史，但美国科技和社会发展水平却处于世界前列。在促进科技和社会发展的过程中，作为现代社会三大组织体系的政府、企业和非营利组织都发挥着极为重要的作用。美国社会体现"小政府、大社会"的特点，其非营利组织数量众多、服务领域广泛。与世界上其他国家非营利组织相比较，美国非营利组织发展得更为充分、更为有效。美国非营利组织的持续发展有赖于诸多因素，其中，最关键的有三个因素。其一，美国社会深厚的公民自治传统。其二，美国非营利组织发展的外部环境，这主要是指受宪法保护的言论与结社自由、比较宽容的社会态度，以及建立在法治基础上的以联邦免税组织制度为代表的政府监管体制。其三，非营利组织不断完善的内部治理，包括自律措施、内部约束机

---

① 中国科协学会服务中心编著：《法意澳新科技社团研究》，中国科学技术出版社 2020 年版，第 36—37 页。

制、成套的行为和道德标准、制度建设要求等。①

　　美国科学的传统来源于英国。1683 年，在英克里斯·马塞的倡导下，波士顿哲学学会成立，其宗旨是讨论如何促进哲学研究和扩大自然历史知识。这是美国历史上的第一个学会。1727 年，本杰明·富兰克林倡导成立了一个秘密的人文科学和自然科学学会。在美国建国初期，学术性社团主要是以行业从业者自发组织为主体，某些社团的影响延续至今。例如，成立于 1847 年的美国医学会和成立于 1848 年的美国科学促进会，至今在相关领域仍有着巨大的影响力。② "二战"以后，一直到 20 世纪 70 年代，美国社科类社团处于高速发展时期。据《社会科学情报工作概论教学参考资料》介绍，美国社会科学的研究机构（包括人文学科、哲学和历史）1976 年约有 5153 个，其中协会系统的有 3318 个，占研究机构总数的 64.2%。在美国工作的三万名心理学家中，有二万二千人是美国心理学会的会员，占 73.3%。③ 20 世纪 70 年代到 21 世纪初，美国社科类社团进入繁荣鼎盛期。进入 21 世纪以后，美国社科类社团发展进入调整期。2006 年 2 月，美国国家科学基金会发布了《美国严峻挑战》报告书。2007 年 8 月，美国参议院通过了《美国竞争法》，从法律的角度提出了维持 21 世纪美国在世界的领导地位需要做的事项，要求政府加大教育投资，保证人才建设的要求，建议政府加大对国家科学基金会的投资，以保证美国在国际上的竞争力。④

　　学术性社团在探索自然科学领域和解决社会科学领域问题中发挥着极其重要的作用。美国的一些学术性社团有近 200 年的历史。悠久的历史在客观上为学术性社团的发展积累了丰富的运行和治理

　　① 徐彤武等：《美国公民社会的治理——美国非营利组织研究》（上册），中国社会科学出版社 2016 年版，第 153 页。
　　② 中国科协学会服务中心编著：《美英德日科技社团研究》，中国科学技术出版社 2019 年版，第 22 页。
　　③ 张本森：《美、英、法、日等国社会科学学术团体发展情况》，《探索》1989 年第 3 期。
　　④ 李莉：《湖北省社科类社团的历史与现状调查研究》，湖北人民出版社 2020 年版，第 128—129 页。

经验，美国的学术性社团在社会领域拥有广泛的学术知名度和学术影响力。

（一）美国学术性社团内部治理结构

在联邦和州相关法律法规的指导下，在非营利部门的治理监督和评估组织以及公众的监督下，美国各类学术性社团不断进行内部治理改革，以求达到高质量、高透明、负责任的"善治"标准。① 美国学术性社团通常采用公司治理结构，由成员大会、理事会和高层经营人员、首席执行官组成的执行管理机构和独立的会计师三部分组成。成员大会是学术性社团的最高权力机关，相当于公司中的股东会。理事会是非营利组织的最高决策机关和法定代表机关。美国学术性社团的内部没有设立监事会，而是通过聘请独立会计师组成的审计事务所来承担审计监督的职能。在这种治理结构模式中，对管理层的监督约束在很大程度上是借助外在的制度和因素，而不是由组织内部人员来进行。例如，严格的会计准则、禁止内幕交易制度、全面的强制信息披露制度、鼓励派生诉讼的程序规则以及发达的新闻监督制度等。② 美国学术性社团的治理建立在三大价值和规则之上：品质、责任和透明——注重品质就是追求卓越，力争把自己打造为一流的组织，为社会提供优质服务；责任强调的是必须对公众、对社会负责，当学术性社团出现问题时必须有人承担责任；透明是消除一些腐败和财务漏洞的有效途径，也是赢得公众信任的最佳手段。③

美国学术性社团治理结构属于"委托—代理"形式，即决策机关和运行机构之间是分离的。根据业务需求，美国科技社团设置不同的委员会，例如，教育委员会、伦理委员会、章程委员会、政府事务委员会、财务委员会等。委员会负责某项具体的业务，有的向董事会进

---

① 徐彤武等：《美国公民社会的治理——美国非营利组织研究》（上册），中国社会科学出版社 2016 年版，第 2 页。

② 王敏：《社会团体内部治理机制研究》，硕士学位论文，山东大学，2011 年。

③ 徐彤武等：《美国公民社会的治理——美国非营利组织研究》（上册），中国社会科学出版社 2016 年版，第 186 页。

行汇报，有的向理事会进行汇报，有的接受董事会和理事会的双重领导和管理，主要是根据委员会的具体职责而定。有的科技社团是在理事会中下设执行委员会，有的是直接设置执行委员会，不设置理事会，但委员会负责具体职责运作的性质没有变化。吸收个人会员的科技社团，一般还会成立分支机构，根据会员的兴趣设立学部或者兴趣小组，重点关注学科的某一领域；根据会员的地域差异，建立地方分部，便于会员进行活动和管理。不吸收个人会员的科技社团一般不成立分支机构，各成员机构各自运行。美国学术性社团的董事会、理事会等领导机构的成员均由会员民主选举产生。例如，美国硅谷科技社团的会员代表大会、理事会、监事会等社团领导机构的成员均由会员民主选举产生。通常是由学术上有权威、管理上有经验的专家学者担任，他们具有丰富的专业知识和管理经验，能真正站在会员的角度考虑问题。重大决策需要 2/3 以上的会员代表表决通过方可生效，能够真正代表会员利益。①

（二）美国学术性社团管理体制

对于美国学术性社团而言，章程和细则是组织运行的基础，其日常的运作主要是按照社团的章程和细则进行。美国学术性社团普遍建立起了较为完善的规章制度，无论是社团中的组织还是个人，都需要遵守章程的相关规定。无论是联邦政府还是州政府都不会给予过多的干预。由此可见，美国学术性社团在一定程度上独立于政府，不依赖于政府，是现代社会组织体系中独立性非常强的一个社会主体。

法律和税收是美国政府对非营利组织进行管理的主要方式，美国学术性社团属于非营利组织，联邦政府和州政府对学术性社团的管理与其他非营利组织相比并没有明显差异。美国学术性社团在成立之时需要具有组织文件、规章制度、雇主身份识别码和慈善募捐资格。②

---

① 中国科协学会服务中心编著：《美英德日科技社团研究》，中国科学技术出版社 2019 年版，第 39 页。

② 中国科协学会服务中心编著：《美英德日科技社团研究》，中国科学技术出版社 2019 年版，第 53 页。

美国学术性社团的法律体系也可以比照非营利组织。美国非营利组织法律体系主要包括联邦法、州立法和法院判例三部分。联邦法主要是对非营利组织的税收问题作出相关规定，其中包括国会法律、国际条约、财政部规章和税务局规章；州立法主要涉及非营利组织的基本运行活动；法院判例是对立法的补充，通过其独立地位对法律和规章当中不合理的地方做出调整。①

二 日本学术性社团治理

日本是一个高度发达的资本主义国家。日本社科类社团的发展开启于明治维新时期，深受国家变法图强的影响。日本在西方资本主义工业文明的冲击下，自上而下地掀起了向西方先进文明和技术学习的现代化改革运动。日本在教育、人才培养、自然科学和社会科学等方面师法欧美，十分重视教育和科研能力的发展，也十分重视研究机构和智囊组织的发展，为此，日本效仿欧美等国建立起大量的社科研究机构和社团组织。② 与中国社会组织管理策略的变迁轨迹相似，日本社会组织的管理策略经历了从严格控制走向放松监管的过程。日本在传统上是一个国家主导型的社会，社会组织是"舶来品"。日本媒体从 20 世纪 90 年代开始关注"社会组织"（NPO），主要视角在于评价欧美的社会组织。③ 比较而言，日本科技社团的成立和发展晚于英美，但日本科技社团进步迅速，普遍有较强的实力，在日本科技、经济的高速发展历程中扮演着极其重要的角色。特别是 1948 年，日本颁布了《日本学术会议法》，成立了"内阁特别机关"——日本学术会议机构，并确定了日本学术会议的性质，即"一个在国内和国外代表日本科学家的机构，其目的是谋求科学技术的发展，向行政、产业及国

---

① 中国科协学会服务中心编著：《美英德日科技社团研究》，中国科学技术出版社 2019 年版，第 58 页。

② 李莉：《湖北省社科类社团的历史与现状调查研究》，湖北人民出版社 2020 年版，第 130 页。

③ 吴月：《从控制到发展：日本社会组织管理策略变迁及其逻辑》，《湖北社会科学》2018 年第 6 期。

民生活反映并推进科学理念"。2005 年，日本学术会议建立了一个联络包括科技社团在内的日本学术团体的机制，与之建立联系的团体被称为"日本学术会议协力学术研究团体"。①

（一）日本学术性社团内部治理结构

日本的公司治理不以股东单边利益为导向，而是以股东、职工、债权人（主银行）等多方面的利益相关者的共同利益为导向，形成银行、股东、员工共同治理的多边治理模式。日本的非营利组织治理结构模式也与公司治理结构模式类似，即内部设有成员大会、监事会和理事会。日本还通过各种法律具体规定了成员大会、监事会和理事会各自的职责，即成员大会是法人的最高权力机构，而监事和理事则是组织的负责人员，监事承担监督职责，理事则作为法人代表。② 日本科技社团的内部治理结构比较健全，又有着日本的特点。日本《民法》规定，科技社团由社员总会作为最高权力机构，理事会是其执行机关。

日本颁布的《特定非营利活动促进法》对监事的职权内容做了界定，主要内容包括：监督理事的业务执行情况；监督特定非营利活动法人的财产状况；当发现特定非营利活动法人的业务或财产存在不正当行为或违法违规等重大事实时，向社员总会及相关主管部门报告；认为有必要时可召集社员总会，针对理事的业务执行情况或特定非营利活动法人的财产状况，向理事会陈述意见等。为保证日常业务的有序运营，应根据社团章程、捐助章程或社员总会决议设置监事一人或数人。日本科技社团大多数为公益法人，就公益法人性质的科技社团而言，《公益法人设立许可及监督准则》对其理事、监事等机构做了详细的规定。第一，公益法人理事的人数应以公益法人的事业规模、事业内容等实际情况而定，其上下限幅度不宜过大；理事任期原则上以两年为准，理事中具有亲属关系、特定的企业关系、同业关系或主管机关出身者不得超过一定的比例；不得不当给予常任理事过高报酬

① 中国科协学会服务中心编著：《美英德日科技社团研究》，中国科学技术出版社 2019 年版，第 172 页。

② 张明：《非营利组织治理机制研究》，博士学位论文，暨南大学，2008 年。

或退休金等。第二，公益法人监事是对公益法人会计、财产、理事业务执行等事项进行监察的重要机关，必须设置一人以上，且不得由理事兼任。该监督准则使监事从《民法》上的"可"设机关成为"必"设机关。第三，如注册法人性质为公益财团法人，原则上应设置评议员，组成评议员会，负责理事和监事的选举，同时也作为公益财团法人的咨询机构。评议员由理事会选任，原则上不得兼任理事和监事，在不得已的情况下，评议员可以兼任理事，但其比例不可达到评议会实质上可以控制理事会的程度。①

（二）日本学术性社团管理体制

《特定非营利活动促进法》规定，特定非营利活动法人由该法人的主要事务所在地的都、道、府、县知事作为政府主管机关。学术性社团的设立采取准则主义，废除主管机关的许可制度。学术性社团应向其主要事务所所在地相关机关部门提交登记申请，首先登记成为一般法人。作为学术社团在内的公益法人的主管部门，政府主管机关对其业务活动进行主要监管。② 2006 年 6 月，日本国会公布了《关于一般社团法人以及一般财团法人法》《关于公益社团法人以及公益财团法人认定法》《伴随实施关于一般社团法人以及一般财团法人法以及关于公益社团法人以及公益财团法人认定法、有关相关法律完善法》三部改革法案。日本公益法人制度改革的重要内容之一是将成立法人与判断法人公益性分解成两个独立的程序；公益性认定程序由独立的民间机构操作，从而摆脱了政府主管部门判断公益的随意性。经过公益认定的公益社团法人和公益财团法人在税收方面享有更优惠的待遇。其资产实质上是社会公众的公益资产，所以也应当受到政府机构、司法机构、公益认定机构乃至社会公众的严格监督。③

---

① 中国科协学会服务中心编著：《美英德日科技社团研究》，中国科学技术出版社2019 年版，第 181 页。

② 中国科协学会服务中心编著：《美英德日科技社团研究》，中国科学技术出版社2019 年版，第 190 页。

③ 王名、李勇、廖鸿、黄浩明编著：《日本非营利组织》，北京大学出版社 2007 年版，第 118—121 页。

三 德国学术性社团治理

在欧洲，德国的社会组织比较发达。德国既被称为"思想家王国"，又被称为"结社之邦"。在德国，各种社会组织数量繁多、作用突出、影响巨大，构成了与国家政治和社会市场经济分庭抗礼、相得益彰的第三部门。德国是一个法治非常健全的现代化国家，有着健全系统的结社法律制度和良好的社会组织发展的法律制度生态环境，有着悠久的"结社"传统。德国发达的社会组织成为当代德国社会不可缺少的一个重要组成部分。① 德国的社团组织有非登记形式，也有登记形式，包括学会、协会和联合会等不同类型。这些组织的宗旨、规章非常清晰稳定；而且不受政府与党派影响；具有相当程度的志愿性；它们也接受公共捐赠，参与社会公共管理活动，并以服务公众为目标。德国的科技社团发展环境较为完善，各方面管理非常严格，在其科技发展壮大的过程中发挥了不小的作用。②

（一）德国学术性社团内部治理结构

科学健全的内部治理结构是德国学术性社团发展壮大的基础。德国科技社团的最高权力机构、决策机构是会员大会，它决定社团的重大事项，包括修改章程、选举理事会成员以及变动业务范围等。作为组织运行的基础，社团章程根据会员大会四分之三多数通过后，在法律规定的范围内对其成员进行约束。理事会是会员大会之外行使管理权的唯一执行机构，是社团的领导部门和对外负责单元，由社团成员民主选举产生，每年向全体会员报告工作开展情况。理事会的组成需在章程中予以规定。理事会并非需要由多人组成，也不需要强制性设置行政人员。德国大型科技社团的理事会成员往往进行国际征聘。在成立分支机构方面，德国科技社团一方面根据地域设立多个地区分

---

① 王名、李勇、黄浩明编著：《德国非营利组织》，清华大学出版社2006年版，第23—24页。

② 曾诗意：《学术性社团组织治理问题与对策——以A市某图书馆学会为例》，硕士学位论文，苏州大学，2018年。

会，便于不同地区的会员及时方便地在本地区参加各种活动；另一方面根据社团的学术方向设立若干个专业委员会，组织有相似研究方向的人员进行交流，在全国分支机构管理上采取"伞"形网络结构管理模式。[①]

由于理事会领导社团只是荣誉性的且不领取报酬。对于包括教育培训在内的具体工作，会员大会或理事会可以根据德国《民法典》第30条，在章程中对雇佣特殊代表作出规定，在特殊事务领域里授予其全权，以减轻理事会的负担。特殊代表可以是专职工作人员，最经常的做法是理事会雇佣总经理作为特殊代表，使其在日常业务中可以代表社团，要在注册登记处具名登记。德国科技社团通常会设立一个独立的运营团队，负责社团所有的日常管理和运营工作。[②]

（二）德国学术性社团管理体制

德国政府倡导社会治理的自治性原则，在解决社会公共事务问题的时候，倾向于"自下而上"的解决。政府在公共事务中的角色主要是"辅助者"，负责提供制度框架来鼓励社会参与。德国有关社团的法律制度框架是非常完备的，《基本法》为德国社会团体的产生和发展提供了基础的法律依据及保障。《联邦德国结社法》《德国财政法典》等，在法律条款中明确了社团注册登记、运营管理、解散取缔、纳税主张等相关法律内容。依照社团活动的范围，对社团有不同的管制机关。对于组织和活动范围在一个州的领域内的社团及其分支机构，州政府为其管制机关。对于组织和活动范围超出一个州领域的社团及其分支机构，联邦内务部为其管制机关。德国政府给予社会团体强有力的支持，但无论是德国政府还是社会团体都特别强调社会团体的独立性即非官方特征。德国政府不设立专门的部门或机构用于管理和监督社会团体的活动和日常运营，为社会团体的运行与发展保留

---

① 中国科协学会服务中心编著：《美英德日科技社团研究》，中国科学技术出版社2019年版，第137—138页。

② 中国科协学会服务中心编著：《美英德日科技社团研究》，中国科学技术出版社2019年版，第137—139页。

了自主的空间。德国社会治理一贯强调的核心准则就是自治，按照自治原则，社团负责具体的服务，政府负责制度与法律框架的制定，以及对公共服务数量和质量的监督。德国科技社团作为社团的一种类型，遵守同其他社团完全一样的法律、登记监督政策以及税收规定。[1] 德国《民法典》对社团的基本分类、权利能力的取得、内部治理、登记注册以及监管等问题做了详细的规定。依照德国《民法典》的规定，"以非营利为目的的社团，在具有管辖权的区级法院登记后取得法律上的权利能力"。[2] 德国社团管理体制的一个重要特征是"登管分离"。社团注册登记后，登记机关通常不会过多干预社团的运营活动。

四 英国学术性社团治理

英国人口不到 7000 万人，却是近代科学和工业革命的发源地，先后产生了 130 多位诺贝尔奖获得者，资助了全球 10.7% 的科学研究，高引用率论文的数量占全球高引用率论文总数的 15.2%，位居世界第三。[3] 自 17 世纪中叶起，无形学院开启了英国科技社团的发展之路。18 世纪英国的科技社团形成了新兴和传统并行的发展状态。19 世纪迎来了英国科技社团的辉煌时代，大量的科技社团纷纷涌现。历经 300 余年，英国的科技社团如今数量众多、各有特色、管理规范、结构健全。[4] 英国非常重视科技与教育，将科学知识普及与公民科学文化素质的提高置于极其重要的战略地位。英国政府通过科学合理的治理体制，鼓励科技社团与学校、科研机构、企业等机构展开平等协商合作，在全社会营造良好的科学文化教育氛围，让科学知识在

---

① 中国科协学会服务中心编著：《美英德日科技社团研究》，中国科学技术出版社 2019 年版，第 149—153 页。

② 王名、李勇、黄浩明编著：《德国非营利组织》，清华大学出版社 2006 年版，第 64 页。

③ 中国科协学会服务中心编著：《美英德日科技社团研究》，中国科学技术出版社 2019 年版，第 85 页。

④ 中国科协学会服务中心编著：《美英德日科技社团研究》，中国科学技术出版社 2019 年版，第 90 页。

整个社会得以广泛传播。英国科技社团的治理结构、管理体制和运行模式比较成熟完善，获得了社会的一致认可，成为可供全球借鉴的一流科技社团发展的典范。

(一) 英国学术性社团内部治理结构

英国科技社团的主导力量在社会而不是国家，所以形成了一套有效的代议制自治管理模式，表现为学会选出理事会来代表学会成员行使管理学会的权力，通过理事会来间接进行民主管理。每个科技社团都有自己的章程。章程是学会自治权的表现。章程效力之于学会，犹如宪法效力之于国家。从章程中可以看出，理事会由全体会员选出，是学会的核心管理机构，委员会、董事会是理事会的衍生机构。科技社团的理事会往往是最高决策机构，负责社团的整体事务，包括发展战略、具体政策、人员变动、财产管理等。理事会成员的数量虽然各有不同，但一般都有严格的规定，理事会成员按社团章程选举产生。会员代表大会、理事会、监事会的成员由学术上有权威、管理上有经验的专家担任，但他们都由会员选举产生，且具有丰富的专业知识，能够站在社团的角度考虑问题，真正代表会员利益。[1]

英国科技社团的理事会一般向下辖各委员会授予某些权力，以确保理事会将所需的时间和精力用于管理其他重要领域。英国科技社团的理事会下设的办事机构和委员会，一般由理事会任命或选举产生，并向理事会汇报。这些机构或委员会分管本社团的具体工作，是英国科技社团日常运作与发展的政策执行者。[2]

一般来说，英国大型科技社团主要有四个方面的资金来源：慈善活动、投资收入、自发收入、交易筹集资金。从事科学相关的慈善活动是所有科技社团的主要功能，其中包含了很多支出类型，如会员服务活动，出版物运行，向个人及学术机构给予资金用于研究活动、数

---

① 中国科协学会服务中心编著：《美英德日科技社团研究》，中国科学技术出版社2019年版，第94页。

② 中国科协学会服务中心编著：《美英德日科技社团研究》，中国科学技术出版社2019年版，第95页。

据库建设及各类奖学金和学术奖励支出等。[1]

(二)英国学术性社团管理体制

英国科技社团管理的法律框架可以从两部分展开,一是科学技术等领域的法律涉及有关科技社团管理的部分。二是科技社团作为慈善组织,受英国慈善组织管理的法律制约,这主要体现为《慈善法》。注册为慈善组织的英国科技社团统一由英国慈善委员会管理。英国慈善委员会是一个无须向内阁大臣负责的、独立运行的政府公共机构。英国慈善委员会从登记、管理、监督以及对不当行为和错误展开调查四个方面对英国的科技社团行使监管职能。[2] 英国学术性社团始终坚持独立性,作为独立的社团法人,学术性社团的组织活动可以接受业务主管单位、挂靠单位和登记管理机关的领导、指导和支持等,但学术性社团作为科学研究者自愿组成的法人社团,绝不隶属于任何机构和个人,必须始终保持公正超脱、客观现实的独立立场。[3]

五 法国学术性社团治理

法国是一个酷爱哲学思想和学术讨论的国家。法国社科类社团出现的时间较早,早在 16 世纪,大学、研究机构的场所就经常有一些学术讨论和思想争鸣,这是法国早期社科类社团的雏形。法国社科类社团的起步发展阶段是在法国大革命到第二次世界大战期间。在这一时期,比较有代表性的社科类社团是在法国巴黎成立的伦理和政治科学学院,这是欧洲第一个专门研究伦理学和政治学的组织机构。此外,政府还专门设置管理机构——国家科研中心来管理各类社科类社团。国家科研中心是政府设立的国家级科学研究、管理和协调机构,其下属的人文社会科学部在指导、管理和协调全国人文社会科学发

---

① 中国科协学会服务中心编著:《美英德日科技社团研究》,中国科学技术出版社2019 年版,第 102—103 页。

② 中国科协学会服务中心编著:《美英德日科技社团研究》,中国科学技术出版社2019 年版,第 117 页。

③ 邵新贵、高华:《从英国的实践看我国科技社团与科技馆的创新与发展》,《学会》2010 年第 3 期。

展、规划建立并领导全国各地社科类社会团体方面发挥着极其重要的作用。"二战"至 20 世纪 70 年代中期是法国社科类社团的繁荣鼎盛期。仅社会学、经济学和心理学三个学科的社会团体数量和研究人员数量就令世界瞩目，如社会学有 13 个研究中心和 230 多名研究人员。这一时期代表性的社团组织主要有政治科学学会、经济科学协会、法国应用人文科学发展协会等，国际社科团体包括国际社会科学理事会、国际社会学学会、国际比较法学会等。另外，有 52 个国际社会科学学术团体总部设在巴黎，占国际社会科学学术团体总数的 1/5，法国也因此成为国际社会科学学术交流中心。20 世纪 70 年代中后期到 21 世纪是法国社科类社团的调整期。与美国不同，法国进入 70 年代以后，社科类社团发展缓慢。随着前期学科建设和社团组织的发展完善，社科类社团呈现出一定的饱和状态，经济的稳定发展、社会福利制度的不断健全使得社会需求和公众的兴趣也发生一定的变化，但总体上，法国社科类社团的建立发展仍然紧跟社会发展的诉求，并继续发挥其在国际社会科学领域上的影响。①

（一）法国学术性社团内部治理结构

与其他社团组织一样，法国科技社团的组织结构框架如下：其一，会员大会。会员大会是社团组织的最高权力机构与议事机构，由全体会员组成。社团组织的基本政策、重要的人事任命、业务活动安排和预算编制等重大事项均由会员大会讨论并做出最终决议。其二，理事会。理事会是社团组织的最高决策机构，也是会员大会决议的执行机构，负责确立社团组织的总体政策，并提交全体会员大会审议。一般情况下，理事会成员除了社团组织的会员外，还包括一部分外部人员，例如，来自政府相关部门、合作机构的人。其三，行政管理团队。行政管理团队是社团组织运转与管理的具体执行机构，一般由主席、数名副主席、财务主管等相关人员组成。行政管理团队人员组成

---

① 李莉：《湖北省社科类社团的历史与现状调查研究》，湖北人民出版社 2020 年版，第 129—130 页。

的具体情况依据各社团组织之间的差异而有所变化。按照法国的法律规定，成立一个社团组织，必须要明确一名主席作为法定代表人，另外，还必须有一名财务主管负责社团组织的财政事务。除了上述机构之外，不同的社团组织还会根据自己的具体情况（例如，专业领域、规模等）设立一些特殊的机构，尤其是一些专门委员会，其职责是协助理事会负责特定领域相关政策的决策，比较常见的此类委员会有学术委员会、出版委员会、教育委员会、国际关系委员会和青年科技人员委员会等。[①]

在法国社团组织的治理实践中，还有一个特别重要的因素——志愿服务，法国众多社团组织的运转主要依赖志愿服务，这是法国社团组织所凝聚的一种重要的社会资源。法国社团组织的资金来源渠道和形式较为多样，包括政府部门的资助、企业或基金会的捐款、个人捐款、会员会费，还有来自欧盟层面的经费支持，以及各种形式的国外资金等。法国科技社团的收入来源与其他社团相似，包括捐赠、会员缴纳的会费、社团持有地产的出租收入、举办活动的收费等。有些社团为了拓展自身的资源提高社会上的知名度，会组织一些经营性的活动，以获取维系自身运作的经费支持。[②]

（二）法国学术性社团管理体制

在法国，结社是宪法赋予公民的基本权利之一。社团组织在日常运营中享有组织自治，即政府不会对社团组织的日常运行进行过多干涉，但这并不意味着法国政府与社团组织之间的关系疏远。事实上，法国政府与社团组织之间具有较强的联系，政府通过制定相关的法律法规以及采取经济手段等方式对社团组织的行为进行约束和影响。科技社团也需要遵守与社团组织相关的法律、法规和规章制度。《非营利社团法》是管理和调节法国的社团组织行为最重要的一部法律。根

---

① 中国科协学会服务中心编著：《法意澳新科技社团研究》，中国科学技术出版社2020年版，第31—32页。

② 中国科协学会服务中心编著：《法意澳新科技社团研究》，中国科学技术出版社2020年版，第35—42页。

据《非营利社团法》第 2 条的规定，"社团可以自由设立，并不需要进行核准和事先宣告"，但如果想成为享有法人地位、享受税收优惠的社团，则需要进行事先宣告（公开化），即向政府部门进行登记。同时，《非营利社团法》第 3 条还规定，"违反法律、公序良俗，危害国家领土和政府共同政体等不具备合法性的社团组织，可以依法予以取缔"。可见，法国并没有社团组织向政府进行登记的强制要求，但如果一个社团组织想要获得法人地位，成为具备民事行为权利和责任的主体，就需要向政府部门申请登记。而政府通过对社团组织进行登记管理，能够掌握社团组织发展的基本情况。[①]

从美国、日本、德国、英国、法国等国家的学术性社团的内部治理结构和管理体制可以看出，借鉴公司治理方式治理学术性社团是欧美发达国家的共同举措。学术性社团几乎都设立了作为治理结构核心力量的理事会，但是，监督机制的设立各有差别，监事会不是必须设置的机构。另外，欧美发达国家的学术性社团通过与政府、企业、社会之间的良性互动，例如，通过协议或合同以项目的形式与行业组织之间进行交流与合作，推动自身进步，发挥自身在社会治理和促进科学发展等方面的积极作用。

第四节　域外学术性社团治理的启示

一　完善制度体系，优化学术性社团法人治理结构

欧美发达国家的社会治理体制比较成熟，社会治理法律体系比较完善。在社团治理中，注重依法管理，使学术性社团的各项活动在法治框架内运行，完善的社会治理体制和法律体系为域外学术性社团的有效运行提供了制度保障。学术性社团作为社团组织，遵守法律法规是基本要求，域外政府通过制定一系列的法律法规规范和约束学术性

---

① 中国科协学会服务中心编著：《法意澳新科技社团研究》，中国科学技术出版社2020 年版，第 20—22 页。

社团的行为，来保障学术性社团的学术研究、学术探讨和学术交流等活动有法可依，这样，也有利于对学术性社团的监督和管理。在欧美发达国家，学术性社团都有较为独立的法人资格，国家主要通过法律手段对学术性社团进行监管。例如，1965 年英国颁布的《英国科学技术法案》，（*Science and Technology Act* 1965）赋予科学研究机构以及与国务大臣、科技部长以及其他与科学研究相关组织的责任和权力。根据该法案，各研究理事会注册为非政府部门公共机构。研究理事会拥有独立的政策制定、经费使用和管理权，政府只负责为研究理事会制定宏观发展战略，各研究理事会按研究领域和方向，确定各自的研究发展项目和计划，政府不干预研究理事会的日常工作。[①] 欧美发达国家为学术性社团提供了比较宽松的法治环境，学术性社团成立的门槛不高，只要符合相关法律的要求条件即可自行组建社团，而且几乎不限制相同领域的学术性社团的数量，鼓励学术性社团之间的公平竞争。

学术性社团治理结构决定其功能的发挥，优秀的学术性社团必须有良好的法人治理结构。日本科技社团一般在成立之初就需要根据注册性质和主要工作建立完整的组织管理架构，特别是会员总会、理事、监事、评议会等关键决策和监督机构或岗位，需要满足不同法律法规设定的条件。完整的内部组织架构保证了社团在组织、管理、决策、运行等方面有较为规范的运行标准。[②]

中国的学术性社团在章程文本和形式上都具有较为完善的法人治理结构，但部分学术性社团的章程常常仅停留在文本之上，未能真正成为学术性社团学术研究、学术探讨和学术交流等活动的制度依据；社团法人治理结构也常常仅停留在文本上，而未能严格执行于学术性社团的实际运行中。域外优秀的学术性社团治理经验表明，只有健全

---

① 余贞利、韩凤芹：《英国科技事权与支出责任划分》，《经济研究参考》2016 年第 3 期。

② 中国科协学会服务中心编著：《美英德日科技社团研究》，中国科学技术出版社 2019 年版，第 210 页。

的法律制度体系、科学的社团治理机制、科学合理的社团法人治理结构、明晰的社团章程与社团组织行为保持有机一致，学术性社团的学术研究、学术探讨和学术交流等学术服务功能才能充分、有效发挥。

二 有效整合资源，提升学术服务能力

学术性社团要成为高水平、高层次的学术组织，就必须积极围绕社会发展中的现实、热点问题，以科学研究者和社会公众的需求为导向，有效整合学术资源，发挥核心职能，不断提高自身的学术研究、学术探讨和学术交流等能力，提升学术服务水准，向社会提供优质的学术公共服务。

欧美发达国家的科技社团同其他科技社团、非政府组织和国际组织之间存在合作关系。尤其是一些国家层面的科技社团，它们拥有众多的团体会员，这些团体会员多为一些区域性社会组织或者分支学科、交叉学科的社团组织。欧美发达国家的科技社团常常形成联合组织来发挥社团资源的综合优势。例如，法国工程师与科技工作者协会的团体会员中就有180家由各类工程师学校校友组成的社团、30余家工程师与科技工作学会、25个地区及海外工程师与科技工作者联合会。该协会设有一个社团委员会，专门负责处理该协会与其团体会员之间的关系等事务。法国地质学会与行业内的30多个协会形成了伙伴关系，彼此之间通过签订合同和协议的形式联合开展项目。国际宇航联合会则与11家来自不同国家的非政府组织和政府间组织建有合作关系，由此形成专业的协作网络，整合资源，提升学术服务能力。[①]

三 优化监管，形成良好的支持体系

为有效发挥学术性社团的功能，欧美发达国家非常注重对学术性

---

① 中国科协学会服务中心编著：《法意澳新科技社团研究》，中国科学技术出版社2020年版，第40页。

社团的规范化管理、优化监管。以美国为例。在联邦和州相关法律法规的指导下，美国各类科技社团不断进行内部治理改革，包括围绕使命设计组织的运营项目和经营模式，通过加强信息公开提升公众对社团的认识及信任度，以会员为本开展精准化会员服务等。中国长期对社会团体实行双重管理体制。这一体制对于规范社会团体的活动、维护社会稳定起到了重要作用。但是，双重管理体制"虚设"了学术性社团法人地位，将监督变为控制，导致学术性社团"寄生"或依附于业务主管部门，一些学术性社团与业务主管部门之间形成了庇护与依赖的关系。这弱化了学术性社团的自治性，妨碍了以会员为本的治理机制的建立，从而使学术性社团的运行效率和发展的主动性积极性受到影响，社会功能的发挥受到影响。因此，需要在全面深化改革过程中，逐步完善社团监管体制，进一步厘清政社权责边界，有意识地使学术性社团从政府的行政系统中逐渐退出，增强社团联系会员、依靠会员和服务会员意识，提升学术性社团的自主意识和自我管理能力。

通过税收优惠来调节学术性社团发展，是欧美发达国家的共同做法，也是相对成熟有效的引导学术性社团发展的举措。欧美发达国家的学术性社团，常常形成一些联合组织来发挥综合优势。政府鼓励特定领域的不同学术性社团联合联盟，形成该领域的学术性社团联合组织，并在政策和资金方面给予支持。由此，通过形成学术性社团、学术性社团联合组织，作为学术工作者和学术社团联合体的科学系统，结成了学术性社团网络，从而助力学术创新。[1] 例如，日本文部科学省于 2002 年提出了"21 世纪 COE 计划"，对生命科学、人文科学和社会科学等各个专业领域的研究机构进行强有力的资助。该计划伊始，30 所大学的 46 项人文科学研究项目成为资助对象，涉及哲学、伦理学、教育学、政策学、社会学、法学、管理学、经济学、国际关

---

[1]　中国科协学会服务中心编著：《美英德日科技社团研究》，中国科学技术出版社 2019 年版，第 19—60 页。

系学等学科，进入"21 世纪 COE 计划"中的每个项目均可以获得5000 万到 5 亿日元的政府资助，有力地推动了日本优势学科方面的发展。日本政府为了打造世界级的社科研究基地和顶尖级的专家研究团队，在经费和政策上给予了相当大的支持。①

四　注重学术的创新性，充分发挥思想库的作用

欧美发达国家的学术性社团非常注意围绕国家政治、经济、科技、教育、社会、生态等领域发展的重大理论和实际问题，充分发挥学术性社团的"思想库"和"智囊团"的功能，为政府、社会、企业决策提供咨询服务。以德国为例。德国科技社团是与本国工业企业联系最为紧密的典型代表，成为促进工业发展的一支重要力量。例如，德国汽水专业科技协会在制定行业标准和规范、促进企业科技创新方面做出了突出贡献，近年来特别关注本专业关于安全、环保、卫生和经济可持续发展的问题；德国柏林学会主要通过承接工业企业提供的科研项目，加强学会与工业的紧密联系；德国化学工程与生物技术协会主要通过举办与化学工业、环境保护和生物技术有关的工业展会，为工业企业提供技术咨询。②

新时代，中国学术性社团要关注社会、科技、经济、教育、生态等领域的发展动态，注重综合分析和研究，对相关专业领域进行跨学科、多角度的研究，以自身专业优势参与社会治理创新和公共政策的全过程。另外，学术性社团需要积极参与中国特色智库建设，以提升自身的知名度和美誉度，塑造学术性社团的良好形象。政府要注重发挥学术性社团在教育培训、人才评估、决策咨询、职业标准制定与职业资格认证、产学研连接等方面的功能，为学术性社团参与政策过程创造有利的条件，对学术性社团承担的普及科学知识等公益性学术服

---

① 李莉：《湖北省社科类社团的历史与现状调查研究》，湖北人民出版社 2020 年版，第 130—131 页。

② 中国科协学会服务中心编著：《美英德日科技社团研究》，中国科学技术出版社 2019 年版，第 147 页。

务，在政策上加大支持力度，营造良好的社会组织发展环境，使学术性社团在政策创新中积极承担责任。

五　开展规范化管理，健全自律机制

欧美发达国家的学术性社团良好发展的因素从体制上可以归为两个：外部因素和内部因素。外部因素就是欧美发达国家注重立法规范学术性社团，社团管理方面的立法体系比较健全。内部因素就是学术性社团内部治理结构和治理机制比较完善。欧美发达国家的学术性社团自律性比较强，公信力比较高，自觉遵守国家法律。完善的内部治理机制使学术性社团的责、权、利有机结合，相互促进。健全的规章制度使学术性社团的日常学术研究、学术交流和学术探讨等活动有章可循，形成一整套自律性的运行机制，能够比较有效地加强自我管理、自我规范和自我发展。

欧美发达国家学术性社团的治理经验启示我们，为充分发挥学术性社团的功能，必须加强对学术性社团的规范化管理。一是要加强完善学术性社团治理的法律法规体系建设。学术性社团的学术研究、学术探讨和学术交流等活动都要以法律为依据，同时，要制定合理、科学和有效的章程，并且强化章程权威性，严格按照社团章程宗旨和规定开展活动，不得游离于章程之外，注重制度化、规范化管理。二是加强内部治理机制建设。强化社团组织治理理念，建立健全社团内部财务收支、社会捐赠、会员收入、薪酬管理等规章制度，深化社团组织治理的自律机制。三是健全学术性社团工作评估机制。形成外部评估、内部评估等有机结合的评估机制，确保评估过程的科学性、合理性、客观性与标准化、精细化，引导学术性社团科学化、规范化发展。

第六章　中国学术性社团治理
创新的路径选择

改革开放以来，为了充分发挥学术性社团在学术研究、学术交流、学术创新方面的积极作用，中国政府制定了一些培育和扶持学术性社团的政策法规，学术性社团的数量因之激增，初步形成了门类齐全、层次不同、覆盖广泛的学术性社团结构体系。然而，随着时间推移，"有效治理问题"对学术性社团发展的瓶颈作用越来越明显。因此，必须积极推进学术性社团治理创新，以使学术性社团在数量激增的同时质量得到明显改观。换言之，应以治理创新为切入点，推动学术性社团发展进入"提质增效"的新阶段。学术性社团治理创新，是一个从观念到实践的全方位变革过程，必须采取具有操作性的、行之有效的政策措施予以推进，必须以敢于啃硬骨头、敢于涉险滩的改革勇气，以冲破利益固化藩篱的改革决心，实现实质性的突破。

第一节　加强学术性社团党建工作，科学处理
政府与学术性社团的关系

改革开放之初，中国政府希望社会团体能弥补政府、企业或市场在社会公共服务供给方面的缺位。在这种政策导向下，政府允许并鼓励社会团体发展的动机，主要是希望利用社会团体提供更多的社会公共服务，弥补"政府失灵"和"市场失灵"，而没有系统化地考虑如何通过合理的、科学的、有效的政策来支持社会团体的持续健康发

展，并使之成为中国社会组织体系的正式建制之一。

新时代，加强和改进社会组织治理问题，受到党和政府的高度重视。党的十八届三中全会通过的《中共中央关于全面深化改革若干重大问题的决定》明确指出，要正确处理政府和社会的关系，加快实施政社分开，激发社会组织活力，推进社会组织明确权责、依法自治、发挥作用。党的十九届四中全会提出，加强和创新社会治理，完善党委领导、政府负责、民主协商、社会协同、公众参与、法治保障、科技支撑的社会治理体系。首次在中央全会报告中将"民主协商"和"科技支撑"纳入社会治理体系当中。党的二十大报告强调，完善社会治理体系，健全共建共治共享的社会治理制度，提升社会治理效能，畅通和规范群众诉求表达、利益协调、权益保障通道，建设人人有责、人人尽责、人人享有的社会治理共同体。学术性社团是以学术性、专业性、群众性、公益性、志愿性为特征的社会团体，在社会治理创新的背景下，学术性社团的发展面临新的机遇。

创新学术性社团治理体系，必然要求加强学术性社团的党建工作，必然要求科学合理处理好政府与社会之间的关系，推动政府管理模式从"全能型"向"效能型"转变。

一　加强学术性社团党建工作

党的十七届四中全会通过的《中共中央关于加强和改进新形势下党的建设若干重大问题的决定》明确指出，"加大在中介机构、协会、学会以及各类新社会组织中建立党组织力度。以党的基层组织建设带动其他各类基层组织建设，活跃基层，打牢基础"。学术性社团要始终同党中央保持高度一致，将坚持正确的政治路线、政治立场、政治方向、政治道路作为头等大事。始终把坚持党性原则作为自身建设的重要内容，始终坚持党性和人民性的统一，在巩固和发展马克思主义理论思想阵地，研究和宣传党的理论、路线、方针政策、抵御西方资产阶级价值观方面站稳立场。要认真培育和践行社会核心价值观，深入开展社会主义核心价值观学习，将弘扬社会主义核心价值观贯穿于学术研究、学术探讨、学术交流、学术服务、科学普及、政策咨询等活动之中，增强学术性社团在意识形态领域的正能量。

要从加强党的执政能力和巩固党的执政地位的高度，认识加强学术性社团党建工作的重要性。其一，要组织开展学术性社团党组织的创建工作，建立健全学术性社团党组织的领导机制。以循序渐进、改革创新、注重实效为原则，建设学术性社团党组织。学术性社团党组织要主动接受地方党委及社团管理机关党委的统一领导，认真开展学习党章活动，将团结服务学术研究工作者、依法依章程开展工作有机统一起来，创新联系学术研究工作者的体制机制，创新面向社会提供学术公共服务的机制，将学术性社团建设成为党领导下的团结联系广大学术研究工作者的社会团体。其二，学术性社团需要充分发挥桥梁与纽带功能，加强对学术研究工作者的政治思想引导，使学术研究工作者自觉在思想上、政治上、行动上始终同党中央保持高度一致。进一步加强组织建设，有条件的应该成立党支部，尤其是要把流动党员纳入组织管理。坚持党管学术性社团人才队伍，选好和配强党组织负责人，结合学术性社团理事会工作，在理事会中把政治性强、业务能力水平高、有一定组织领导能力和有丰富党务经验工作的人员选拔为党组织负责人。尚不具备成立党支部，但又有流动党员的，可以将党员纳入学术性社团所在地的社会组织管理局党委管理。其三，学术性社团党组织要做好党员的发展、教育、管理和服务工作，将党的建设和学术性社团自身发展有机统一起来，创新党组织活动方式，充分利用互联网等现代科学技术工具，开展经常性的教育培训活动、评先评优活动，增强党员的创先争优意识。积极拓展党员参政议政渠道，争取在推荐党代表、人大代表、政协委员等人选时考虑会员党员。①

学术性社团是中国特色社会主义现代化建设的重要力量，是党的

---

① 参见陈壮钦《地市级学术性社团党建工作存在的问题、机遇及思考——以汕头市科协主管学术性社团为例》，《学会》2013 年第 9 期。

工作和学术研究工作的重要阵地，是党的基层组织建设的重要领域。加强学术性社团的党建工作，必须将党的政治建设放在首位，不断增强政治判断力、政治领悟力、政治执行力。要以党建带组织建设，推动学术性社团科学化、民主化、法治化、规范化发展。逐步探索学术性社团党的工作新机制，创新学术性社团党组织的领导方式、工作模式和保障机制。学术性社团党组织要抓好自身建设，为加强学术性社团党建工作提供组织保障。在工作机构上，可设立学术性社团党委办公室，与学术性社团内设相关组织机构合署办公，并提供专门的党建工作经费纳入学术性社团的经费预算，构建"党建带团建"的工作格局，加强党对学术性社团的政治引领，为学术性社团的治理创新与发展提供强有力的政治保障。

坚持党对学术性社团的统一领导。学术性社团党组织必须负起政治责任，加强对学术性社团的政治领导、思想领导、组织领导，将党的理论和路线方针政策贯彻落实到学术性社团工作的各方面、全过程。要重视依靠学术性社团推动党的理论和路线方针政策在科学研究工作者中的贯彻落实，更好践行群众路线，做好基层科学研究者的思想政治工作。尊重学术性社团依法依章程独立自主开展工作是做好学术性社团工作的重要原则。要支持学术性社团发挥自身优势、体现自治特点，创造性地开展工作。

要将加强党的建设、坚持党的全面领导等内容载入学术性社团章程，将坚持党的领导与依法依章程自治相统一，为党组织开展活动、发挥作用创造条件，确保正确的发展方向。学术性社团要主动适应党建工作的新形势和新要求，积极探索社团党建工作的新思路和新方法，健全学术性社团党建工作机制，确保学术性社团党组织的政治核心、思想引领和组织保障作用得到充分发挥。健全学术性社团理事会、办事机构、分支机构三层级党组织建设，配强学术性社团党组织书记，推行理事会党组织负责人与学术性社团负责人双向进入、交叉任职。学术性社团理事会党组织负责人要政治把关学术性社团换届选举工作，前置审议学术性社团规划计划、大额经费开支、接受大额捐赠、奖项评选和人才举荐等重大事项。要从学术性社团学术研究、学术探讨、学术交流和学术服务的特点出发，积极探索学术性社团党建的规律，积极探索学术性社团分支机构党建途径，深入实施"党建强团计划"，促进党建和社团业务工作深度融合。①

二 科学处理政府与学术性社团的关系

（一）加大政府简政放权的力度

2018年3月4日正式颁布的《中共中央关于深化党和国家机构改革的决定》指出，原各级行政机关直属的研究型、服务型事业单位，原则上向行业协会、学会集中，成为独立的社团法人。政府可对其授权，履行政府部门的部分监管职能。但与原政府部门再无行政隶属关系，应有跨行业的专业化社团组织管理机构统一管理。这为科学处理学术性社团与政府的关系指明了方向。

科学处理学术性社团与政府的关系，要认清学术性社团的法律地位和社会功能，转变治理理念。学术性社团不仅是从事学术研究、学术探讨、学术交流和学术创新，提供公共服务的公益性社团，而且是广大自然科学和社会科学研究者实现社会参与的重要途径和机制，是推进社会治理创新和社会发展不可或缺的新型结构性因素，是促进自然科学和社会科学发展与进步的重要"思想库""智囊团"。相关政府部门要进一步转变计划经济体制下"总体性社会"的思维和观念，克服和纠正对学术性社团的地位和价值认知偏差，提高对学术性社团在科学发展与社会治理创新中的重要地位和价值的认知。要在转变政府职能的背景下，按照推进国家治理体系和治理能力现代化的要求，为学术性社团的进一步发展及其学术公共服务供给效率的提高创造良好的制度生态环境，使学术性社团能够充分进行思想创新、观点创新、理论创新、学术创新、人才创新，从而有效成为推动中国政治、

---

① 《关于进一步推动中国科协学会创新发展的意见》，2020年12月16日，http://www.gov.cn/zhengce/zhengceku/2020 - 12/16/content_5569817.htm，2021年12月5日。

经济、社会、科技、文化、教育和生态文明等持续健康发展的一支重要社会力量。

要进一步深化"放管服"改革,进一步简政放权,实现政社分开。简政放权既是创新社会治理和强化公共服务的必要条件,也是实现政社分开、构建政府与社会协同共治愿景的前提。《社会团体登记管理条例》规定,合法社会团体具备法人资格。法人是具有民事权利能力和民事行为能力,依法独立享有民事权利和承担民事义务的组织。因此,政府部门应依法从学术性社团中适当退出,进一步向学术性社团下放人事权、财务权等,给予学术性社团发展的适度自治权、自由权和自主权。首先,政府部门工作人员不应在学术性社团内部任职,确实因特殊情况需要兼任学术性社团领导职务的,必须严格按照现行干部管理权限进行审批。其次,政府部门要依法支持学术性社团自主开展学术活动,不干预学术性社团正常学术研究、学术探讨和学术交流等活动的开展。学术性社团管理层应按照章程民主选举产生。再次,随着社会转型和经济社会的持续健康发展,以及利益关系的改变和利益格局的调整,政府部门与学术性社团之间的"利益统合"关系应向"利益分离"关系转变。政府部门要重塑理念,转变思维方式,创新治理模式。学术性社团要培育自我管理、自我发展意识,强化社会责任意识,从以"服务政府"为导向转变为以"服务社会"为导向。最后,政府部门应当将原来对学术性社团的管理职能逐步转变为监督、指导和合作职能,积极为学术性社团的治理创新提供良好的外部制度条件。

(二)加大政府对学术性社团的监管力度

为确保学术性社团严格遵守国家法律和行政法规,符合章程规定,必须加强对学术性社团的监督管理。首先,要按照"强政府、强社会"的政府体制和社会体制改革方向,转变政府监管学术性社团的方式。政府主要以经济手段、法律手段对学术性社团进行间接管理。其次,要强化学术性社团的自律。建立学术性社团信息披露制度,将学术性社团运营状况的主要信息,例如,学术性社团提供学术研究服务状况、筹资进展、财务报告、治理结构变动、年度重大事项等信息，应真实、准确、及时、完整地向政府、公众及其他利益相关者公开，提高学术性社团自我约束的积极性，提高其自律性和诚信度，主动接受政府、社会和其他利益相关群体的监督。再次，要加强对学术性社团资金的监管。建立由民政部门牵头，财政、税务、审计、金融等部门参加的资金监管机制，共享执法信息，强化风险评估与预警监督机制。民政、财政、税务和审计部门要推动学术性社团建立健全内部控制管理机制，严格执行国家有关财务会计方面的制度。加强对学术性社团财政、税务、会计等政策执行情况的监督检查，加强对学术性社团非营利性的监督，严格核查学术性社团享受税收优惠政策的条件，落实非营利性收入免税申报和经营性收入依法纳税制度。最后，鼓励支持新闻媒体、社会公众以及利益相关者对学术性社团进行监督。探索建立专业化、科学化、社会化的第三方监督机制，建立健全学术性社团第三方评估机制，使评估成为监管学术性社团的重要手段。充分利用现代信息网络等新媒体对学术性社团活动进行监督，探索建立学术性社团互评制度，进一步在法律的框架下对学术性社团进行法治化、科学化和规范化治理。

（三）加大政府对学术性社团的政策扶持力度

"巧妇难为无米之炊"，要保障一个学术性社团的正常运作，必须要有一定的活动经费，这是学术性社团得以生存和发展的基础。目前学术性社团普遍缺乏筹资渠道。政府应制定学术性社团在资金筹措和税收减免上的配套政策，通过学术性社团承接政府职能转移、奖励、补贴、项目安排、科技人员兼职、购买学术性社团服务等方式予以资助和扶持。[①] 政府可以给予评定等级优质的学术性社团优先承接政府职能转移的机会，以及一定的财政资金资助和税收减免优惠。对于学术性社团为政府、企业和其他社会组织提供的项目调研和学术研究服

---

① 黄忠诚：《学术性社团发展中存在的问题及对策——从厦门市学术性社团现状谈起》，《社团管理研究》2009 年第 10 期。

务可以实行有偿收费。

政府部门要不断完善财政税收支持政策，支持学术性社团参与学术研究和学术服务，加强学术性社团的能力建设，有计划有重点地扶持一批高水准的学术性社团。地方各级政府要执行国家对学术性社团的各项税收优惠政策，使符合条件的学术性社团能够按照有关法律法规享受相关税收优惠政策。财政、税务部门要结合监管体制建设，研究完善学术性社团税收政策体系和票据管理制度，改进和落实公益事业捐赠税收优惠制度。同时，政府部门需要鼓励金融机构加大对符合条件的学术性社团的金融支持力度。学术性社团作为独立的民事权利主体，要以"有为"谋得"有位"，以卓越、高品质、高质量的学术研究、学术探讨、学术交流和学术服务活动提升自身社会知名度、美誉度和影响力，以优质高效的学术研究和学术服务充分体现"思想库""智囊团"的功能和价值，赢得政府、企业、市场和其他社会组织的认可和信赖，使其心甘情愿地帮助学术性社团解决运作中遇到的实际困难，支持学术性社团的持续健康发展。学术性社团还可以借鉴欧美发达国家学术性社团的资金筹集机制，努力获得公众、企业、行业协会、基金会的捐赠资金。

第二节　建立健全学术性社团治理结构，完善评估和问责机制

一　建立健全学术性社团治理结构

（一）完善以合理分权为核心的治理结构

德国社会学者鲁道夫·鲍尔论证了社会组织治理需要合理分权。他认为，志愿者往往把社会组织看作公益服务的提供者，社会组织的理事会成员把它看作政治组织，而介于两者之间的工作人员就把自己所供职的组织当作企业。据此，鲁道夫·鲍尔指出，社会组织往往带有政府（第一部门）、企业（第二部门）和社区（第四部门）的色彩

（见图6-1）①。鲁道夫·鲍尔提出社会组织具有政治和企业色彩的观点，为社会组织建立合理分权治理结构提供了一定的理论依据。

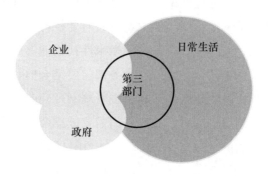

图6-1 鲁道夫·鲍尔的第三部门多彩观

学术性社团的治理结构是指学术性社团权力机构的设置、运行及权力机构之间的制度关系。从一定意义上来讲，学术性社团的治理结构可以分为内部治理结构和外部治理结构。从内部治理结构来看，合理分权要求充分发挥会员大会或会员代表大会、理事会、常务理事会、监事会和学术委员会的价值功能，形成科学、合理、有效、民主、有学术性社团特色的领导决策体系和执行体系。加强会员大会或会员代表大会、常务理事会、理事会的集体领导，确保会员大会或会员代表大会、常务理事会及理事会按期或定期开会，正确行使对学术性社团工作的领导职能。明确会员大会或会员代表大会、理事会、常务理事会、监事会和学术委员会之间的治理职责和关系，从权力运行机制上防止行政化倾向，体现民主办会精神，实行民主选举、民主决策、民主管理和民主监督，增强和扩大学术性社团的群众基础。

从外部治理结构来看，合理分权要求理顺学术性社团与主管单位或挂靠单位、登记管理机关、相关行业性社团的关系，体现"政社分

---

① ［美］杰恩·范泰尔：《民间社团发展——从非营利部门到第三空间》，沈国华译，上海财经大学出版社2018年版，第19—20页。

开"的价值理念，进一步健全学术性社团治理体制机制，在引导学术性社团向学科专业化和学术研究公益服务方向发展的基础上，实现学术性社团治理体系的调整与整合。

（二）倡导利益相关者参与的协同治理结构

"全球治理协会报告"对"治理"的定义非常宽泛，把集体和个人行为的层面、政治决策的纵横模式都包罗在内，认为治理是指个人与机构、公家与私人治理其共同事务的诸多方式的总和。它既包括为保证人们服从的正式制度和体制，也包括人们同意或以为符合其利益的非正式的安排。① 随着社会生产力的发展和社会结构的变化，相应的治理结构也不断变迁。显性的变迁反映在器物、制度和行为层面，而深层次的动力则是经济、科技、思想、观念和价值层面。当前，中国处于社会转型时期，市场经济蓬勃发展，科学技术日新月异，思想观念潮流涌动，制度完善攻坚克难。从这个意义而言，中国处于优化治理结构、完善治理体系、提高治理能力的关键阶段。依据人类治理结构演变的普遍规律，当前中国治理结构的定位应该处于塔式治理转型阶段，即逐步摆脱权力高度集中的统治体制，向更加平等、互动、多元的网络治理结构转变。② 网络治理结构的核心特征是"多元治理"，即政府与市场、企业、社会、公众等多元主体互动合作、平等协商、相互配合，完成对社会公共事务的治理，实现公共利益的最大化。

学术性社团提供的是学术性的公共服务和公共产品，开展的是学术公益活动。公益性的事业要靠整个社会来办，单靠政府自身的力量是不够的。因此，要树立多元治理理念，形成政府、社会、公众等主体共同治理的格局。政府虽然占据主导地位，但不应是学术性社团治理的唯一主体。应改变学术性社团治理单纯依靠政府部门单方行动的局面，改变"全能"政府模式下"自上而下"的单一治理模式。在

---

①　［法］阿里·卡赞西吉尔：《治理和科学：治理社会与生产知识的市场式模式》，黄纪苏编译，载俞可平主编《治理与善治》，社会科学文献出版社 2000 年版，第 127—147 页。

②　王臻荣：《治理结构的演变：政府、市场、与民间组织的主体间关系分析》，《中国行政管理》2014 年第 11 期。

合作治理背景下，形成参与主体分享共同的价值理念，即参与、协商与合作。多元参与主体建立互信、公正、和谐、平等的关系，在休戚与共的制度生态环境条件下，彼此开诚布公，克服本位主义思想观念，积极主动承担各自的职责，这样，多元利益相关者彼此间将形成凝聚力，达成共同的治理目标。

政府职能在合作治理中变为制定法规、监督管理，并向社会、企业等多方提供所需资源。① 政府应着力激发学术性社团持续健康有序发展的内生动力。结合党中央关于进一步加强和改进党的群团工作的意见和对科协系统深化改革的部署，按照抓改革、提能力、促发展的工作方针，遵循分类指导、重点推进、以点带面、强化追踪的工作思路，扎实推进学术性社团的改革工作，激发学术性社团的内在活力。坚持以学术性社团治理结构和治理方式改革为重点，全面推进组织结构、办事机构、人事聘任、治理结构、管理方式创新，强化学术性社团依法依章程独立自主开展工作的能力，充分发挥学术性社团在学术发展和科技服务方面的主体作用。明确任务目标，注重改革实效，使学术性社团在组织学术交流、研究合作和协同创新、开展学术评价和学风自律、加速科技成果转化、促进创新创业等方面有更大作为。完善制度体系，保障学术性社团管理工作科学规范，明确学术性社团决策机构、执行机构的责权利，规范学术性社团的业务活动和组织管理，努力推动学术性社团向有中国特色的现代学术性社团的目标迈进。通过改革不断夯实学术性社团的管理基础、会员基础、学术基础，通过改革不断提升学术性社团的创新合作发展能力，通过创新不断扩大学术性社团的社会影响力。

学术性社团应通过各种手段完善自身机制，降低资源依赖，并提高学术氛围。在解决内部治理问题的基础上，向政府与社会提供服务，并开放监督渠道，让社会各方参与监督。通过加强宣传等手段提高社

---

① 曾诗意：《学术性社团组织治理问题与对策——以 A 市某图书馆学会为例》，硕士学位论文，苏州大学，2018 年。

会公众的监督意识，形成强大的社会监督体系，搭建监督渠道，在全社会形成共同治理的合力与氛围，让各方都能参与到治理活动中来。①此外，要建立学术性社团利益相关者协调机制，最大限度地开发与利用学术资源，依托学术性社团的人才资源、学术期刊、教育培训等为利益相关方提供优质的学术服务，优化利益相关者多方合作的机制，促进学术科研项目成果转化，达到在学术服务创新中有效互动协同治理。

二　完善学术性社团的评估和问责机制

政府部门履行管理和指导职能的一个重要举措，就是建立健全学术性社团活动的评估机制，通常主要包括认证评估、执行评估、监督评估以及等级评估。一是认证评估。根据一系列具体的评判标准，对学术性社团的能力、资质进行评估，决定是否赋予该社团从事特定学术活动和研究项目的资格。所有交由学术性社团承办的工作，都要严格遵守"能者上，庸者下"的规则，选择承接主体，以优化社会资源的合理配置，最大限度发挥学术性社团作用。二是执行评估。决策有效实施取决于学术性社团的执行能力，以及取决于学术性社团是否具备完整的组织制度体系，是否具有细致明晰的工作安排，是否能够及时有效地完成分配的工作任务。三是监督评估。根据学术性社团在承办政府职能转移项目时的具体表现，尤其是在项目进展速度、预期目标完成程度等方面，对学术性社团的实际能力做出科学合理的评估。四是等级评估。以科学的、量化的标准为依据确定学术性社团的综合实力评定等级，但是在评定过程当中不能过于片面，要注重考查系统性，可以适当参考外部评估体系，力求评定工作客观、公开、公正、科学。②要根据认证评估、执行评估、监督评估以及等级评估的具体要求，建立健全学术性社团评估标准体系，将学术性社团创新发

①　曾诗意：《学术性社团组织治理问题与对策——以 A 市某图书馆学会为例》，硕士学位论文，苏州大学，2018 年。

②　李莉：《湖北省社科类社团的历史与现状调查研究》，湖北人民出版社 2020 年版，第 162 页。

展实效和规范管理情况作为重要评估指标，坚持内涵性评估、分类评估、重点性评估、定性与定量相结合，引导并支持打造一批高水准的学术性社团，建设一批在学术引领、智库支撑、科学普及、产学融合、国际化发展等业务上具有高水准的学术性社团。

积极推广学术性社团绩效评估。学术性社团登记管理机关、业务主管单位要制定科学的、合理的和有效的学术性社团绩效评估办法，以定期对学术性社团开展理论研讨、学术交流、成果评奖、科普宣传、政策咨询服务等工作的数量和质量进行绩效评估。众所周知，一个组织的宗旨和使命，是非常抽象的概念，如果不能有效将之转化为具体目标就会造成可操作性的缺失，就会导致对员工工作激励功能不足。因此，组织正常运作不仅要有完善的工作制度，更要有对制度进行科学细化的绩效评估体系，并使之与员工的日常工作紧密联系，这是组织得以生存和发展的基础。学术性社团也不例外。由于各种原因的影响，学术性社团负责人和工作人员的管理理念并非清晰，对社团的发展关注不够。为了改变这一现状，学术性社团需要引入绩效评估机制。[①] 通过绩效评估，督促学术性社团将学术建设作为第一要务，坚持以学术研究和学术服务为先导，向学术要效益、要效果，做好有香有色的"学术大餐"，做到在学术研究和学术服务方面"有花有果，硕果累累"。[②]

在履行公共服务功能、承办各种学术活动时，学术性社团相应地承担保障公共利益实现的责任，因而有必要建立对学术性社团的问责机制，对积极履行职能、主动开展活动、有力实现预期目标的学术性社团给予一定奖励，对消极怠工，未能及时完成既定任务的学术性社团予以惩处。问责主体包括三个方面：政府的问责；各类社会组织的问责；社会公众的问责。首先，学术性社团为党和政府决策提供咨询服务，所提建议的质量优劣直接影响政府政策的科学化程度，关系到

① 于健慧：《创新学术性社团的工作机制及运行模式》，《社团管理研究》2011年第11期。
② 参见黄忠诚《促进学术性社团健康发展的对策建议》，《中国社会报》2009年10月22日第3版。

"善治"目标的实现与否。政府主管部门通过监督学术性社团职能发挥，评估社团活动对社会发展的实质作用等形式，对学术性社团进行问责。如果学术性社团不能保质保量地完成政府分派的任务，相关政府部门可以采取一些问责措施，例如减少对该学术性社团的资金的扶持，给予公开批评并通报社会，取消其活动承办资格等，施以惩戒。其次，鼓励各类社会组织对学术性社团进行监督和问责。学术性社团所承办的活动大都具有专业特征，只有借助社会组织自身的力量，才能对学术性社团的具体工作进行有效监督，发现操作过程中存在的问题和不足，提出改进意见，促使其提高活动质量。在社会组织体系中，任何一个社团的地位都取决于全部社会团体对其的认同程度。一旦启动社会组织间的问责程序，学术性社团将面临不被业界所承认的危险，这对于学术性社团自身发展而言是毁灭性的打击。最后，发动社会公众以亲身体验为标准，对学术性社团实施问责。在一定意义上来讲，社会公众是学术性社团开展活动的最终受益对象。学术性社团活动是否有意义，对社会发展是否产生效果，社会公众最有发言权。如果学术性社团能够得到社会公众的普遍认可，说明其较好地完成了社会责任；反之，则需要进一步规范学术性社团工作，转变工作理念，使其科学、有效地履行社会公共服务功能。[①] 因此，建立健全学术性社团的评估和问责机制，不仅有利于优化政府、社会、公众对学术性社团的监督管理，促进多元主体监管方式的科学化、规范化和制度化，而且有利于强化学术性社团的透明度，提高学术性社团的社会公信力。

第三节　激发自组织发展，加强人才队伍建设

一　激发自组织发展

（一）健全学术性社团组织文化体系

一般而言，文化有广义和狭义两种理解。广义的文化是指人类在

---

① 参见李莉《湖北省社科类社团的历史与现状调查研究》，湖北人民出版社 2020 年版，第 162—163 页。

社会历史实践过程中所创造的物质财富和精神财富的总和，其中，物质文化可称为"器的文化"或"硬文化"，精神文化可称为"软文化"。狭义的文化是指社会的意识形态以及与之相适应的礼仪制度、组织机构、行为方式等物化的精神。文化具有民族性、多样性、相对性、沉淀性、延续性和整体性的特点。对于任何一种组织来说，由于每个组织都有自己特殊的环境条件和历史传统，形成了自己独特的哲学信仰、意识形态、价值取向和行为方式，于是每种组织也都形成了自己特定的组织文化。①

学术性社团进行学术研究、学术探讨、学术交流和学术服务的前提就是要形成自己独特的组织文化体系。学术性社团组织文化是在社团发展过程当中所形成的特有的价值观念、工作作风、行为规范和思维方式等的总和，是学术性社团个性化的体现，是学术性社团生存、竞争、发展的灵魂。学术性社团组织文化的核心是组织价值观。它是组织内部领导层和全体成员对社团的学术研究、学术探讨、学术交流和学术服务等活动的看法和观点，是学术性社团在追求卓越过程中所推崇的基本信念和奉行的目标，是组织成员共同的心理趋向和主导意识。组织价值观为学术性社团成员提供共同的意识，以及日常行为准则，对学术性社团组织文化的性质起着决定性的影响。学术性社团的领导者应积极培育和塑造社团组织的价值观，宣传社团组织文化的内容和精要，创造浓厚的文化环境，培养和树立典型，提炼定格。

学术性社团要做好社团愿景定位、目标定位和价值取向定位。学术性社团要有共同的愿景、共同的目标、共同的理想、共同的行为准则以及与之相适应的机构和制度。对于学术性社团来说，要在愿景目标建设中形成一种服务于国家战略发展需求的"战略思维"，围绕国家重大发展战略、现代化产业体系构建、区域和产业协调发展等现实问题，深入调查研究，与时俱进，提供解决方案和可行性建议，方能

---

① 周三多、陈传明、鲁明泓编著：《管理学——原理与方法》，复旦大学出版社 2011年版，第 382 页。

最大限度地体现学术性社团学术研究、学术探讨和学术交流的价值。学术性社团要积极参与"智汇中国"的平台建设，展现学术性社团的学科领域特色和智力优势，强化跨学科、跨领域交流，将学术交流成果有效转化为智力成果，对未来有竞争优势的科学领域提出前瞻性见解，为制定科学战略、规划和政策提供依据。学术性社团要坚持问题导向、需求导向，善于敏锐地发现经济社会和科学发展的热点、难点、重大现实问题，提出问题、设计方案、研究问题，并能够针对问题展开科学性、战略性、前瞻性的研究，提出合理、科学和有效的对策建议。

学术性社团要弘扬科学家精神，要坚持以社会主义核心价值观引领科学理论研究，积极参与组建科学研究工作者宣讲团，搭建学术服务宣传基地，开展科学精神和学术服务宣讲活动，将传承、培育、弘扬科学家精神融入学术研究、学术探讨、学术交流和学术服务等活动。坚持真理和价值原则，恪守实事求是的学风，严守科学研究伦理规范，建立健全科学研究工作者学术信用体系，维护学术界学术发展的共同利益，营造风清气正的学术环境。

（二）健全以"有效作为"为目标的激励约束机制

政府要运用激励机制，表彰学术性社团好的经验、好的做法以及取得卓越科学成果的组织或个人，充分调动学术性社团学术研究人员的工作积极性和主动性；要持续创新人才服务机制，助力科学研究工作者成长成才；积极举荐学术领军人才和创新团队，推荐优秀自然科学和社会科学学术研究者进入学术性社团组织任职；做好青年人才托举工作，推动青年学术创新人才脱颖而出；探索设立"杰出科学人才""杰出科学研究者"等具有广泛公信力和社会影响力的学术界奖励，充分激发自然科学和社会科学学术研究者的创新活力。有关部门和群团组织要将学术性社团及其从业人员纳入有关表彰奖励推荐范围，积极向国际组织推荐具备国际视野的学术性社团人才。将学术性社团人才工作纳入国家人才工作体系，对学术性社团的专业技术人员执行与相关行业相同的职业资格、注册考核、职称评定政策，健全具有针对性、普惠性和有效性的支持措施，对符合条件的学术性社团的专门人才给予相应补贴，将学术性社团人才纳入国家专业技术人才知识更新工程。政府可以授权学术性社团承接政府组建行业专业智库、专家数据库的职能，授权学术性社团建立行业人才分类实施标准，授权其实施行业人才分类评估和公共服务评估。

要"坚持放管并重"的原则，在积极培育扶持学术性社团创新发展的同时，要注重加强事中事后监管，推动学术性社团规范自律，通过严肃管理纪律、加强综合考评、实施奖优罚劣等措施，完善学术性社团的约束机制，督促学术性社团持续健康有序发展。建立学术性社团负责人培训制度，引导其自觉践行社会主义核心价值观，增强社会责任意识和诚信意识。建立学术性社团告诫、劝退、注销的动态调整机制，使学术性社团形成"能进能退"的动态发展格局，始终充满生机活力。

二　加强人才队伍建设

人才队伍建设是影响学术性社团可持续发展的重要因素，是学术性社团治理的核心基础。在学术性社团的运行发展中，人才队伍建设在很大程度上影响着学术活动的有效开展。学术性社团对专业性要求非常高，需要大量的专业性人才对社团进行管理和协调。卓越的学术性社团需要有力的领导者。秘书长和理事会领导朝向共同目标前进，机构的职员或志愿者才能有所遵循。为这样的机构工作，就不仅仅是进行一项工作或占据一个荣誉的职位而已，它还能让人有一种乐于为之献身的感觉。[①]

俗话说，"火车跑得快，全靠车头带"。通过程序规范的领导干部选拔、竞聘机制，实现学术性社团领导队伍的知识化、专业化、革命化、年轻化是提升学术性社团竞争力和提升效能的主要措施之一；构

---

① [美]詹姆斯·P. 盖拉特：《21世纪非营利组织管理》，邓国胜等译，中国人民大学出版社2003年版，第9页。

建一个富有创新力、领导力、影响力的学术性社团领导集体，是推动学术性社团健康发展的关键所在。要将思想政治意识强、学术水平高、群众基础好、能引领学术性社团发展的业内专家、学者和科学研究工作者选为主要负责人，推行会长或秘书长全职化履职和专职化聘任，优化学术性社团常务理事和理事会人员构成，扩大常务理事会和理事会中教学科研一线和中青年人员比例。另外，要积极推动建立学术性社团科学研究工作者职级评价体系，加强职业化建设，打造运行高效、规范有序的学术人才队伍，让具有科学专业知识背景的优秀人才进入学术性社团的管理队伍中以实现职业队伍的专业化。

要提高学术性社团从业人员的待遇，吸纳高水平、高素质的科学研究人员进入学术性社团，并给予其良好的薪酬待遇，例如，工资、福利、职业生涯规划、晋升等，使社团管理人员和科学研究工作者安心工作，能力得到充分展示。学术性社团的领导核心包括会长和秘书长等。会长是学术性社团的主要负责人，承担着领导社团全面工作的重任。秘书长则是学术性社团开展日常工作和活动的直接领导者。会长和秘书长的能力高低、素质的高低、责任心强弱、工作好坏，直接影响着学术性社团的发展，影响学术性社团的活力和生命力。在学术性社团成立批准或学术性社团换届工作中，要注意考察会长、秘书长的学术地位和管理水平，在将政治思想素质作为任职根本原则的前提下，着重把是否具有较高的学术造诣、学术知名度、学术感召力作为衡量会长、秘书长的重要标准。要重视理事或常务理事的推荐工作，选拔学科领域中学术造诣深厚，有影响的专家、学者、科学研究工作者为理事或常务理事，打造专家、教授、学者型的学术性社团科学研究、管理人才队伍。[①] 因此，要以学术性社团会长、秘书长、理事（常务理事）的选拔机制和培养机制为抓手，不断提高学术性社团领导的综合素质，科学有效地预测社会发展形势，准确领会和把握政策趋向，科学合理确定学科研究方向的能力，在高素质的领导团队下，

---

① 黄忠诚：《学术性社团建设存在的问题及对策》，《学会》2010 年第 4 期。

聚集起一流的科学研究人才队伍，使学术性社团各项工作更好地适应政治、社会、经济、科技、文化、生态发展的需要。

要提高学术性社团工作人员的职业化水平和整体素质。要坚持"老中青结合"的原则，将专业学术人才的质量作为首选因素，面向全社会公开招聘学术性社团工作人员。加强对学术性社团工作人员的培训与开发，坚持培训与开发有机结合的原则，提高工作人员的学术研究水平，引导科学研究人才特别是中青年科研人才在实践中锻炼成长，实现学术性社团人才队伍的高能力化。专家、学者、科学研究工作者始终是学术性社团发展的最重要的"软件"。学术性社团要适应现代化、国际化、信息化时代发展的要求，广泛吸纳本领域专家学者，提升社团的学术影响力，为社团自身健康持续发展储备优秀人才，为学术性社团日常工作开展提供强有力的人力资源支撑。例如，H省行政管理学会将省域各高校公共管理领域的知名专家、教授、学者吸纳到副会长、常务理事、理事中来，并且增加高等院校公共管理领域专家学者名额，强化学会的人才领导队伍建设，提升学会的学术影响力。目前，学术性社团管理工作者中大多数是具有科学背景的科学专业技术工作者，但普遍缺乏社团经营的职业素质。要做好学术性社团的组织、运营、管理，适应现代社会和信息时代学术性社团发展的要求，必须努力打造一支职业化、专业化、高素质的学术性社团管理者队伍，持续创新管理人员的思想观念，持续提高从事学术性社团管理工作者的科学素养、人文素养、信息素养、职业技能、管理技能、谈判能力、经营能力，增强其使命感、责任感和预见力。

第四节　增强学术性社团的公信力，扮演好思想库的角色

一　增强学术性社团的公信力

公信力体现了政府和民众对学术性社团的信任度和满意度，体现了学术性社团的诚信度，是学术性社团筹资、生存和发展的基础。学

术性社团的公信力越高，社会声望就越高，从而也能够获得较多的社会资源的支持。相反，学术性社团的公信力越低，所获得的社会支持就会越少，从而对社团的发展造成较多的障碍。当前，一方面由于学术性社团自身社会知名度和能力问题；另一方面由于"总体性社会"观念的惯性作用，政府、社会对学术性社团存在认知模糊和偏差。所以，学术性社团仍存有严重的公信危机，影响了学术性社团的美誉度。

学术性社团公信力的取得会为学术性社团与政府建立良好的合作关系创造条件。学术性社团获得公信力包括两个方面：获取政府的认可和获取社会公众的认可。这两者之间是相互影响、相互促进的。公信力提高的根本是学术性社团自身能力的提高，包括组织制度不断完善，管理制度不断健全，服务会员的效果不断体现，学术刊物的影响力不断增强，承接政府职能转移的能力不断提高，内部自律性有效实现，信息透明程度增加等，这是一个长期发展和积累的过程。信任本身是一个无形的概念，是一种无形的社会资本。在中国非营利组织发展过程中，曾经出现了公众对非营利组织的信任度急剧增长、又急剧下滑的"怪现象"。非营利组织的公益腐败事件极大地损害了公众对公益组织的信心。在经历这样的信任危机之后，重建公众对公益组织的信心并非易事。学术性社团应该认识到公信力建设的艰难性。①

学术性社团公信力建设的渠道不是一蹴而就的，需要学术性社团真正把服务于社会、服务于公众、服务于会员的宗旨和使命贯彻到位，让公众切实感受到学术性社团存在的价值和意义。同时，要坚决避免学术性社团的公益腐败事件或者以公益的名义为自己谋福利的事件发生，防止学术性社团的公益形象的颠覆。在提高自身能力的基础上，学术性社团可以借助媒介宣传，通过在电视媒体上举办公益性质的科普讲座、进行大量的科普宣传等方式，提升学术性社团的形象。②

---

① 参见王名等《社会组织与社会治理》，社会科学文献出版社 2014 年版，第 241—242 页。

② 参见王名等《社会组织与社会治理》，社会科学文献出版社 2014 年版，第 242 页。

要保障学术性社团活动的公开性。现代社会组织的运行体制要求社会组织将组织信息、财务信息和活动信息，以不损害捐赠者、受益人和合作机构等利益相关方的隐私和商业秘密为限，依法、真实、准确、完整、及时、便捷地进行公开，符合最大透明度的原则。[1] 要强化学术性社团的信息公开，在规定的法律法规框架范围内，对学术性社团的财务、组织人事、相关学术活动等事项进行信息公开，对学术性社团的财务经费、管理费用等开支项目通过网络平台向社会公开。构建统一、便捷的学术性社团信息公开平台，对学术性社团举行的重大活动进行公示，接受政府、公众、利益相关者和新闻媒体的监督，促进学术性社团的运行规范化、法治化和透明化。

要完善学术性社团自律机制。学术性社团在与政府、企业、社会互动过程中，要树立诚信意识，优化诚信自律机制。强化学术性社团学术公益的服务意识，学术性社团设立内部机构、发展会员要与其学术公益服务能力相适应。探索建立学术性社团自律联盟，通过发布学术公益服务倡导、制定学术服务活动准则、实行声誉评价等形式，引领和规范学术性社团的行为。可以借鉴企业的治理模式在学术性社团中建立"监事会"，对学术性社团的财务、组织人事、学术公益服务活动等进行有效的监督，确保学术性社团会员对社团重大事务和日常事务的参与权、话语权，充分发挥会员的监督功能。必要时可以引入"第三方机构"，对学术性社团进行监督，以保障学术性社团学术研究、学术探讨和学术交流等活动在法律法规的框架下进行。

二 扮演好思想库的角色

2013年4月，习近平总书记对"建设中国特色智库"作出重要指示。党的十八届三中全会强调"加强中国特色新型智库建设，建立健全决策咨询制度"。这标志着中国智库建设上升为国家战略，智库发展进入了快车道。2015年1月，中共中央办公厅、国务院办公厅

---

① 王名：《社会组织论纲》，社会科学文献出版社2013年版，第398页。

印发了《关于加强中国特色新型智库建设的意见》，进一步指出中国特色新型智库是国家软实力的重要组成部分和国际竞争力的重要因素。树立社会主义中国的良好形象，推动中华文化和当代中国价值观念走向世界，在国际舞台上发出中国声音，迫切需要发挥中国特色新型智库在公共外交和文化互鉴中的重要作用，不断增强中国的国际影响力和国际话语权。近年来，中国智库在思想创新、成果创新、人才创新方面取得很大成绩，为推动改革开放和社会主义现代化建设作出了重要贡献。同时，随着形势发展，智库建设跟不上、不适应的问题也越来越突出，主要表现在：智库的重要地位没有受到普遍重视，具有较大影响力和国际知名度的高质量智库缺乏，提供的高质量研究成果不够多，参与决策咨询缺乏制度性安排，智库建设缺乏整体规划，资源配置不够科学，组织形式和管理方式亟待创新，领军人物和杰出人才缺乏。解决这些问题，必须从党和国家事业发展全局的战略高度，把中国特色新型智库建设作为一项重大而紧迫的任务，采取有力措施，切实抓紧抓好。

　　"智库""思想库"是中国学术性社团最重要的社会功能和社会角色。政府要拓宽学术性社团参与政策过程的渠道，例如，通过召开理论研讨会、座谈会，邀请学术性社团的研究工作者作为政府决策的咨询子系统，商议相关政策，参与政策的制定和评估。同时，鼓励学术性社团参与政府课题项目招标，为政府政策的制定出谋划策。

　　学术性社团要主动扮演好党和国家重要的"思想库"角色，为党和国家科学决策、民主决策、依法决策提供思想资源。要以服务党和政府决策为宗旨，与政府部门建立良好的合作关系，以政策研究咨询、科技创新为主攻方向，遵守国家宪法、法律、行政法规，强化政治责任、法律责任和社会责任，更好地服务党和国家的发展事业，为实现中华民族伟大复兴的中国梦提供智力支持。要有效整合信息资源，建立专门的信息研究平台，围绕党和国家中心工作，及时收集、编选和报送对政府决策具有重要参考价值的咨询资料信息，大力加强科技、经济、社会、文化、生态等发展情况的调研工作，选取对党和国家决策有重大意义的问题进行深入的调查研究，向政府提供有重要价值的调研成果，使科学的调研成为发挥学术性社团的思想库、智囊团的重要渠道。

第五节　加强学术性社团治理的制度建设，创新工作方法和运行模式

一　加强学术性社团治理的制度建设

健全的法律制度体系是学术性社团有效运行的重要保障。学术性社团需要严格按照法律法规和章程强化制度建设，建立健全会员大会或会员代表大会、理事会、秘书处、监事会、财务管理、重大活动报告、信息披露和学术研究服务等制度，明确学术性社团内设各个工作职位的权限和职责。

加强学术性社团治理的制度建设需要从根本上确立学术性社团的地位、作用和任务，规范学术性社团的活动范围、社会职责、权利和义务，确保学术性社团的合法权益，改进挂靠单位对学术性社团的监督管理体制，出台加强和推进学术性社团发展的政策性文件，给予学术性社团更多的自主办会的空间和优惠，积极创造有利于学术性社团发展的外部环境，并从管理上为其发展营造宽松的环境，逐步实现学术性社团管理由现在的行政性管理向法治化管理的转变，从根本上改变目前政社不分，将学术性社团视为附属机构或二级机构的现状，实现由对学术性社团的直接管控向监督、合作与指导转变，使学术性社团在宪法和法律允许的范围内独立自主地开展活动。[1]

党的十八届四中全会明确指出，要加强社会组织立法，规范和引导各类社会组织健康发展。因此，要树立社团治理的法治观念，加快专门法律制定的进程，推动学术性社团法律保障体系的建设，努力营

---

① 陈奕：《基于网络化治理理论考量"官办"学会困境消解的对策》，《行政与法》2012 年第 5 期。

造良好的法治氛围，着力打造有法可依、依法活动的法律环境。要在充分调查研究的基础上，结合实际情况，修改已颁布的关于社团的法律法规，使其更加符合新时代中国的发展状况和中国学术性社团的发展实际。应进一步加强具有针对性的学术性社团法律法规建设，提高学术性社团的立法层次，并建立健全相应的法律法规配套措施。逐步探索制定学术性社团的运行机制和标准，在法律法规中明确学术性社团参与公共服务的角色定位和职责边界，不仅要在政府部门建立"权力清单"，还需在法律法规上对学术性社团承接政府职能转移"权利清单"进行规范。要明确对学术性社团问责的范围和内容，促使学术性社团在法律的框架内依法运作发展。尽快颁布关于学术性社团在登记管理、公益捐赠、免税、培训就业和社会保障等方面的专门的法律法规。法律的生命力在于实施，法律的权威也在于实施。在完善学术性社团法律法规的基础上，应进一步增强学术性社团法律法规的执行力，并在法律层面上对执法的主体机关及执法的范围、标准和内容进行确认，从而为中国学术性社团的发展创造良好的政策环境和制度执行环境。

进一步强化制度保障，要认真贯彻落实中共中央办公厅印发的《关于改革社会组织管理制度促进社会组织健康有序发展的意见》，及时修订完善学术性社团《章程》以及相关制度，健全学术性社团管理、运行和监督机制。在进行科学的工作分析基础上，制定完善学术性社团秘书长职位的岗位职责，建立合理的学术性社团秘书长激励、评价、监督和退出机制，明确学术性社团秘书长对学术性社团办事机构人事权、财务权的主导地位，要建立秘书长学习培训与教育制度，使社团秘书长具备职业秘书长所需的素质和技能，探索建立秘书长职业上岗资格认证制度，对新任秘书长实行先培训后上岗。建立健全学术性社团财务管理制度，按照《民间非营利组织会计制度》的要求规范票据管理，进行税务登记，实现财务公开，接受理事会、监事会、会员代表大会（或会员大会）和社会利益相关者的监督。在社团民主监督制度上，要不断完善会议制度、工作报告制度等，以增强会员的知情权，且适时向社会公布，接受社会监督。

法律法规体系的建构需要正式制度的建立，同时也离不开非正式制度的支持。理念是行为的先导。要使学术性社团在法治的轨道上运行，需要社团知晓法律、认可法律、接受法律、尊重法律，需要在学术性社团中培养相应的价值认同观念和法律政策观念。通过提倡"互联网＋社团"的现代理念持续提升学术性社团的公共服务效率，通过微信公众号、微信群、钉钉平台等在线学习方式加强学术性社团的法治化宣传，以及学术性社团工作者的法律政策的学习；进一步加强党和政府以及普法部门联合开展"法治进社团""廉政教育进社团"等系列法治宣传活动，针对学术性社团工作者进行法治考评等活动，从思想上对学术性社团的工作者进行法治教育，树立"依法治社、依法运社"的法治思维观念，提高学术性社团的守法意识，强化学术性社团工作者的守法意愿。① 这些非正式制度的支持能为构建学术性社团法律法规体系夯实良好的思想意识、观念价值基础。

二 创新学术性社团的工作方法和运行模式

建立学术性社团信息化服务平台，推进学术性社团学术公共服务方式创新。打造科学研究"智慧社团"，建设网上科学研究者之家，打造科学研究者的精神纽带和情感社团，探索"互联网＋学术服务"的工作方式，以学术探讨和学术交流为渠道，建设网上科学社团和科技社区，打造网络自然科学和社会科学研究者、学者、专家联系服务平台，借助于服务平台使学术性社团之间、会员之间更加便捷地开展跨学科的学术研究、学术探讨、学术交流、学术发展与技术合作，加强彼此联络、沟通以增进思想和情感交流。充分利用"互联网＋"现代信息技术做好科普工作，学术性社团可利用服务平台向社会展示社团学术公益服务项目、技术、人才与智力优势，引导和支持科学研

---

① 朱喆：《科技社团资源依赖行为与治理研究》，知识产权出版社 2020 年版，第198—199 页。

究者、学者、专家向社会公众普及科学知识，弘扬科学精神，倡导科学思维，传播科学方法，提升公众科学素养，进而增强学术性社团的影响力。

健全和优化学术性社团治理方式，要充分激发学术性社团的学术创新和学术服务的内在动力。学术性社团要按期换届，规范内部治理体系，确保会员大会或会员代表大会、理事会、常务理事会、监事会依法依章程履行职责。优化学术性社团管理人员组成结构，会员大会或会员代表大会、理事会、常务理事会的科学研究者，以及老中青科学研究者比例要科学合理，打造社团理想的学术研究人才群体结构。强化学术性社团人事制度创新，扩大社团专职工作人员聘任制试点，实行理事会聘任秘书长制度，促进秘书长职业化、专业化，通过社会公开招聘逐步建立一支政治品格好、思想素质高、专业能力强的专职工作人才队伍。严格规范管理在职及离退休领导干部在学术性社团兼职，明确兼职工作人员的责任、权利和义务，充分调动兼职工作人员履行职责的积极性、主动性和创造性，防止"挂帅不出征"。制定和创新学术性社团从事学术公益服务社会行为准则和制度，为学术性社团依法依章程运行提供良好的制度保障。

增强学术性社团的合作意识，提升学术性社团的协作能力。合作是实现学术性社团资源共享、整合社团资源的有力工具，是倍增学术性社团学术公共服务效能的"利器"。为此，一是要增强会员之间的合作。社会团体除了具备社会组织共有的经济、社会和政治功能之外，还具有特殊的功能，即表达共同诉求、协调集体行动、形成共同体。也就是说，社会团体具有更强的代表、协调和团结功能。社会团体以会员共同目的为宗旨，代表会员的共同利益或意愿，是会员共同利益或意愿的组织化的表达渠道。为了形成共同利益、意愿和目的，社会团体会员之间的协调是关键。学术性社团要通过开展大量的促进会员交流与合作的活动和服务，促进会员在交流合作中形成信任与互惠，克服集体行动的困境，解决彼此之间的冲突，增强自身的内聚力。这一过程，实际上是社会资本的形成过程。社会学家普遍认为，社会团体作为一种网络组织，是"社会资本"的重要载体。根据皮埃尔·布迪厄的定义，社会资本是现实或潜在的资源的集合体，这些资源与拥有或多或少、制度化的共同熟识和认可的关系网络有关，换言之，与一个群体中成员身份有关。它从集体拥有的角度为每个成员提供支持，是为其成员提供获得信用的"信任状"。①

二是要促进学术性社团之间的合作。经济社会的快速发展，造成了知识领域的分工与协作，并继而形成诸多学术性社团，甚至学术性社团联盟。学术性社团数量的增多及其活动领域的细化，使学术性社团之间的交流合作尤为迫切。学术性社团之间的协作超越了科学研究者各自的部门人事隶属关系，使原来高校、科研院所以及相关单位进行分离的科学研究者建立了全国性的或区域性的整合网络，体现了学术界的一种"有机团结"。② 学术性社团以自由、自治、自愿为基础的学术交流合作机制，如研究项目的横向联合攻关、跨学科交叉研究等，有利于利用各方参与者的学科专业知识、工作经验、经费资源产生出大于各自单打独斗、分别努力得到的结果之和。

现代科技的重大突破、科技的创新，常常涉及诸多学科之间的相互交叉、相互渗透，学科交叉融合是未来科学发展的必然趋势，是加速科学创新的重要引擎。交叉学科是指不同学科之间相互交叉、融合而出现的新兴学科。交叉学科可以是自然科学与社会科学之间的交叉而形成的新兴学科，也可以是自然科学和社会科学内部不同分支学科的交叉而形成的新兴学科，还可以是技术科学和社会科学内部不同分支学科的交叉而形成的新兴学科。以学术研究、学术探讨和学术交流为主业的学术性社团是促进学术合作和学科交叉的纽带和桥梁。学术性社团中那些理论或专业具有相同性或相关性的专家、学者、科学研究者，以学术性社团为依托，开展合作交流，促进了专业学术领域的

① 参见王名等《社会组织与社会治理》，社会科学文献出版社 2014 年版，第213—215页。

② 参见夏东荣《协作：学术社团创新发展之路——以人文社会科学类学会为例》，《社会科学论坛》2015 年第12 期。

拓展，加速了学科融合。

三是要加强学术性社团与行业协会的合作。学术性社团注重学术理论研究、关注学科领域发展前沿学术理论，学术理论知识丰富，但往往实践应用不足，在学术理论与操作实践结合上常常缺乏有机承接载体，筹集财务资金能力不强。行业协会是指介于政府、企业之间，商品生产者与经营者之间，并为其提供沟通、咨询、协调等服务的一种社会中介组织，是一些为达到共同目标而自愿组织起来的同行或商人的团体，是由独立的经营单位所组成，为保护和增进全体成员的合理合法利益的组织。行业协会关注经济、商业实践的经验总结，经济基础实力比较强，但学术理论知识不充分。从合作的视域来看，经费不充裕的学术性社团可以利用丰富的学术理论知识对行业协会进行理论教育培训，促进行业协会提升学术理论认知水平以指导其实践。或者委托学术性社团开展职业标准制定、职业资格认证和项目课题研究。这样，学术性社团和行业协会的合作能使各自优势互补，达到双赢的局面，有利于促进学术性社团与行业协会的共同发展。

四是要强化学术性社团与政府的合作。从学术性社团的发展演变来看，学术性社团几乎都与政府有着千丝万缕的联系。政府既是学术性社团的监管者，也是学术性社团的支持者。因此，与政府之间的合作，获得政府部门的支持，已成为学术性社团发展的一条重要路径。从全球经验来看，许多国家的学术性社团与政府已建立公共服务中的合作伙伴关系。[①] 政府原有的部分职能以政府购买服务的方式交由学术性社团来承接。美国约翰·霍普金斯大学教授莱斯特·M. 萨拉蒙指出："第三方治理是作为一种调和竞争性观点的方法出现的，它加大了政府在提升整体福利方面的作用，又没有过度扩大政府的行政机构。在已有的机构可以被用于执行某一功能的地方——不管是提供贷款、医疗，还是社会服务——它们都要求在所有可能开展的公共项目

---

① 夏东荣：《协作：学术社团创新发展之路——以人文社会科学类学会为例》，《社会科学论坛》2015 年第 12 期。

中起到有意义的作用。"在莱斯特·M. 萨拉蒙看来，非营利组织是参加第三方治理体系的最自然的候选人。① 因此，政府与学术性社团之间的良好合作、伙伴关系，对政府和学术性社团都具有重要意义。莱斯特·M. 萨拉蒙认为，"志愿部门的弱点正好是政府的长处，反之亦然。至少政府有潜力提供更为可靠的资源，可以在民主政治程序的基础上，而不是根据富人的希望，确立优先考虑的事情，可以通过建立权利而不是特权来部分抵消慈善制度的家长式作风，可以通过建立质量控制标准保证照顾的质量。但是，出于同样的原因，志愿组织比政府更能提供个人化的服务，可以在更小范围内运作，可以根据客户的需求而不是政府机构的结构来调整服务，可以允许服务提供者之间一定程度的竞争。在这种情况下，无论是志愿部门替代政府，还是政府替代志愿部门，都没有二者的合作有意义"。莱斯特·M. 萨拉蒙还指出，政府与非营利部门之间的合作，是一种逻辑和理论上都是很明智的折中方案。② 政府部门可以根据实际情况委托学术性社团从事资格审定、标准制定、学术评审、学科评比、学科规划、学术监督等工作，委托学术性社团评估政策的实施效果、评估政府绩效，建立政府部门与学术性社团政策咨询、绩效评估互动机制，促进政府决策与学术性社团提供咨询建议的良性互动。

五是要增进学术性社团与企业的合作。探索学术性社团向企业提供市场调查方案设计、市场调研与预测数据、调研报告撰写、技术创新的制度化路径。学术性社团可建立科技人才库，把科技人才的专长和科技成果纳入数据库，主动与相关企业开展有偿学术技术服务，或与企业签订服务合同，为企业存在的生产技术上的问题攻坚克难，企业产生经济效益后，可按协议规定的利润比例和预定金额获取报酬。

---

① ［美］莱斯特·M. 萨拉蒙：《公共服务中的伙伴——现代福利国家中政府与非营利组织的关系》，田凯译，商务印书馆 2008 年版，第 44 页。

② ［美］莱斯特·M. 萨拉蒙：《公共服务中的伙伴——现代福利国家中政府与非营利组织的关系》，田凯译，商务印书馆 2008 年版，第 51 页。

结　语

当今世界正处于百年未有之大变局。中国正处于中华民族伟大复兴的关键时期，全球科技革命、产业革命与中国经济社会转型、高质量发展形成历史交汇。学术性社团作为科学发展和社会变革的产物，是学术创新、观点创新、理论创新、人才创新的重要来源之一，是社会治理体系完善的重要支撑力量，在建设中国特色社会主义现代化强国中发挥着重要作用。

以现实主义的眼光看，中国学术性社团治理仍存在诸多亟待改进之处。一是学术性社团管理体制不完善。大多数学术性社团隶属于政府部门，主要依托政府部门开展工作，并由此形成了不符合学术性社团宗旨与功能要求的治理机制。二是学术性社团功能定位不准。有些学术性社团将自身定位为行政部门，习惯于发号施令，学术研究、学术普及、培训教育和产学研连接等学术公益服务意识不强，组织官僚化、运作行政化、人事委任化等一些有悖于学术性社团本质要求的现象仍然存在。三是学术性社团职能不明确。一些学术性社团没有明晰的职能任务，没有确定的目标使命，没有客观的绩效评价标准，职能作用没有真正体现出学术性社团的学术创新性、公益性属性。

要想使学术性社团获得健康持续发展，将学术性社团所具有的各种人才资源优势转化为社团治理效能优势，更好地服务于社会公益事业，必须持续探求创新思路，与时俱进，促进学术性社团治理能力现代化。首先，要进一步转变学术性社团治理理念。学术性社团要树立为经济社会发展服务的理念，立足于社会获取其生存发展的资源；要树立科学、诚信、依法治理社团的思想，增强自治感、使命感、责任感，克服"等、靠、要"的传统思想，探索社团发展创新的机制和途径。其次，要进一步加快学术性社团人才管理创新。优秀的人才队伍对学术性社团的发展至关重要。目前，学术性社团管理工作者中大多数是自然科学和社会科学专业学术研究者，通常缺乏社团治理的职业素质和社团战略规划发展能力。要做好学术性社团的计划、组织、领导工作，适应现代社会和信息时代学术性社团发展的要求，必须加强学术性社团人才管理创新，大力培养职业化、专业化、高素质的学术性社团人才队伍，提高学术性社团科学研究者的创新意识、职业素质和学术水准；提升学术性社团管理者的科学人文素养、创新思维能力、经营管理技能，增强其使命感、责任感和对社团战略发展的前瞻预见能力。再次，要创新学术性社团运行方式。将劳动、知识、技术、管理和资本等要素充分融入学术性社团治理过程中，利用"互联网＋"等新模式加强学术性社团服务活动平台建设，增强学术服务活动的即时性、共享性、互动性和有效性，提高学术公益服务能力，积极主动承接政府职能转移，扩大学术服务空间，提升学术性社团的知名度和美誉度，提升学术性社团的公信力。加强沟通与合作，充分发挥专家、学者、科学研究工作者的人才优势，主动与政府、企业和其他社会组织交流信息，打造稳定、有效的项目择优与支持合作体系，提供高质量的智力支持。与社会多元主体进行联合，与国有企业、民营企业、行业协会、事业单位或科研机构等联合上项目，强化合作，整合社会资源，形成系统合力，提高学术性社团在学术研究、学术探讨、学术交流、培训教育和资格认证、连接产学研等方面的公益服务能力。最后，要加强对学术性社团的资金支持和监管。政府应进一步加强学术性社团税收优惠政策的顶层设计，分类制定税收优惠标准，给予学术性社团合理的税收优惠政策。同时，加强对学术性社团资金的监管，维护利益相关者的合法权益，确保社团的资金得以合理、科学和有效的使用。在现代法治社会，学术性社团是独立核算、独立承担民事责任的社团法人，要履行好社团法人的职责，必须在学术性社团治理中明确社团资产产权关系，建立责、权、利清晰的学术性社团治理体制和机制。①

　　中国学术性社团治理创新必然是从政府统管向政府主导、社会协同、多元共治的合作治理趋势转变。政府部门要及时认清学术性社团治理的发展趋势，通过进一步深化"放管服"改革，有选择地逐步退出直接控制的领域，营造良好的学术性社团发展生态，培育学术性社团自治能力，建立多元利益相关者互动治理结构。这样，学术性社团将会获得更多的发展机遇和空间。学术性社团要清晰认知社会组织发展的基本规律，遵循创新发展的基本原则，并将创新发展原则贯穿于学术性社团治理的整个过程。唯有坚持创新，学术性社团才能不断适应日新月异的经济社会发展需要；唯有坚持创新，才能使学术性社团在国家治理体系和治理能力现代化进程中充分发挥其应有的价值。

---

①　张绍华：《浅议学术性社团的经营之道》，《社团管理研究》2009 年第 5 期。

附　　录

清理整顿：中国政府管理社会组织的
一种非常规手段[*]

改革开放以来，中国社会组织发展过程中存在一种规律性现象，即每隔几年，有关政府部门会集中一段时间，清理整顿社会组织。与年检、重大活动请示报告等制度化工具相比，清理整顿是中国政府管理社会组织的一种非常规手段。这种管理手段的实施运用，对于加强社会组织管理，严厉打击违法违纪社会组织，规范社会组织行为，确保社会组织的政治正确性具有重要作用。但是，清理整顿的副作用和消极影响也不容忽视。深入分析中国政府清理整顿社会组织的历程及特点，探讨清理整顿的动因，反思清理整顿的影响，对于改革和创新中国社会组织管理体制，促进社会组织健康发展，具有重要意义。

一　政府清理整顿社会组织的历程及特点

清理整顿是在科层权威的强力推动和高位拉动下，通过定向资源动员和有效整合管理力量，发挥"集中力量办大事"① 的制度优势，对社会组织发展中累积的突出问题进行集中整治的一种管理行为。改

* 原载《河南社会科学》2021 年第 6 期，收录时有改动。

① 孙涛、韩清颖：《"集中整治"何以反复？持续绩效提升与"伊辛巴耶娃现象"——以 T 市治理"城市小广告"为例》，《中国行政管理》2019 年第 10 期。

革开放后，中国政府统一部署安排了三次大规模的、全国性的清理整顿社会组织活动（见表1）。

第一次清理整顿始于1984年11月，止于1986年上半年。1984年11月，中共中央、国务院颁布了《关于严格控制成立全国性组织的通知》，要求严格控制成立跨行业、跨部门、跨地区的全国性社会组织，对未经中央、国务院批准已经成立的全国性社会组织进行复查。经重新审查，凡不需要的全国性社会组织要予以撤销。1985年9月，中共中央办公厅、国务院办公厅转发了《国家经济体制改革委员会关于成立全国性组织的若干规定》。该文件对社会组织的清理整顿工作作出了进一步的细化安排，并要求从严控制地区性社会组织，由各省、自治区、直辖市根据中央文件精神，制定审批和复查社会组织的具体办法。

第二次清理整顿始于1989年12月，止于1992年下半年。1989年12月，中国人民银行发布了《关于进一步清理整顿基金会的通知》，要求对基金会撤销一批，合并一批，由此正式拉开了此轮清理整顿的序幕。1990年6月，国务院办公厅转发了《民政部关于清理整顿社会团体请示的通知》。该文件指出了中国社会团体中存在的主要问题，要求各地先从社会科学和文学艺术类社会团体入手，逐步对其他社会团体进行清理整顿和复查登记，对非法成立或问题严重的社会团体要坚决取缔。

第三次清理整顿始于1997年4月，止于2000年上半年。1996年，中共中央办公厅、国务院办公厅颁布了《关于加强社会团体和民办非企业单位管理工作的通知》。根据该文件精神，1997年4月，国务院办公厅转发了《民政部关于清理整顿社会团体意见的通知》，要求开始对社会组织进行第三次清理整顿。为推动和指导清理整顿工作，确保清理整顿工作顺利进行，中共中央、国务院和民政部先后下发了多个规范性文件，如民政部《关于查处非法社团组织的通知》（1997年），中共中央办公厅、国务院办公厅《关于进一步加强民间组织管理工作的通知》（1999年）等。

表1   改革开放以来针对社会组织的大规模、全国性的清理整顿

起止时间	政策依据
1984年11月至1986年上半年	中共中央、国务院《关于严格控制成立全国性组织的通知》；中共中央办公厅、国务院办公厅转发《国家经济体制改革委员会关于成立全国性组织的若干规定》；各省、自治区、直辖市根据中央文件精神，制定审批和复查社会组织的具体办法
1989年12月至1992年下半年	国务院办公厅转发《民政部关于清理整顿社会团体请示的通知》；《民政部清理整顿社会团体工作座谈会纪要》；《社会团体清理整顿和结社立法会议纪要》；民政部《关于社会团体复查登记有关问题的通知》；民政部社团管理司《关于跨省、自治区、直辖市社会团体复查登记的通知》
1997年4月至2000年上半年	国务院办公厅转发《民政部关于清理整顿社会团体意见的通知》；民政部《关于查处非法社团组织的通知》；民政部《关于清理整顿社会团体审定和换发证书工作的通知》；中共中央办公厅、国务院办公厅《关于进一步加强民间组织管理工作的通知》；民政部《关于取缔非法民间组织暂行规定》

资料来源：笔者根据相关资料整理而成。

回顾中国政府清理整顿社会组织的历程，可以看出，它具有如下特点：

自上而下推动。政府认为社会组织过多过滥，或者社会组织发展面临"失控"的风险时，就会作出清理整顿社会组织的决策。清理整顿社会组织的政策文件，很多是党政（中共中央、国务院）联合发布的。随后，民政部根据中共中央、国务院发布的规范性文件，制定操作性的政策规定，要求各地贯彻执行。政府自上而下推动在第三次清理整顿中表现的非常明显。1996年7月，中共中央政治局常委会专门研究了社会组织管理问题，同年8月，中共中央办公厅、国务院办公厅颁布了《关于加强社会团体和民办非企业单位管理工作的通知》。1999年10月，中共中央政治局常委会再次专门研究了社会组织管理问题，同年11月，中共中央办公厅、国务院办公厅颁布了

《关于进一步加强民间组织管理工作的通知》①。这些文件是清理整顿社会组织的主要政策规范。

参与部门广泛。尽管民政部门在清理整顿过程扮演组织策划、统筹安排的角色,但是这并不代表民政部门对清理整顿承担全部责任。有关政策文件特别强调,公安、国家安全、人民银行等部门要积极配合。事实上,按照双重管理体制的要求,绝大多数政府职能部门都参与了清理整顿工作。业务主管机关负责签署社会组织清理整顿的初审意见,而多数政府职能部门都承担有业务主管机关的职责。有学者指出:"目前担任民间组织的业务主管机关的政府和相关部门至少有 82 家之多,这些部门包括党、政、军、工、青、妇、事业单位、独立监管机构"②。为了加强众多参与部门之间的协调和沟通,许多省(自治区、直辖市)成立了社会组织清理整顿领导小组,由省委副书记或主管副省长任组长。

持续时间长。每次清理整顿都持续数年。清理整顿之所以持续时间长,原因是多方面的。一是政策学习和政策宣传需要消耗一定的时间。中央关于社会组织清理整顿的政策下发后,各地、各有关部门要层层传达中央的政策文件,并组织有关执行人员认真学习。同时,有关方面还须做好政策宣传工作,便于清理整顿的对象即社会组织知晓文件精神。这当然要假以时日才能完成。二是制定具体的清理整顿方案可能会导致政策执行时滞。中央的政策是战略性的、宏观性的,各地、各部门必须根据社会组织的实际情况,制定清理整顿社会组织的具体方案,才能保证清理整顿政策落到实处。而制定清理整顿社会组织的具体方案需要消耗一定的时间。三是有关文件规定的"先搞试点,总结经验后再全面铺开"的执行策略,使清理整顿政策执行往往以渐进的方式进行。四是清理整顿不仅涉及面广,工作任务繁重,而且面临诸多新问题、新情况。对于新问题、新情况,各地、各有关部门要层层上报至民政部,由民政部加以解释。这种上下级间的信息沟

① 闫东:《中国共产党与民间组织关系研究》,中央编译出版社 2011 年版,第 87 页。
② 王名主编:《中国民间组织 30 年》,社会科学文献出版社 2008 年版,第 74—75 页。

通需要耽搁一定的时间。五是清理整顿社会组织的政策标准不断发生变化。比如，在第三次清理整顿过程中，民政部下发清理整顿社会组织的文件后，有关方面又提出了党政领导干部不兼任社会组织领导职务的要求和在社会组织中建立党组织的要求。同时规定，"前期已经进行审定和换证工作的地方，如审定标准与本通知的标准不符的，要按照本通知的标准重新审定"①。政策的调整和变化，容易使清理整理工作出现反复。

全面排查与重点打击相结合。一方面清理整顿是对社会组织的一次"全面体检"，它不留死角，其对象是所有类型的社会组织。登记的社会组织和未登记的社会组织、官方社会组织和草根社会组织、全国性社会组织和地方性社会组织都须参加清理整顿活动。它也是对社会组织各方面情况的一次全面检查，如社会组织的政治方向、业务活动、财务管理、组织人事等。另一方面，清理整顿的重点是"那些以反对四项基本原则为目的、危害国家安全和社会稳定的敌对非法民间组织"②，或者是具有危害政治稳定潜能的社会组织，如"涉及民族及其他社会科学、自然科学的边缘交叉学科和青少年、妇女儿童等问题的各类研究机构、社会经济调查机构"③。

周期性发生。当清理整顿取得了预期成效时，党和政府就会停止清理整顿活动，将社会组织的日常管理提到议事日程，并采取一系列政策措施促进社会组织快速发展。社会组织的爆炸式增长特别是非法社会组织的大量存在又使党和政府认为，社会组织会对社会政治秩序构成威胁，因而开始部署新一轮的清理整顿工作。有学者提出的"水瓢模型"④ 很

---

① 山东省民间组织管理局编：《民间组织管理文件资料汇编》，山东大学出版社 2001 年版，第 238 页。

② 《关于进一步加强民间组织管理工作的通知》，2011 年 9 月 16 日，http://www.fy.gov.cn/openness/detail/content/543cce789d6bbc06027102c2.html，2021 年 1 月 8 日。

③ 《民政部关于印发〈关于开展民办非企业单位复查登记工作意见〉的通知》，2019 年 1 月 16 日，https://ishare.iask.sina.com.cn/f/34TGBEgv2LW.html，2021 年 2 月 3 日。

④ 王名、刘国翰、何建宇：《中国社团改革——从政府选择到社会选择》，社会科学文献出版社 2001 年版，第 89 页。

好地解释了清理整顿的周期性。"水瓢模型"认为，成立社会组织和参加社会组织的活动是公民结社自由的体现。当整个社会的民主自由意识高涨时，新成立的社会组织就会迅速增加。但是，政府只能容忍社会组织有序良性发展。当认识到社会组织可能威胁政治安全和社会安定时，政府就会规范限制社会组织发展（清理整顿），此时新成立的社会组织数量就会大幅度减少。然而，在发展市场经济和建设社会主义政治文明的背景下，人们的结社意识总是潜在的，一旦政府放松控制（清理整顿结束），人们的结社热情又会浮出水面，这又为新一轮的清理整顿准备了条件。尽管随着依法治国进程的加快，2000 年后，大规模、全国性的清理整顿活动有减弱的趋向。但是，政府并没有完全停用清理整顿这一管理手段。2001 年，民政部开展了针对社会团体分支机构代表机构的清理整顿；2004 年，民政部开展了针对全国性社会团体的清理整顿；2014 年，中组部等部门开展了针对党政领导干部兼任社会组织职务问题的清理整顿。在地方政府层面，清理整顿这一管理手段的使用频率更高。比如，2013 年，山西省出台了《全省性社会团体清理规范方案》，要求集中清理规范全省性社会团体；2019 年，吉林省长春市开展了清理整顿社会组织集中行动。地方政府还经常开展针对社会组织的专项清理整顿，比如针对行业协会的清理整顿、针对基金会的清理整顿等。

二　政府清理整顿社会组织的动因

清理整顿是以超常规方式进行的社会组织管理活动。清理整顿期间，地毯式清理、全面深度排查、强力纠偏和刚性惩罚成为民政部门和有关职能部门的中心工作和主要议程，相反，登记注册等常态的行政管理行为则基本停止。因此，清理整顿虽然以科层制组织为基础，但是它暂时打乱了科层制的运作规范，临时重塑了科层体系的治理流程。这一突破常规的管理方式被反复多次运用，原因是复杂的。

第一，政治稳定考量是政府清理整顿社会组织的根本原因。作为一个社会主义国家，中国始终是西方国家"和平演变"的主要对象之一。利用社会组织从事渗透、破坏、颠覆活动是西方国家实施和平演变战略的重要手段。社会组织具有非营利性、非政府性等外在特征，因而利用社会组织从事"西化""分化"活动具有很强的欺骗性和隐蔽性。在这种背景下，社会领域是开展和平演变与反和平演变、渗透与反渗透斗争的重要阵地。一些境外敌对势力擅自在中国内地设立社会组织，在宗教、民族、政治等领域进行破坏活动。《关于进一步加强民间组织管理工作的通知》指出："不少地方出现了外国人和港澳台人士设立的联合会、基金会、俱乐部、同盟会以及境外民间组织的分会。这些组织不仅在当地异常活跃，有的还跨地区发展会员，从事非法活动，对中国进行渗透、破坏"①。一些境外反华反共分子以捐助、合作、资助为手段，扶持听命于己的反动社会组织，传播西式价值观，企图瓦解社会主义意识形态的主导地位。还有一些与境外敌对势力联系密切的非法社会组织，利用中国改革过程中尚待解决的敏感问题，挑起事端，力图激化社会矛盾，恶化干群关系和政社关系，甚至公然攻击执政党的政治地位，"宣称要上台、要执政，气焰十分嚣张"②。这些问题的存在使党和政府认识到，社会组织中存在一些不稳定因素，社会组织有充当西方敌对势力对中国进行渗透、颠覆工具的可能性。因而对社会组织持警惕防范态度，定期不定期地对之开展清理整顿，目的在于将社会组织对政治稳定的负面影响降至最低限度，确保国家安全和社会稳定。

第二，社会组织管理体制存在缺陷促使政府频繁对社会组织进行清理整顿。中国的社会组织管理模式是一种典型的行政监管模式。一方面，政府是唯一的权威性的监管主体，行业自律和社会监督基本缺位。另一方面，政府主要运用行政手段管理社会组织，经济手段、司法手段的作用微弱。治理工具不足，严重影响了政府管控社会组织的

---

① 《关于进一步加强民间组织管理工作的通知》，2011 年 9 月 16 日，http://www. fy. gov. cn/openness/detail/content/543cce789d6bbc06027102c2. html，2021 年 1 月 8 日。

② 《关于进一步加强民间组织管理工作的通知》，2011 年 9 月 16 日，http://www. fy. gov. cn/openness/detail/content/543cce789d6bbc06027102c2. html，2021 年 1 月 8 日。

能力，导致常规管理"失灵"。

　　改革开放以来，中国政府一直强调加强社会组织管理机构建设，但是社会组织管理机构的力量仍相对薄弱。例如，"安徽省级登记管理的社会组织近千个，民间组织管理局的人员编制仅 10 个；全省三级登记管理的社会组织 17587 个（含备案管理的城乡基层社会组织），核定的人员编制仅 123 个，特别是县级登记管理'三无'——无专门机构、无专职人员、无专项经费现象严重，只能应付甚至难以应付现行的登记工作"①。在这种情况下，政府部门只得将主要精力用于登记管理，而对社会组织获准登记之后的各种活动却疏于管理，因而普遍存在"重入口、轻过程""登记严、监管松"的问题。换言之，管理对象的复杂性和管理力量的有限性之间的差距，使政府监管效果大打折扣。

　　此外，有关社会组织的监管资源、权能分散于多个政府职能部门，呈碎片化状态，导致政府不能及时修补第一扇"破窗"，不能对社会组织的违法违规行为作出及时有效的反应。如作为社会组织管理体制核心内容的双重管理，其本意在于设置"双保险"机制，但事实上导致了业务主管机关与民政部门之间的扯皮推诿、争功诿过现象，致使部分社会组织处于放任状态。管理体制的缺陷使社会组织的违法违规行为时有发生，比如贪污、挪用善款，乱评比、乱排名、乱发奖牌等。为了弥补管理体制上的缺陷，堵塞管理漏洞，督促社会组织依照法律法规和章程开展活动，政府不得不多次开展清理整顿。通过"集中整治"，在短期内进行资源动员、集中注意力，构建任务导向的部门联动和条块协作机制，在一定程度上缓解了常规治理能力不足的问题。从这个意义上来说，清理整顿社会组织是一种"无奈之举"。

　　第三，运动式思维的惯性使政府部门偏爱清理整顿这种管理手

---

　　① 刘培峰、谢海定主编：《民间组织发展与管理制度创新》，社会科学文献出版社 2012 年版，第 166 页。

段。在革命战争年代，党习惯于运用运动式动员，教育、组织群众。中华人民共和国成立后，在执政党和毛泽东的领导下，中国政府在经济、政治、文化、意识形态等领域，频繁发动了多次政治运动。政治运动具有超强的社会推动能力，对于提升国家生存的能力和培养公民的政治认同感具有一定的积极作用，但是，政治运动也给中国社会主义建设事业和人民生活带来了无可挽回的损失。因此，改革开放后，邓小平根据社会主义现代化建设的要求，在总结历史经验的基础上，明确表示不再搞政治运动①。但是，毕竟中国曾经历了如火如荼的政治运动岁月，政治运动虽然停止了，但是运动式思维方式仍然遗存在某些人的脑海中，作为一种政治意识和社会心理仍时隐时现地表现出来。有学者指出："在目前的中国政治中仍然存在着运动型解决方式的明显迹象"②。比如，一些政府部门集中打假、集中清理城市违章建筑、集中整治环境污染。运动式思维的典型特征是动员聚集"全政府"资源在短期内对特定社会问题进行非常态整治。

第四，社会组织赢弱使政府有能力随时对社会组织开展清理整顿。改革开放前，中国不存在真正意义上的社会组织，当时的状态是"社会国家化"③。1978 年以后，国家开始有意识地从某些领域撤退，社会组织才具备了生存的条件和空间。中国社会组织发育的初始条件决定了它相对于政府权力的弱势地位。到目前为止，无论是从数量、规模，还是从作用、影响力来说，中国社会组织仍处于弱小状态，难以对政府权力行使构成有效约束和监督。一些学者套用西方的法团主义理论解释中国政府与社会组织间关系，显然具有一定局限性。法团主义处理的是"先分化、后整合"的问题，而中国社会组织的发育路径是"先整合，后分化"。如果"反"过来使用法团主义理论，必

---

① 《邓小平文选》（第 2 卷），人民出版社 1994 年版，第 381 页。

② ［美］詹姆斯·R. 汤森等：《中国政治》，顾速等译，江苏人民出版社 2005 年版，第 216 页。

③ 唐士其：《国家与社会的关系：社会主义国家的理论与实践比较研究》，北京大学出版社 1998 年版，第 191 页。

然"离开了这个理论的传统主题"①。更为重要的是，法团主义所设想的社会组织之间、社会组织与政府之间平等协商制定公共政策的现象，在目前并不多见。相对于强势行政来说，羸弱的社会组织仅是政府约束和限制的管理对象和政策调整的目标群体。在关系到自身生存利益的清理整顿问题上，社会组织无能力参与有关政策制定，因而清理整顿决策"基本上都是政府的自主行为，是政府自主选择的结果"②。换言之，由于社会组织发挥制约政府权力行使的反作用力很小，所以政府能够根据内外环境条件，单方面决定何时对社会组织开展清理整顿。这是清理整顿这种管理手段沿用至今的重要原因。

三　政府清理整顿社会组织的影响

清理整顿严厉打击了社会组织的不法行为，减少了违法存量，产生了极大的威慑效应，这无疑有利于增强中国社会组织化进程的可控性，保证社会组织沿着社会主义方向健康发展，确保社会组织在中国的改革开放、经济建设和社会发展中发挥积极作用。这一点表明，清理整顿的价值不可低估。乔尔·S. 米格代尔认为，发展中国家能力低下、治理质量不佳的主因是，"社会控制的网状分布并没有转变成金字塔状分布"③。大量性质各异、自主自利的社会组织拥有制定民众所实际遵循的游戏规则、规制人们的日常行为真实能力，国家反而是虚弱的。弗朗西斯·福山也认为，民主自由需要强大国家的庇护，而高度发达的公民社会可能导致政治衰朽④。因此，不可全盘否定清理整顿的合理性。但是，从培育发展社会组织角度来看，清理整顿的负面影响是显而易见的。

第一，妨碍社会组织管理的法治化。社会组织管理法治化是依法

---

① 张静：《法团主义》，中国社会科学出版社1998年版，第165页。
② 康晓光等：《依附式发展的第三部门》，社会科学文献出版社2011年版，第46页。
③ ［美］乔尔·S. 米格代尔：《强社会与弱国家》，张长东等译，江苏人民出版社2012年版，第269页。
④ ［美］弗朗西斯·福山：《政治秩序的起源：从前人类时代到法国大革命》，毛俊杰译，广西师范大学出版社2012年版，第463页。

行政、依法治国的题中应有之义。但是，清理整顿过程中的某些做法却与社会组织管理法治化的要求相悖。清理整顿的少数政策文件是粗放型的，其条款过于笼统、抽象，因而赋予政府官员过多的自由裁量权。比如，有关清理整顿的一些政策文件规定，凡社会不需要的社会组织，要予以撤销，但是，衡量"社会不需要"的具体标准却没有明确规定。又如，违背非营利性宗旨的社会组织，要予以撤销。但是，在管理实践中，评价社会组织是否恪守非营利性宗旨，是一个相当复杂的问题。"这个问题不论是社会团体工作人员本身，还是政府部门官员，就连瑞士、德国的法院也没有解决这个争议问题，成为社会悬案"①。这种模糊性的规定，容易使个别政府官员在清理整顿活动中渗入自己的主观偏好和思想情感，从而违背了法的"非人格化"②（形式平等）和"可预计性"③要求。此外，清理整顿中的"从重""从严""从快"等做法，可能使法治公平面临风险；严管、严惩往往是清理整顿前期的事，一旦进入尾声，管理态度松懈、管理退步成为必然，这使管理对象认为严管、严惩是权宜之计，"出事"是撞"枪口"、碰"风头"的结果，这种机会主义态度损害了法律的威信。这些问题的存在使一些学者认为，清理整顿是一种"越过法规"的管理行为④。

第二，延缓社会组织的发育进程。在清理整顿期间，限制社会组织发展是主导的价值导向。按照有关政策文件，清理整顿期间，一般不再审批新的社会组织。如1989年后的十年时间里，"有约5年是基本不批准新社团的成立的"⑤。而合并、解散、注销、撤销、取缔等

---

① 李本公主编：《国外非政府组织法规选编》，中国社会出版社2003年版，第371页。

② ［德］马克斯·韦伯：《经济与社会》（上卷），林荣远译，商务印书馆1997年版，第250页。

③ ［德］马克斯·韦伯：《经济与社会》（上卷），林荣远译，商务印书馆1997年版，第173页。

④ 中国青少年发展基金会、基金会发展研究委员会编：《处于十字路口的中国社团》，天津人民出版社2001年版，第8页。

⑤ 苏力等：《规制与发展——第三部门的法律环境》，浙江人民出版社1999年版，第71页。

刚性惩罚手段的运用，直接导致社会组织数量锐减。1992 年，第二次清理整顿结束后，得到确认登记的全国性社团 1200 个，减少了 400 多个；得到确认登记的地方性社团 18 万个，减少了 2 万多个①。全国性社团和地方性社团的数量均未超过清理整顿前的 1989 年。第三次清理整顿结束后，全国社团总数由近 20 万个减至 13.6 万个；全国性社团由 1849 个减为 1500 多个②。另有学者研究表明，1999 年全国社会组织总数增长 – 13.58%，是改革开放以来最大的负增长③。清理整顿不仅导致社会组织数量锐减，而且损害了社会组织公信力。有学者指出："中国传统政治文化的基本倾向之一是重政府而轻民间，对政府机关的信任远超过对民间组织的信任"④。清理整顿加剧了社会组织公信力的脆弱性。为了配合清理整顿，有关方面大力宣传社会组织中存在的一些潜在问题，损害了社会组织的整体形象。而且，有关方面不提或很少提社会组织的积极作用，给公众造成"清理整顿就是否定社会组织作用"的误解。在清理整顿过程中，层层检查、层层汇报，使社会组织不得不填报大量材料，不仅容易滋生形式主义风气，而且牵扯社会组织过多精力，妨碍了社会组织的公共服务供给活动。这会改变公众对社会组织的支持态度。此外，取缔、撤销等刚性管理手段直接关系到社会组织的生死存亡。那些被取缔、被撤销的社会组织往往会以激进的态度看待政府的清理整顿行为。比如，某协会被撤销后，在媒体上公开指责政府部门，为自己"鸣不平"⑤。此举可能导致政府将某些社会组织视为"异己力量"，增加政府对其的不信任感，从而为下一轮清理整顿埋下伏笔。

第三，强化社会组织的行政化色彩。在清理整顿过程中被反复强

① 张钟汝、范明林：《政府与非政府组织合作机制建设——对两个非政府组织的个案研究》，上海大学出版社 2010 年版，第 14—15 页。
② 王名主编：《中国民间组织 30 年》，社会科学文献出版社 2008 年版，第 102 页。
③ 管廷莲：《社会组织中党的建设研究——基于温州的实证分析》，知识产权出版社 2012 年版，第 62 页。
④ 俞可平等：《中国公民社会的制度环境》，北京大学出版社 2006 年版，第 22 页。
⑤ 桑世泽：《中国钓鱼协会被取消活动之谜》，《钓鱼》2007 年第 7 期。

化的双重管理①，巩固了政府部门与社会组织之间的依附关系。在双重管理制度下，一个社会组织要想取得合法身份，必须得到某个党政机关的许可。利用这种许可权，业务主管机关可以全面而直接地干预社会组织的内部活动。正如有学者所指出的："社团的成立与取缔、章程的制定和修改、宗旨和任务的限定与调整、人事和组织机构的设置与改变，乃至日程活动的计划和实施都必须得到业务主管部门的批准"②。比如，就人事权来说，多数社会组织的人事权掌握在业务主管单位手中。因为业务主管单位是否掌握社会组织的人事权是清理整顿中重点检查的事项之一。《关于清理整顿社会团体审定工作和换发证书工作的通知》明确规定："社会团体的负责人应当经过所在单位的人事部门和业务主管单位审核后，再由社会团体按其章程规定的民主程序选举产生"。由清理整顿所强化的政府与社会组织之间的依附关系，增强了中国社会组织的行政化色彩，使之仅具社会组织的"外形"，而其与政府的运行逻辑基本相同③。因此，中国的社会组织又被称为政府组织的非政府组织（GONGO）④。这使中国社会组织发育并没有沿着国家与社会相分离、政社分开的方向前进，不仅妨碍了现代社会组织体制的建立，阻碍了社会组织比较优势的发挥，而且带来了廉政建设问题。

第四，导致社会组织发展呈现的不平衡性。清理整顿是计划管理体制的一种重要表现，因为清理整顿实质上是政府对社会组织的总量和结构进行的计划调控。就总量调控来说，前文已经指出，清理整顿导致社会组织数量锐减。就结构调控来说，清理整顿导致社会组织发

---

① 山东省民间组织管理局编：《民间组织管理文件资料汇编》，山东大学出版社2001年版，第238页。

② 康晓光：《创造希望——中国青少年发展基金会研究》，漓江出版社1997年版，第347页。

③ 田凯：《组织外形化：非协调约束下的组织运作——一个研究中国慈善组织与政府关系的理论框架》，《社会学研究》2004年第4期。

④ 资中筠：《财富的归宿：美国现代公益基金会述评》，上海人民出版社2005年版，第321页。

展呈现不平衡性。中国社会组织的绝大多数属于社会服务型组织，占所有登记注册社会组织数量的 86.2%[①]。相比之下，以政策倡导等为宗旨的社会组织数量很少。这类组织具有较强的政治色彩，因而在清理整顿中被首先过滤掉。此外，官方社会组织与草根社会组织的数量也明显失衡。官方社会组织由于与政府部门关系密切，容易赢得政府部门的信任，在清理整顿过程中较易过关。而自下而上成立的草根社会组织是从体制外生长起来的，政府部门对之信任度较低，所以在清理整顿过程容易受到冲击。登记注册的高门槛有利于官方社会组织取得合法身份，因为得到政府扶持的官方社会组织容易满足登记注册的条件。大量草根社会组织难以越过登记注册的高门槛，也就难以获得民政部门给予的合法身份，因而在清理整顿过程成为被取缔的对象。《关于查处非法社团组织的通知》《取缔非法民间组织暂行办法》均规定，未经登记，擅自以社会组织名义进行活动的，属于非法社会组织，应该予以取缔。结果，中国官方社会组织的数量占社会组织总量的 83.6%，远超过草根社会组织的数量[②]。

尽管有着上述局限性，但在没有合适的替代手段之前，清理整顿仍有较大的存在空间，仍然是一种"好用"的工具。有限肯定清理整顿，并不意味着否定清理整顿向制度化、规则化治理转型的必然性和完善改进清理整顿的必要性。近期，要减少清理整顿的使用频率，弱化有关部门对清理整顿的依赖性。清理整顿是一种"例外"的管理手段，其作用主要是解决社会组织治理中的"困点"和棘手问题，常规管理问题的解决必须依靠日常监督和常态执法。要善于将清理整顿所要解决的难题予以分解，有计划地融于政府部门的季度工作重点和年度工作计划之中，将之转变为常规工作任务。同时，要减少清理整顿对常规治理的侵扰，尤其是要减少清理整顿对常规管理人力、财力资源的挤占，努力形成清理整顿与常规管理之间良性并存的局面。

---

① 康晓光等：《依附式发展的第三部门》，社会科学文献出版社 2011 年版，第 14 页。
② 康晓光等：《依附式发展的第三部门》，社会科学文献出版社 2011 年版，第 52 页。

在此基础上，形成清理整顿与常规治理间的"协同效应"①。

远期，要坚定清理整顿向法治化、规则化治理转型的方向，并积极探寻推进转型的可行路径。要完善政绩考核机制，将干部管理社会组织的潜在成效和长期成果纳入政绩考核范围，激励干部在管理社会组织过程中"抓早""抓小"，将违法违规问题消灭在萌芽状态，克服日常管理"劳而无功"、轰轰烈烈的清理整顿吸引眼球并易于"上位"的不正常局面，有效遏制"政治人的经济人本性"②。要积极推广智慧型监管和技术治理，通过运用大数据、云计算等信息技术，及时感知社会组织管理存在的问题，精准研判社会组织中存在的风险，快速处置社会组织的不法行为。要倡导践行综合治理、多方共治理念，构建跨部门、跨组织合作机制，获取更多的体制外资源、技能和知识，获得解决社会组织管理问题的创新性方案③，以提升政府常规管理的效能。清理整顿向常态化治理转变的过程，也就是构建社会组织长效治理机制、实现标本兼治的过程。

---

① 郝诗楠：《理解运动式与常规化治理间的张力：对上海与香港道路交通执法案例的比较》，《经济社会体制比较》2019 年第 4 期。

② ［美］兰迪·T. 西蒙斯：《政府为什么会失败》，张媛译，新华出版社 2017 年版，第 56 页。

③ ［美］约翰·弗雷尔、詹姆斯·埃德温、埃里克·波伊尔尔：《跨部门合作治理》，甄杰译，化学工业出版社 2018 年版，第 125 页。

参考文献

经典著作

《习近平谈治国理政》第 1 卷，外文出版社 2018 年第 2 版。

《习近平谈治国理政》第 2 卷，外文出版社 2017 年版。

《习近平谈治国理政》第 3 卷，外文出版社 2020 年版。

中文著作

蔡立辉、王乐夫主编：《公共管理学》，中国人民大学出版社 2018 年第 2 版。

蔡立辉编著：《政府绩效管理》，中国人民大学出版社 2018 年版。

曹堂哲：《公共管理研究方法——基于公共管理问题类型学的新体系》，北京大学出版社 2014 年版。

陈新：《中国政府绩效评估方法理论与实践：基于政府职能转变视角开展绩效评估》，天津人民出版社 2016 年版。

陈以爱：《中国现代学术研究机构的兴起：以北大研究所国学门为中心的探讨》，江西教育出版社 2002 年版。

邓国胜：《非营利组织评估》，社会科学文献出版社 2001 年版。

邓国胜等：《中国民间组织国际化的战略与路径》，中国社会科学出版社 2013 年版。

范丽珠主编：《全球化下的社会变迁与非政府组织（NGO）》，上海人民出版社 2003 年版。

范铁权：《近代中国科学社团研究》，人民出版社 2011 年版。

冯华艳：《政府购买公共服务研究》，中国政法大学出版社 2015 年版。

傅明贤主编：《行政组织理论》，高等教育出版社 2004 年版。

高小平主编：《政府管理与服务方式创新》，国家行政学院出版社
　2008 年版。

龚维斌主编：《中国社会治理研究》，社会科学文献出版社 2014 年版。

何增科、包雅钧主编：《公民社会与治理》，社会科学文献出版社
　2011 年版。

贺立平：《让渡空间与拓展空间——政府职能转变中的半官方社团研
　究》，中国社会科学出版社 2007 年版。

黄浩明、石忠诚主编：《社会组织创新机制探索与实践》，对外经贸
　大学出版社 2014 年版。

黄丽华、丁旭光等著：《创新社会治理体制——基于广州的经验研
　究》，广东经济出版社 2014 年版。

黄晓勇、蔡礼强主编：　《社会组织蓝皮书：中国社会组织报告
　（2016—2017）》，社会科学文献出版社 2017 年版。

季卫华：《社团规章与合作治理》，法律出版社 2017 年版。

姜国兵编著：《政府绩效评估》，暨南大学出版社 2016 年版。

姜晓萍主编：《社会治理创新发展报告（2014）》，中国人民大学出版
　社 2014 年版。

康晓光等：《依附式发展的第三部门》，社会科学文献出版社 2011 年版。

黎军：《行业组织的行政法问题研究》，北京大学出版社 2002 年版。

李莉：《湖北省社科类社团的历史与现状调查研究》，湖北人民出版
　社 2020 年版。

刘春湘：《社会组织运营与管理》，经济管理出版社 2016 年版。

麻宝斌等：《公共治理理论与实践》，社会科学文献出版社 2013 年版。

马庆钰、廖鸿主编：《中国社会组织发展战略》，社会科学文献出版
　社 2015 年版。

孟凡蓉、赵军：《科技社团理论研究现状和发展方向》，科学出版社
　2020 年版。

桑春红、吴旭红主编：《公共政策学》，清华大学出版社 2018 年版。

宋贵伦主编：《中外社会治理研究报告》（上集、下集），中国人民大学出版社 2015 年版。

孙晓莉：《中外公共服务体制比较》，国家行政学院出版社 2007 年版。

王宝明：《法治政府：中国民主政治发展的战略选择》，国家行政学院出版社 2013 年版。

王杰、张海滨、张志洲主编：《全球治理中的国际非政府组织》，北京大学出版社 2006 年版。

王名：《社会组织论纲》，社会科学文献出版社 2013 年版。

王名、李勇、黄浩明编著：《德国非营利组织》，清华大学出版社 2005 年版。

王名、李勇、黄浩明编著：《英国非营利组织》，社会科学文献出版社 2009 年版。

王名、李勇、廖鸿、黄浩明编著：《日本非营利组织》，北京大学出版社 2007 年版。

王名、刘国翰、何建宇：《中国社团改革——从政府选择到社会选择》，社会科学文献出版社 2001 年版。

王名等：《社会组织与社会治理》，社会科学文献出版社 2014 年版。

王名主编：《中国民间组织 30 年——走向公民社会》，社会科学文献出版社 2008 年版。

魏礼群主编：《创新社会治理体制》，北京师范大学出版社 2014 年版。

吴玉章主编：《社会团体的法律问题》，社会科学文献出版社 2004 年版。

谢明编著：《公共政策导论》，中国人民大学出版社 2012 年版。

徐海清：《国家治理体系和治理能力现代化》，中共中央党校出版社 2013 年版。

徐家良编著：《社会团体导论》，中国社会出版社 2011 年版。

徐家良等编著：《社会组织的结构、体制与能力研究》，中央编译出版社 2012 年版。

徐仁璋主编：《公共行政学》，中国财政经济出版社 2002 年版。

徐彤武等：《美国公民社会的治理——美国非营利组织研究》（上册、下册），中国社会科学出版社 2016 年版。

杨路平等：《中国社会科学类社团科学发展的战略选择》，辽宁教育出版社 2015 年第 2 版。

杨文志编著：《现代科技社团概论》，科学普及出版社 2006 年版。

尹承恕：《科技社团决策咨询探索》，辽宁科学技术出版社 2015 年版。

俞可平：《推进国家治理与社会治理现代化》，当代中国出版社 2014 年版。

俞可平主编：《治理与善治》，社会科学文献出版社 2000 年版。

张国庆主编：《公共行政学》，北京大学出版社 2007 年版。

张康之主编：《公共行政学》，经济科学出版社 2010 年版。

张良：《我国社会组织转型发展的地方经验：上海的实证研究》，中国人事出版社 2014 年版。

张瑞玲：《民间社团组织发展路径研究》，中国社会科学出版社 2017 年版。

中国科协发展研究中心课题组编：《近代中国科技社团》，中国科学技术出版社 2013 年版。

中国科协学会服务中心编著：《法意澳新科技社团研究》，中国科学技术出版社 2020 年版。

中国科协学会服务中心编著：《美英德日科技社团研究》，中国科学技术出版社 2019 年版。

中国社团研究会编著：《中国社团发展史》，当代中国出版社 2001 年版。

周红云主编：《社会治理》，中央编译出版 2015 年版。

周三多、陈传明、鲁明泓编著：《管理学——原理与方法》，复旦大学出版社 2011 年第 5 版。

朱喆：《科技社团资源依赖行为与治理研究》，知识产权出版社 2020 年版。

译著

［美］埃莉诺·奥斯特罗姆：《公共事务的治理之道：集体行动制度的演进》，余逊达、陈旭东译，上海译文出版社 2012 年版。

［美］爱德华·弗里曼、杰弗里·哈里森等：《利益相关者理论：现状与展望》，盛亚、李靖华等译，知识产权出版社 2013 年版。

［美］彼得·德鲁克：《非营利组织管理》，吴振阳等译，机械工业出版社 2018 年版。

［美］格罗弗·斯塔林：《公共部门管理》，常健等译，中国人民大学出版社 2012 年版。

［美］亨利·恩斯特塔尔：《社团管理——原理与方法》，朱晓红、陈吉等译，中国科学技术出版社 2014 年第 4 版。

［美］杰恩·范泰尔：《民间社团发展——从非营利部门到第三空间》，沈国华译，上海财经大学出版社 2018 年版。

［美］莱斯特·M. 萨拉蒙：《公共服务中的伙伴——现代福利国家中政府与非营利组织的关系》，田凯译，商务印书馆 2008 年版。

［美］莱斯特·M. 萨拉蒙：《全球公民社会——非营利部门视界》，贾西津等译，社会科学文献出版社 2007 年版。

［美］莱斯特·M. 萨拉蒙：《政府工具：新治理指南》，肖娜等译，北京大学出版社 2016 年版。

［美］罗伯特·B. 登哈特：《公共组织理论》，扶松茂、丁力译，中国人民大学出版社 2011 年版。

［美］乔治·弗雷德里克森、凯文·B. 史密斯：《公共管理概论》，于洪等译，上海财经大学出版社 2008 年版。

［美］唐纳德·凯特尔：《权力共享：公共治理与私人市场》，孙迎春译，北京大学出版社 2009 年版。

［美］托马斯·库恩：《科学革命的结构》，金吾伦、胡新和译，北京大学出版社 2003 年版。

［美］约翰·D. 多纳林、理查德·J. 泽克豪泽：《合作：激变时代

的合作治理》，徐维译，中国政法大学出版社 2015 年版。

［美］詹姆斯·N. 罗西瑙：《没有政府的治理》，张胜军等译，江西
　　人民出版社 2001 年版。

［美］詹姆斯·P. 盖拉特：《21 世纪非营利组织管理》，邓国胜等
　　译，中国人民大学出版社 2003 年版。

［英］克里斯托夫·鲍利特：《重要的公共管理者》，孙迎春译，北京
　　大学出版社 2011 年版。

中文论文

《全国学会会员工作实用手册》编写组：《会员参与学会内部治理的
　　制度安排》，《学会》2019 年第 8 期。

包卫兵：《加强学会领导班子建设》，《学会》2011 年第 4 期。

蔡建武：《民间组织生存与发展问题探析》，《社会工作》1998 年第 6 期。

曹鲲：《论非营利组织的双重管理体制》，《行政论坛》2004 年第 5 期。

陈惠娟：《深入推进"两化"建设改革学会治理结构和治理方式》，
　　《学会》2017 年第 2 期。

陈洁、张洁：《科技社团服务创新驱动发展路径关键》，《科技创新与
　　应用》2020 年第 2 期。

陈潭：《第三方治理：理论范式与实践逻辑》，《政治学研究》2017 年
　　第 1 期。

陈奕：《基于网络化治理理论考量"官办"学会困境消解的对策》，
　　《行政与法》2012 年第 5 期。

陈宇同：《科技社团开展学术活动的思考》，《学会》2008 年第 3 期。

陈壮钦：《地市级学术性社团党建工作存在的问题、机遇及思考——
　　以汕头市科协主管学术性社团为例》，《学会》2013 年第 9 期。

高然：《学会内部治理结构探究》，《学会》2018 年第 4 期。

龚慧林：《党建统领学会治理改革探究》，《科技风》2020 年第 4 期。

顾爱华：《论中国社会科学类社团与其他社会组织的关系》，《理论
　　界》2008 年第 9 期。

顾爱华：《中国社会科学类社团的内涵、特征与功能》，《中国行政管理》2007 年第 11 期。

何国祥：《科学学会的性质》，《学会》2014 年第 3 期。

黄忠诚：《"三问三思"学术社团秘书长素质》，《中国社会组织》2014 年第 16 期。

黄忠诚：《提高学术社团秘书长素质的思考》，《学会》2014 年第 11 期。

黄忠诚：《学术性社团发展中存在的问题及对策——从厦门市学术性社团现状谈起》，《社团管理研究》2009 年第 10 期。

黄忠诚：《学术性社团建设存在的问题及对策》，《学会》2010 年第 4 期。

康晓光：《转型时期的中国社团》，《中国青年科技》1999 年第 10 期。

柯少愚：《德国非营利组织考察笔记》，《学会》2008 年第 2 期。

柯少愚：《社会组织存在的主要问题与思考》，《学会》2011 年第 12 期。

柯少愚、秦威：《"学术性社团评估指标"研究报告》，《学会》2007 年第 1 期。

柯少愚、秦威：《福建省学术性社团评估试点工作概述》，《学会》2009 年第 2 期。

李兵、欧阳秀雄：《中国学术性社团的立法与问题》，《求索》2008 年第 7 期。

李伯杰：《三个德国人，必有一社团》，《读书》2015 年第 10 期。

李长文、李旭、乜琪：《依附型学会治理内卷化及其化解》，《学会》2017 年第 12 期。

李少平：《学术性社团的法律思考》，《探索》1990 年第 5 期。

李役青、刘启玲：《广东科技社团学术交流质量与实效若干问题的思考》，《科协论坛》2008 年第 8 期。

李勇：《德国的非盈利组织》，《预算管理与会计》2003 年第 9 期。

李中赋：《科技社团应为优化学术环境做出新贡献》，《学会》2016 年第 4 期。

林震：《信任：治理体系和治理能力现代化的重要命题——国际行政科学学会 2015 年会情况和观点综述》，《中国行政管理》2015 年第

12 期。

凌勇坚、刘芸、王国香：《对地方学术性社团考评的意义》，《学会》
2017 年第 5 期。

凌勇坚、陆婷：《综观地方学术性社团发展态势》，《社团管理研究》
2010 年第 9 期。

凌勇坚、孙媛、姚国强：《地方学术性社团秘书工作及前景》，《学
会》2010 年第 9 期。

刘春平：《科技类社会组织在科技公共服务供给中的功能与定位分
析》，《科协论坛》2017 年第 11 期。

刘春平：《新中国成立 70 年科技类社会组织发展历程与重大转型》，
《中国科技论坛》2020 年第 4 期。

龙盛良：《南宁市学术性社团的发展问题初探》，《大众科技》2011 年
第 11 期。

马德坤：《新中国成立以来社会组织治理的政策演变、成就与经验启
示》，《山东师范大学学报》（社会科学版）2020 年第 2 期。

潘丽：《我国科技中介组织发展创新的探讨》，《学会》2007 年第 4 期。

庞湃、林振洪：《非营利组织的治理机制》，《浙江经济》2011 年第 1 期。

彭世聊：《应努力加强学术性社团的档案工作》，《湖北档案》1998 年
第 1 期。

彭育园：《政府管理部门在科技中介机构发展中的作用》，《武汉理工
大学学报》（社会科学版）2005 年第 6 期。

齐晔：《百年布鲁金斯学会：从帮助决策到改善治理》，《社会治理》
2016 年第 6 期。

秦威：《加强学术合作，促进科技社团理论研究》，《学会》2009 年第
10 期。

邵新贵、高华：《从英国的实践看我国科技社团与科技馆的创新与发
展》，《学会》2010 年第 3 期。

沈爱民：《贯彻落实党的十八大精神推动学会改革发展》，《学会》
2013 年第 1 期。

沈爱民：《科技社团改革创新发展的方向》，《学会》2012 年第 7 期。

隋家忠、王波：《论科普工作的系统研究》，《科协论坛》2000 年第 9 期。

孙纬业：《当代发达国家科技社团社会功能研究》，《学会》2018 年第 2 期。

陶功浩：《科技社团学术创新能力建设探索》，《学会》2020 年第 11 期。

涂端午：《教育政策文本分析及其应用》，《复旦教育论坛》2009 年第 5 期。

汪小波、黄晶：《国外非政府组织理论研究综述》，《辽宁行政学院学报》2012 年第 5 期。

王名：《现代社会组织体制的国际比较及中国的战略》，《中国机构改革与管理》2015 年 4 期。

王名、李勇、黄浩明：《德国非营利组织发展的源与流——以公益领域和工商领域的民间组织为例》，《大社会》2019 年第 11 期。

王名、孙伟林：《社会组织管理体制：内在逻辑与发展趋势》，《中国行政管理》2011 年第 7 期。

王绥平、张文昌、程道常：《对社会团体评估的探讨》，《学会》2005 年第 11 期。

王晓舟：《信息化时代科技社团的学术交流》，《学会》2007 年第 12 期。

王玉珍、王李浩：《治理现代化背景下社会组织省域发展差异分析》，《中国行政管理》2016 年第 10 期。

王志新：《加强学术社团自身能力建设的措施选择》，《学会》2017 年第 6 期。

魏从兰、顾晨婴、徐蕾：《合肥社科类学术性社团发展问题和改革路径》，《合肥学院学报》（综合版）2017 年第 6 期。

吴月：《从控制到发展：日本社会组织管理策略变迁及其逻辑》，《湖北社会科学》2018 年第 6 期。

武克全：《完善社会科学学术社团的决策咨询研究功能》，《湖北社会科学》2000 年第 12 期。

武克全：《学术社团：值得重视的社会群体资源》，《探索与争鸣》

1998 年第 5 期。

夏东荣：《协作：学术社团创新发展之路——以人文社会科学类学会为例》，《社会科学论坛》2015 年第 12 期。

夏东荣：《学会发展的根本动力——学科发展》，《学会》2009 年第 2 期。

夏东荣：《学会类型分析及分类指导探索——以人文社会科学类学会为例》，《学会》2010 年第 3 期。

夏东荣：《学术社团（学会）成为社会智库可能性探析》，《社会科学论坛》2018 年第 2 期。

夏东荣：《学术社团（学会）协作与跨学科研究——以人文社会科学类学会为例》，《江苏师范大学学报》（哲学社会科学版）2015 年第 6 期。

夏东荣：《学术性社团（学会）评估的功能研究》，《学会》2014 年第 10 期。

谢牧人：《学会内部治理探究》，《学会》2015 年第 11 期。

谢孝荣：《对我国学术社团现代转型的若干思考》，《福建行政学院学报》2010 年第 5 期。

谢孝荣：《中国哲学社会科学学术社团工作的反思与前瞻》，《学术交流》2009 年第 12 期。

徐晓丹、樊春良：《英国科技社团的治理机制研究》，《科学管理研究》2020 年第 5 期。

徐艳霞：《学术性社会科学团体党建工作的思考》，《盐城工学院学报（社会科学版）》2013 年第 6 期。

学术性社团的功能与设立标准专题调研组：《学术性社团的功能与设立标准调研报告》，《学会》2005 年第 3 期。

闫东：《新时代中国特色社会组织改革发展研究》，《中共南京市委党校学报》2020 年第 4 期。

杨宝、杨晓云：《从政社合作到"逆向替代"：政社关系的转型及演化机制研究》，《中国行政管理》2019 年第 6 期。

杨丽、赵小平、游斐：《社会组织参与社会治理：理论、问题与政策选择》，《北京师范大学学报》（社会科学版）2015 年第 6 期。

杨林：《加强内治理　促进学会发展》，《学会》2013 年第 8 期。

杨路平：《中国社科类社团科学发展中的有关问题》，《社团管理研究》2010 年第 9 期。

杨路平、周兆明、孙庆国：《中国社会科学类社团管理体制研究》，《山东社会科学》2008 年第 10 期。

杨文志：《科技社团　学术交流的意义和作用》，《科协论坛》2006 年第 9 期。

叶托：《新中国成立 70 年来我国社会组织政策的范式变迁及其基本规律》，《北京行政学院学报》2019 年第 5 期。

应向伟：《学术类社团以"刊学研结合"推进期刊精品化的策略与路径——以浙江省科技期刊编辑学会为例》，《科技与出版》2016 年第 2 期。

游玎怡、李芝兰、王海燕：《政府转移职能和购买服务提升了社会组织的服务质量吗？——以中国科技社团为例》，《中国行政管理》2020 年第 7 期。

于健慧：《创新学术性社团的工作机制及运行模式》，《社团管理研究》2011 年第 11 期。

袁恩桢：《学术社团的基本品格》，《探索与争鸣》2008 年第 6 期。

曾维和：《非营利组织治理中的综合监督机制探讨》，《兰州学刊》2004 年第 3 期。

张宝娟：《公益性社会组织培育发展研究》，《社团管理研究》2012 年第 3 期。

张军：《社会团体"会员"管理分析》，《社团管理研究》2008 年第 2 期。

张俊：《深化学会改革推进学会治理方式现代化》，《农家参谋》2018 年第 2 期。

张兰英：《微信公众号服务能力提升研究——以"首都科技社团服务"微信公众号为例》，《科技传播》2021 年第 19 期。

张良、刘蓉：《治理能力现代化视角下科技学会能力模型构建研究》，

《学会》2015 年第 11 期。

张楠、赵勇：《以创新带动"承转"：学会参与完善社会治理机制的新趋势》，《未来与发展》2015 年第 11 期。

张绍华：《浅议学术性社团的经营之道》，《社团管理研究》2009 年第 5 期。

张雪、余策、安向阳：《提升科技社团学术引领性对策分析》，《科协论坛》2018 年第 5 期。

张瑶：《国外科技社团服务会员方式研究及启示——以国际宇航联合会为例》，《学会》2020 年第 6 期。

章雁超、尚智丛：《英美科技社团会员服务与发展方式探究与启示》，《山东科技大学学报》（社会科学版）2019 年第 3 期。

赵映川：《基于利益相关者理论的学会共同治理探讨》，《财会通讯》2016 年第 19 期。

郑文范、赵宇：《国内外社科类社团发展与管理比较研究》，《学术交流》2008 年第 2 期。

中国科协学会学术部：《深化学会治理改革　建设创新国家——中国科协学会改革创新工作实践总结》，《学会》2018 年第 5 期。

中国科协学会学术部：《深化学会治理改革　建设创新国家》，《中国社会组织》2017 年第 15 期。

中国科学技术协会学会学术部、上海市科学技术协会学术部：《学术性社团评估研究》，《学会》2008 年第 6 期。

周海林：《学会治理：政策转变、关键问题与改革路径》，《福建江夏学院学报》2019 年第 6 期。

周俊：《走向"合规性监管"——改革开放 40 年来社会组织管理体制发展回顾与展望》，《行政论坛》2019 年第 4 期。

周向阳、刘松年、张太玲：《论自主创新战略下科技社团的学术交流——以科协系统的学术交流为例》，《学会》2007 年第 6 期。

周玉萍：《社会组织发展与社会组织创新思考》，《社团管理研究》2012 年第 5 期。

周裕惠:《把握学术社团特点　增强自身凝聚力》,《学会》1998 年第 11 期。

周裕惠:《论学术社团的制度缺陷与制度创新》,《学会》2002 年第 2 期。

朱文辉:《会员参与学会内部治理的制度安排》,《学会》2019 年第 8 期。

朱文辉、朱晓红:《内部治理及其对学会发展的影响》,《学会》2020 年第 7 期。

邹培:《借力学术社团,加速世界一流大学目标的实现——对北京大学加强挂靠全国性学术社团管理的战略思考》,《社团管理研究》2011 年第 1 期。

左丽华:《学术性社会团体加强民主办会的若干思考》,《社团管理研究》2010 年第 6 期。

陈玉娟:《建国以来我国社会组织管理体制研究》,博士学位论文,中共中央党校,2018 年。

高华:《我国科技社团发展中存在问题、成因及对策研究》,硕士学位论文,山东大学,2007 年。

李兵:《全国性体育学术社团的发展研究——以中国体育科学学会为例》,硕士学位论文,北京体育大学,2006 年。

刘长春:《我国社团管理体制创新研究——以制度变迁为视角》,硕士学位论文,西南政法大学,2008 年。

王敏:《社会团体内部治理机制研究》,硕士学位论文,山东大学,2011 年。

王敏珍:《科技社团与政府关系研究》,硕士学位论文,华中科技大学,2011 年。

王永萱:《依附型学会内部治理研究》,硕士学位论文,华北电力大学,2018 年。

徐亚娥:《学术性社团研究——以行政法的视角》,硕士学位论文,中国政法大学,2007 年。

曾诗意:《学术性社团组织治理问题与对策——以 A 市某图书馆学会为例》,硕士学位论文,苏州大学,2018 年。

张明：《非营利组织治理机制研究》，博士学位论文，暨南大学，2008 年。

报纸

陈振明：《中国特色公共管理学的建构与发展（构建中国特色哲学社会科学)》，《人民日报》2018 年 06 月 11 日第 16 版。

黄忠诚：《促进学术性社团健康发展的对策建议》，《中国社会报》2009 年 10 月 22 日第 3 版。

潘宇舟、吕孝礼、王雄军：《德国非营利组织参与提供公共服务的经验和启示》，《中国经济时报》2015 年 4 月 29 日第 5 版。

饶子和：《推进学会治理方式现代化》，《光明日报》2016 年 3 月 29 日第 6 版。

人民日报评论员：《走中国特色社会组织之路》，《人民日报》2016 年 8 月 22 日第 2 版。

申维辰：《充分发挥科技社团在改革创新中的作用》，《人民日报》2014 年 1 月 24 日第 7 版。

盛若蔚：《社会组织迎来党建"春天"》，《人民日报》2015 年 11 月 10 日第 17 版。

宗和：《德国的非营利组织是如何运作的》，《中国财经报》2007 年 6 月 8 日第 2 版。